ŒUVRES COMPLÈTES
DE
EUGÈNE SCRIBE

DE L'ACADÉMIE FRANÇAISE

COMÉDIES

VAUDEVILLES

LE BUDGET D'UN JEUNE MÉNAGE
LE QUAKER ET LA DANSEUSE
LA FAVORITE. — LE COMTE DE SAINT-RONAN
LE SUISSE DE L'HOTEL. — LE SOPRANO

PARIS
E. DENTU, LIBRAIRE-ÉDITEUR
PALAIS ROYAL, 15-17-19, GALERIE D'ORLÉANS

1882

aris. — Soc. d'imp. P. DUPONT, 41, rue J.-J.-Rousseau. (Cl.) 579.5.82.

ŒUVRES COMPLÈTES

DE

EUGÈNE SCRIBE

DE L'ACADÉMIE FRANÇAISE

RÉSERVE DE TOUS DROITS

DE PROPRIÉTÉ LITTÉRAIRE

En France et à l'Étranger

LE BUDGET
D'UN JEUNE MÉNAGE

COMÉDIE-VAUDEVILLE EN UN ACTE

EN SOCIÉTÉ AVEC M. BAYARD.

Théatre du Gymnase. — 4 Mars 1831.

PERSONNAGES.   ACTEURS.

LUDOVIC. . . . . MM. ALLAN.
VICTOR D'HERNETAL, négociant, frère de
  Stéphanie. . . . .   NUMA.
M. AMABLE DE ROQUEBRUNE, proprié-
  taire de l'hôtel. . . . .   LEGRAND.
LOUIS, domestique de Ludovic . . . .   BORDIER.

STÉPHANIE, femme de Ludovic. . . . . . . Mmes JENNY VERTPRÉ.
ANNETTE, femme de chambre de Stéphanie. .   CLARA.

À Paris, dans l'appartement de Ludovic.

LE BUDGET
D'UN JEUNE MÉNAGE

Un salon. Porte au fond; portes de cabinet, à droite et à gauche. Près de la porte, à droite de l'acteur, une table et un guéridon.

SCÈNE PREMIÈRE.

LUDOVIC, STÉPHANIE, tous deux en costume de bal : ils paraissent harassés. Stéphanie se jette sur un fauteuil auprès de la table. Ludovic va poser son chapeau sur un fauteuil à gauche, et puis vient se placer à la droite de Stéphanie.

STÉPHANIE.

Ah! je n'en puis plus!

LUDOVIC.

Dieu! que c'est fatigant les soirées et les bals à la mode!

STÉPHANIE.

Je ne trouve pas, quand on s'amuse... Ah! Ludovic, envoie donc la voiture chez le sellier... il vient du vent par la portière.

LUDOVIC.

Ah! mon Dieu! ma petite Stéphanie, est-ce que tu aurais pris froid?

STÉPHANIE.

Non, et toi?

LUDOVIC.

Bon, un homme!... et puis c'est nous qui portons les cravates, les habits de drap, les gilets bien chauds, tandis que vous autres femmes, dont la santé est si frêle, si délicate, au sortir d'un bal... Oh! quand j'étais garçon, ça me paraissait charmant, je ne voyais là que de jolis bras, de jolies épaules; mais à présent que tout cela est à moi, j'y vois des rhumes, des fluxions de poitrine; avec ça que tu as dansé...

STÉPHANIE.

Comme une folle! tandis que toi, tu étais dans le petit salon, sans doute à faire de la gravité; c'est l'usage à présent.

AIR du vaudeville de Jadis et Aujourd'hui.

Au bal on s'observe, on s'ennuie :
On croirait dans chaque salon
Que la jeunesse et la folie
Ont donné leur démission.
Avec vos airs de patriarche
Réformant de nombreux abus,
J'ignore si le siècle marche;
Mais, pour sûr, il ne danse plus.

LUDOVIC.

De la gravité, moi! après deux tours de galop, je m'étais mis à la bouillotte, qui reprend faveur.

STÉPHANIE.

Tu as joué?

(Ils se lèvent.)

LUDOVIC.

Oui, pour m'asseoir; il n'y avait que ce moyen-là. Mais c'est égal, je levais souvent la tête pour te regarder et t'admirer : tu danses si bien, d'un si bon cœur! Je me trouvais dans un groupe où tout le monde était de mon avis. J'entendais dire autour de moi : « Voyez donc cette jeune dame, qui est là, en face, en chaperon de plumes, que de grâce ! quelle taille charmante ! » Et moi, souriant, je me disais tout bas : c'est ma femme !

STÉPHANIE.

Mauvais sujet !

LUDOVIC.

Mais surtout lorsque tu as chanté, c'était une admiration générale. Tiens, à ton point d'orgue...

STÉPHANIE.

Ou à ma grande roulade, ah ! ah ! ah !...

LUDOVIC.

C'était délicieux ! tu as enlevé tous les suffrages. De toutes parts on criait : « *Brava ! bravissima !*... Mieux que madame Malibran ! »

STÉPHANIE.

Ah ! laisse donc, flatteur.

AIR : Restez, restez, troupe jolie. (*Les Gardes-marine.*)

Eh ! oui, c'est la phrase ordinaire,
Et tous ces messieurs, en dansant,
Jusqu'à notre propriétaire,
M'ont fait le même compliment.

LUDOVIC.

Mais je le conçois aisément.
Près de toi, dans un trouble extrême,
Je croirais, dans ces moments-là,
Devenir amoureux moi-même...

STÉPHANIE, parlant.

Comment, monsieur !

LUDOVIC, finissant l'air.

Si je ne l'étais pas déjà !

LOUIS, entrant.

Pardon, monsieur.

LUDOVIC.

Eh bien ! qu'est-ce ?

LOUIS.

Ce sont vos journaux que je vous apporte, si vous voulez les lire.

LUDOVIC.

Par exemple, moi qui viens de passer la nuit!

LOUIS.

Et puis une carte.

STÉPHANIE, prenant la carte.

Donne. Ah! mon Dieu! Ludovic, vois donc...

LUDOVIC, regardant la carte.

Ton frère ! Il est à Paris ?

LOUIS.

C'est un monsieur qui arrivait de Rouen, et qui est venu hier soir, pendant votre absence, et il aime à causer, celui-là!... Dieu! m'a-t-il fait des questions !

LUDOVIC.

Des questions! sur quoi ?

LOUIS.

Dame ! sur vous, sur votre train de maison, sur vos plaisirs.

LUDOVIC.

C'est singulier !

STÉPHANIE.

C'est l'intérêt qu'il prend à nous, il nous aime tant !

LUDOVIC.

C'est lui qui nous a mariés.

STÉPHANIE.

Il m'a dotée.

SCÈNE II.

Les mêmes ; AMABLE, en habit de bal, costume du jour, un peu outré.

AMABLE, à la cantonade.

C'est bien, c'est bien, s'ils ne sont pas couchés...

LUDOVIC.

Notre propriétaire.

STÉPHANIE.

Monsieur Amable de Roquebrune !

AMABLE.

Eh ! bonjour, mes amis, savez-vous que c'est bien mal d'avoir quitté le bal comme ça... moi qui voulais revenir avec vous !

LUDOVIC.

Bah ! vous étiez à la bouillotte.

AMABLE.

Justement, vous êtes cause que j'ai perdu jusqu'à mon dernier Philippe. Je ne sais pas comment ça se fait ; c'est toujours de même. Je ne suis heureux en rien.

LUDOVIC.

Laissez donc ! à votre âge, répandu dans le grand monde, et riche comme vous l'êtes...

AMABLE, avec mélancolie.

Ah ! la fortune ne fait pas le bonheur !

STÉPHANIE.

Vous avez bien raison.

AMABLE.

Et lorsque la sensibilité dont on est doué, et qui ne demanderait qu'à s'épancher, se trouve, par la force des circonstances, en quelque sorte concentrée, et comme forcée de retomber sur elle-même, on a bien du vague dans l'âme, mon voisin, on est seul dans la foule.

LUDOVIC.

Il me semble cependant qu'avec madame de Roquebrune...

AMABLE.

Ma femme! oh! certainement, elle tient de la place dans ma vie! ne fût-ce que par son embonpoint. Pauvre Amanda! je ne lui fais pas de reproches, ce n'est pas sa faute, si elle est ma femme; je n'en accuse que moi, et ma délicatesse.

STÉPHANIE.

Et comment cela?

AMABLE.

Je l'avais aimée autrefois... elle toujours! et l'année dernière, quand elle devint veuve, elle avait cinquante mille livres de rente, et autant d'années; moi je ne possédais que ce que vous voyez... un physique assez agréable, de la jeunesse, un beau nom, c'est peu de chose; c'était trop encore, puisqu'elle voulut absolument m'épouser; moi, je ne voulais pas; mais elle me menaça d'être malade, de mourir à mes yeux, de mourir de consomption...

STÉPHANIE et LUDOVIC.

O ciel!

AMABLE.

Et pour sauver ses jours, victime d'une délicatesse exagérée!... vous savez le reste. Amanda se porte à merveille, et continue d'exister, heureuse et fière de son choix, tandis que moi, attaché à une chaîne dorée, qui, par cela même, n'en est que plus pesante! prisonnier dans ce bel hôtel qui m'appartient, et dont je vous ai loué le premier étage à raison de cinq mille francs par an, je tâche de m'étourdir de mon mieux... je vais aux Italiens... je sème l'or à pleine main... j'ai des chevaux, des équipages... je vois tout le monde, je ne vois jamais ma femme; mais, comme je vous le disais, le plaisir n'est pas le bonheur, et votre malheureux voisin est bien à plaindre.

STÉPHANIE.

Pauvre jeune homme! il faut venir souvent nous voir, nous vous consolerons.

AMABLE.

Vous êtes trop bonne! et, pour commencer, je viendrai vous demander à dîner aujourd'hui.

LUDOVIC.

A la bonne heure!

AMABLE.

Ma femme dîne en ville, j'ai congé, je suis garçon. (A Stéphanie.) Et puis j'avais à parler à votre mari.

STÉPHANIE.

Je vous laisse, je vais ôter ma robe de bal, il ne s'agit que de réveiller ma femme de chambre.

LUDOVIC.

Et pourquoi donc? cette pauvre Annette, qui s'est couchée si tard...

(Il passe auprès de Stéphanie.)

AIR des Carabiniers. (*Fra Diavolo.*)

A ses domestiques, je pense,
On doit quelques égards... Mais moi,
Ne puis-je pas, en son absence,
La remplacer auprès de toi?

AMABLE.

Charmant!

LUDOVIC, à Amable.
Vous permettez, j'espère...

AMABLE.

Ne vous gênez pas entre nous.
Quoique je sois propriétaire,
Faites toujours comme chez vous.

1.

Ensemble.

LUDOVIC.

Il faut un peu de complaisance
Pour ses domestiques... et moi,
Je vais, ma chère, en son absence,
La remplacer auprès de toi.

STÉPHANIE.

Il faut un peu de complaisance
Pour ses domestiques... et toi,
Tu vas, mon cher, en son absence,
La remplacer auprès de moi.

AMABLE.

C'est avoir trop de complaisance
Pour ses domestiques... Pourquoi
Un tel service, en leur absence,
Ne peut-il être fait par moi?

(Ludovic et Stéphanie entrent dans la chambre à droite.)

SCÈNE III.

AMABLE, seul, les regardant sortir.

C'est ça, ils me laissent seul, comme c'est agréable! Il est vrai que, pendant qu'il est près de sa femme, je peux penser à la mienne, et à la dispute qui m'attend au logis chaque fois que je rentre; aussi je ne rentre que le moins possible. Sept heures du matin... la nuit sera moins longue; car, hélas!

AIR de *la Vieille*.

Ma tendre et respectable épouse
Joint à tous les charmes qu'elle a
Une âme revêche, jalouse,
Acariâtre, *et cætera*... (*Bis.*)
O chère, trop chère Amanda!
Depuis qu'à moi vous fûtes mariée,
Votre fortune, ah! je l'ai bien payée... (*Bis.*)

Bien payée!... trop payée!
Et j'eusse été trop heureux, bien souvent,
De la céder au prix coûtant.

Heureusement que nous avons le chapitre des consolations; et si cette petite Stéphanie n'aimait pas si ridiculement son Ludovic... elle, si jolie! et puis chez moi, dans ma maison, ce serait si commode... Vrai, ce n'est pas une plaisanterie, j'en suis réellement amoureux; et depuis longtemps, aujourd'hui surtout, ce bal, ce punch, ces parures, tout cela m'a monté la tête : je voudrais me déclarer; je venais pour cela; eh bien! non, pas moyen! un si bon ménage!... Parlez-moi de ces maisons où il y a du désordre, on s'y glisse entre deux disputes; mais ici il n'y en a jamais; je crois bien, de l'aisance, de la fortune : c'est la première fois que les écus de ma femme ne me sont bons à rien.

SCÈNE IV.

LUDOVIC, en costume de ville; AMABLE.

LUDOVIC.
Me voilà, mon cher voisin, et maintenant tout à vous.

AMABLE.
Je venais vous proposer une affaire. J'ai ici, au premier, un appartement de garçon, qui touche au vôtre, deux petites pièces charmantes donnant sur le boulevard; et comme l'autre jour votre femme se plaignait de n'avoir point de boudoir...

LUDOVIC.
Vous avez raison... cette chère Stéphanie!..

AMABLE.
J'ai pensé qu'il nous serait agréable, à vous de prévenir ses vœux, et à moi de louer un appartement vacant.

LUDOVIC.
Certainement.

AMABLE.
D'autant que c'est pour rien, mille à douze cents francs.

LUDOVIC.
Oh! certainement, mais c'est qu'ayant déjà cinq mille francs de loyer, cela fera...

AMABLE.
Deux mille écus, un compte rond, qui est-ce qui n'a pas deux mille écus de loyer? il est impossible de se loger à moins, quand on a un certain rang, une certaine fortune.

LUDOVIC.
Vous avez raison, d'autant plus que j'attends aujourd'hui ma nomination à une place importante.

AMABLE.
Vraiment!

LUDOVIC.
C'est sûr. On me l'a promise, le ministre est mon ancien camarade de collège, et s'il est vrai que Stéphanie vous ait parlé de ce boudoir...

AMABLE.
Je vous l'atteste.

• LUDOVIC.
Cette pauvre petite femme! dès que cela lui fait plaisir... Par exemple, je vous demanderai un service. Il se peut qu'aujourd'hui à dîner vous vous trouviez avec le frère de ma femme, Victor d'Hernetal, qui vient d'arriver à Paris...

AMABLE.
D'Hernetal! n'est-ce pas un manufacturier de Rouen?

LUDOVIC.
Oui; ne lui parlez pas de cette augmentation de dépense, non plus que du loyer de six mille francs.

AMABLE.

Est-ce qu'on parle jamais de cela? est-ce que vous me prenez pour une quittance?

LUDOVIC.

Non pas que ce ne soit notre ami, notre meilleur ami; mais cette année, j'ai été un peu vite, et ces négociants de province sont des gens en arrière, qui croient tout perdu dès qu'on est en avance... mais dès que j'aurai ma place...

AMABLE.

En attendant, vous avez des amis ; car je vous prie, dans l'occasion, de regarder ma bourse comme la vôtre, c'est comme je vous le dis; et je me fâcherais, si vous ne vous adressiez pas à moi.

LUDOVIC.

Vous êtes trop bon, comment reconnaitre?...

AMABLE.

Soyez tranquille, je me paierai moi-même; je veux dire : je suis trop payé par le bonheur de vous être utile. Voilà donc qui est dit, à tantôt, à dîner; surtout pas de façons.

LUDOVIC.

Soyez tranquille.

AMABLE.

Il se peut que je vous amène deux de nos amis.

LUDOVIC.

Avec vous, ils seront les bien reçus...

AMABLE.

Edmond, qui a de si beaux chevaux, et Dageville, qui a une si jolie femme.

LUDOVIC.

A laquelle vous pensez, à ce qu'on dit.

AMABLE.

C'est possible (En confidence.) et à bien d'autres encore.

LUDOVIC.

Vous?... un homme marié!

AMABLE.

Raison de plus, c'est loyal; parce qu'au moins il y a une revanche à prendre, et moi, je n'empêche pas... Adieu donc, à ce soir; est-ce qu'après dîner vous n'irez pas à l'Opéra?

LUDOVIC.

Non; je resterai ici avec ma femme, qui sera fatiguée, et se couchera de bonne heure.

AMABLE.

C'est juste; alors je resterai avec vous. Et ce matin, est-ce que vous ne sortirez pas?

LUDOVIC.

Non, j'ai à causer avec ma femme.

AMABLE, à part.

C'est ça, toujours ensemble! impossible de la trouver seule un moment; ma foi, j'écrirai, c'est plus commode, et à la première occasion...

LUDOVIC.

AIR du vaudeville du Piège

Il est grand jour.

AMABLE.

Bonne nuit!... je suis sage,
Et je m'en vais me livrer au sommeil.
Ma femme et moi, nous sommes en ménage,
 Comme la lune et le soleil,
Astres rivaux dont la course s'achève
Sans se heurter et sans se rapprocher...
Adieu... Voilà ma femme qui se lève,
 Je m'en vais me coucher.

(Il sort.)

SCÈNE V.

LUDOVIC; puis STÉPHANIE, en robe de ville,
ANNETTE.

LUDOVIC.

Voilà un pauvre diable de millionnaire qui est bien à plaindre. (Stéphanie entre.) Ah! c'est toi, mon amie! est-ce que nous ne déjeunons pas?

STÉPHANIE.

Si vraiment; mais voici une lettre qui arrive pour toi, une lettre importante, car il y a un grand cachet rouge; elle a été apportée par un garde municipal à cheval.

LUDOVIC.

Donne donc vite. (Regardant le cachet.) Cabinet du ministre, je respire; c'est ma place qui arrive.

STÉPHANIE.

Une place!

LUDOVIC.

Oui, et bien à propos; car je ne te l'avais pas dit, mais notre budget me donnait de graves inquiétudes.

STÉPHANIE, souriant.

Vraiment!

LUDOVIC, qui a décacheté la lettre.

Heureusement que maintenant... (Lisant tout haut.) « Mon « cher camarade... » Un ministre qui vous écrit ainsi, c'est très-bien, ce ne peut être qu'un homme de mérite... « Per- « sonne n'apprécie mieux que moi ton caractère et tes ta- « lents... » Il y a si longtemps que nous nous connaissons! « La place que tu demandes était sollicitée par de nom- « breux concurrents... » Voyez-vous, les gaillards! « Entre « autres par notre ancien camarade Dervière, dont tu con- « nais aussi la capacité, et qui, père d'une nombreuse fa-

« mille, n'a pas, comme toi, vingt-mille livres de rente. A
« mérite égal, je lui devais donc la préférence, et tu ne
« m'en voudras pas, je l'espère, etc., etc. » Quelle injustice !

STÉPHANIE.

Quelle indignité !

LUDOVIC.

Me préférer Dervière !

STÉPHANIE.

AIR : J'avais mis mon petit chapeau. (*L'Auberge de Bagnères.*)

Du courage ! fais comme moi,
Console-toi de ta disgrâce ;
Qu'avons-nous besoin d'un emploi ?
Nous pouvons nous passer de place.
(Lui prenant la main, et la mettant sur son cœur.)
N'en avez-vous pas une là,
Comme aucun ministre n'en donne ?
Et je te réponds que personne
Jamais ne t'y remplacera.

LUDOVIC.

Bien vrai ?

STÉPHANIE.

Et, comme dit le ministre, puisque nous avons vingt mille livres de rente...

LUDOVIC.

Oui, le ministre le dit ; ce n'est pas une raison : nous les avions l'année dernière, en nous mariant... Mais peut-être que maintenant...

STÉPHANIE.

Est-ce que par hasard ?...

LUDOVIC.

Je n'en sais rien, je n'ai jamais compté.

STÉPHANIE.

Ni moi non plus, je ne pensais à rien qu'à t'aimer.

LUDOVIC.

Et moi donc! c'était ma seule occupation. Aussi, tout ce que je sais de notre budget, c'est que l'exercice de 1831 y a passé; et que, devançant l'avenir, nous marchons en plein sur 1832.

STÉPHANIE.

Deux années de revenu mangées d'avance!

LUDOVIC.

Que veux-tu? je comptais sur cette place, pour tout réparer, et, en attendant, il me semblait si doux de prévenir tous tes désirs, chevaux, voiture, maison de campagne...

STÉPHANIE.

C'est vrai, c'est joliment cher!

LUDOVIC.

Et puis, à Paris, les bals, les toilettes, les spectacles, un riche appartement auquel ce matin encore je viens d'ajouter un boudoir.

STÉPHANIE.

Et pourquoi donc?
(Annette entre et apprête le déjeuner sur le guéridon.)

LUDOVIC.

Tu en avais besoin, tu le désirais, et quand on a une femme jeune et jolie, une femme qu'on aime, il serait si pénible de lui dire : « Cela ne se peut pas! »

STÉPHANIE.

Eh bien! monsieur, il fallait le dire, je m'y serais habituée. Vous me croyez donc bien déraisonnable! vous croyez donc que je vous aime bien peu!

LUDOVIC.

Oh! je sais que tu es la bonté même.

STÉPHANIE.

Eh bien! tout peut se réparer; il ne s'agit que de se

tracer un plan de conduite, de diminuer ses dépenses, et avec de l'ordre et de l'économie...

LUDOVIC, gaîment.

Tu as raison, faisons des économies.

STÉPHANIE.

N'est-ce pas? ce sera charmant.

LUDOVIC.

Ce sera du nouveau.

STÉPHANIE.

Cela nous amusera, et nous allons nous en occuper en déjeunant.

(Ils vont s'asseoir auprès du guéridon.)

LUDOVIC.

A merveille, car jamais nous ne parlons d'affaires. Voyons un peu ce que nous allons retrancher.

STÉPHANIE.

Toutes les dépenses inutiles.

LUDOVIC.

C'est très-bien, plus de superflu, et d'abord, la toilette, les tailleurs, les marchandes de modes...

STÉPHANIE.

Oh! non, non, il ne faut pas toucher aux objets de première nécessité.

LUDOVIC.

C'est juste; je ne vois pas alors ce qu'on pourrait supprimer.

STÉPHANIE.

Les dépenses de ménage, la table, les grands dîners.

LUDOVIC.

Les dîners, tu as raison... Ah! j'oubliais de te dire que nous avons aujourd'hui une douzaine de personnes à dîner, ton frère, notre propriétaire, etc..; il faudra que ce soit bien.

STÉPHANIE.

Certainement, sois tranquille.

LUDOVIC.

Les dîners, c'est de rigueur. On reçoit, il faut bien rendre, c'est de la délicatesse.

STÉPHANIE.

Tu as raison, ce n'est pas là-dessus qu'on pourrait retrancher.

LUDOVIC.

Mais j'y pense, mon domestique...

STÉPHANIE.

Non, tu ne peux pas t'en passer, mais plutôt ma femme de chambre.

LUDOVIC.

Oh! une femme de chambre, pour toi c'est indispensable. Qui est-ce qui t'habillerait? ce ne peut pas toujours être moi.

STÉPHANIE.

Tiens, un objet de luxe, notre voiture?

LUDOVIC.

AIR de M. AMÉDÉE DE BEAUPLAN.

Ce coupé si fort à la mode!

STÉPHANIE.

C'est inutile et c'est coûteux.

LUDOVIC.

Pour les bals c'était bien commode.

STÉPHANIE.

Quand nous en revenions tous deux.

LUDOVIC.

Et puis l'hiver est rigoureux.
Exposer au froid, à la pluie,

Ces jolis bras, ce joli cou...
Pour t'enrhumer!...

STÉPHANIE.

Oh! pas du tout!

(Parlé.)
Pour autre chose je ne dis pas, mais...

LUDOVIC et STÉPHANIE.

Là-dessus, point d'économie,
Car la santé doit passer avant tout.

LUDOVIC.

Notre maison de campagne?

STÉPHANIE.

Ah! Ludovic!... c'est là que nous nous sommes mariés.

LUDOVIC.

Même air.

Je l'aime par reconnaissance.

STÉPHANIE.

J'y reçus tes premiers soupirs.

LUDOVIC.

O jours d'amour et d'innocence!

STÉPHANIE.

C'est la terre des souvenirs.

LUDOVIC.

A chaque pas, nouveaux plaisirs...

STÉPHANIE.

Un si bon air... et puis, j'oublie
La chasse, qui te plaît beaucoup.

LUDOVIC.

Ton bonheur, ton bonheur, surtout!

STÉPHANIE, parlant.

Pour autre chose je ne dis pas; mais...

LUDOVIC et STÉPHANIE.
Là-dessus, point d'économie,
Car le bonheur doit passer avant tout.

LUDOVIC.
Oui, oui ; j'oubliais toutes ces bonnes raisons-là... et bien décidément, je ne la vendrai pas.

STÉPHANIE.
Ah ! que je te remercie ! que je suis contente !...

(Ils se lèvent.)

LUDOVIC.
Ainsi, nous gardons la campagne.

STÉPHANIE.
La voiture.

LUDOVIC.
La femme de chambre.

STÉPHANIE.
Le domestique.

LUDOVIC.
Nous donnons des dîners.

STÉPHANIE.
Nous ne changerons rien à la toilette.

LUDOVIC.
Mais sur tout le reste, ma chère amie, la plus grande économie ; ce n'est que comme ça qu'on peut s'en retirer à deux.

STÉPHANIE, souriant.
Et surtout à trois.

LUDOVIC.
Hein ! qu'est-ce que tu veux dire ?

STÉPHANIE.
Tu ne comprends pas ? ce que nous espérions... ton cama-

rade Dervière, qui a obtenu une place à cause de sa famille, te voilà bientôt comme lui, tu auras des titres.

LUDOVIC.

Il serait possible! quel bonheur! Ma chère Stéphanie, ce sera un fils, n'est-ce pas?

STÉPHANIE.

Je l'espère bien; un fils qui sera si joli... de bonnes grosses joues, des cheveux blonds, et des yeux noirs, longs comme ça... c'est moi qui le soignerai, qui le porterai dans mes bras, mon fils!... Je lui ferai de petits bonnets, de petites pèlerines; ça l'enveloppera comme ça, vois-tu?

LUDOVIC.

Ah! qu'il est joli!

STÉPHANIE.

Il est charmant! Il lui faudra une nourrice.

LUDOVIC.

Ici, près de nous.

STÉPHANIE.

Et puis, j'y songe maintenant; ce boudoir que tu as loué ce matin, et qui me serait inutile, nous en ferons la chambre de mon fils.

LUDOVIC.

A merveille!

STÉPHANIE.

Voilà une économie.

LUDOVIC.

En voilà une, enfin.

STÉPHANIE.

AIR : Le beau Lycas aimait Thémire. (CATEL.)

En suivant le plan de conduite
Qu'ici nous venons d'approuver...

(Annette rentre, et range la table.)

LUDOVIC.

Nous devons, sans peine et bien vite,
Finir par nous y retrouver.
Oui, de réparer nos folies
C'est, je crois, le meilleur moyen.

STÉPHANIE.

Ah! qu'il est doux, ah! qu'il est bien
De faire des économies,
Quand on ne se prive de rien!

ANNETTE, enlevant le déjeuner, et à demi-voix.

Madame, votre marchande de modes est là qui vous attend.

STÉPHANIE, avec embarras.

Ma marchande de modes... ah! oui, je sais, tantôt, qu'elle revienne, je la paierai.

(Annette sort.)

LUDOVIC.

Pourquoi pas tout de suite?

STÉPHANIE, hésitant.

Ah! c'est qu'il s'agit d'une somme assez...

LUDOVIC.

Mais encore...

STÉPHANIE.

Eh bien... mille écus.

LUDOVIC.

Hein!... qu'est-ce que tu dis?

STÉPHANIE.

Ne me fais pas répéter, je t'en prie; je ne t'en parle que parce que je lui ai signé un bon, qui échoit ce matin, et il faut que je fasse honneur à ma signature.

LUDOVIC.

Y penses-tu? un billet!

STÉPHANIE.

Que veux-tu? ma marchande de modes m'a dit que toutes les jeunes dames faisaient de petits billets, payables par leur mari... en général, et si j'ai eu tort, cela ne m'arrivera plus.

LUDOVIC.

Il est bien temps!

STÉPHANIE.

Tu me grondes, tu m'en veux?

LUDOVIC.

Je t'en veux... je t'en veux... parce que moi aussi, de mon côté, je dois une vingtaine de mille francs.

STÉPHANIE, avec reproche.

Comment, monsieur, des dettes!

LUDOVIC.

Tu vois bien, toi qui réclamais mon indulgence!

STÉPHANIE.

C'est qu'il y a une fameuse différence; vingt mille francs!

LUDOVIC.

Écoute donc; moi je suis le mari, il faut de la proportion. Le mois de janvier est le mois des mémoires, et j'ai reçu ce matin, pour étrennes, tous ceux de l'année dernière. Il faut payer; avec quoi?... ce ne peut être avec nos économies.

STÉPHANIE.

Deux années de revenu dépensées d'avance, et vingt mille francs de dettes!

LUDOVIC, la regardant.

Vingt-trois.

STÉPHANIE.

C'est juste; et à des ouvriers, des fournisseurs, qui en ont besoin.

LUDOVIC.

Qui peuvent l'exiger dès demain.

STÉPHANIE.

Dès aujourd'hui; témoin cette marchande de modes qui reviendra tantôt. Quel parti prendre?

LUDOVIC.

Il n'y en a qu'un, il est terrible, il peut amener une révolution.

STÉPHANIE.

Ah! tu me fais peur.

LUDOVIC.

C'est d'avoir recours aux états généraux, à nos grands parents, de nous adresser à eux pour un emprunt.

STÉPHANIE.

Tu as raison.

LUDOVIC.

La comtesse d'Obernay, ma tante, est si riche, et n'a pas d'enfants; elle doit justement venir ce matin, pour me parler d'affaires; si nous lui disions la vérité?

STÉPHANIE.

A madame d'Obernay! oh non! j'aime mieux m'en passer; elle est si fière! elle ne te pardonnera jamais ton alliance avec une famille de commerçants. Il vaudrait bien mieux nous adresser à mon frère, à Victor.

LUDOVIC.

Tu crois?

STÉPHANIE.

Il est si bon; et puis, c'est le ciel qui nous l'envoie, on dirait qu'il arrive de Rouen exprès pour venir à notre aide.

LUDOVIC.

Oui; mais je t'avouerai qu'avec lui, qui me prêchait toujours l'économie, il me sera bien pénible de faire un pareil aveu; car, pour éviter ses sermons, je lui écrivais tous les mois que cela allait bien, que nous étions en avance, que nous mettions de côté.

STÉPHANIE.

Comment, monsieur!...

LUDOVIC.

C'était possible, je n'en savais rien, et dorénavant ce sera ainsi.

(Le domestique entre.)

STÉPHANIE.

Oh! certainement, c'est bien convenu.

LUDOVIC.

Mais, en attendant...

SCÈNE VI.

LUDOVIC, STÉPHANIE, LOUIS.

LOUIS.

Madame, voici ce monsieur d'hier au soir.

STÉPHANIE.

Mon frère! qu'il monte, nous l'attendons.

LOUIS.

Et puis, Mme la comtesse d'Obernay qui vient d'entrer au salon.

LUDOVIC, passant à droite.

Ah! mon Dieu! j'y vais.

(Il s'arrête.)

STÉPHANIE.

Va donc, va donc!

LUDOVIC.

C'est étonnant! Il me semble maintenant que j'aimerais

mieux m'adresser à ton frère; car, ma tante, je n'oserai jamais...

STÉPHANIE.

Écoute; veux-tu que j'y aille pour toi?

LUDOVIC.

Ah! que tu es bonne! je n'osais pas te le demander. Allons, du courage!

STÉPHANIE.

Il en faut. Embrasse-moi, cela m'en donnera.

(Ils s'embrassent.)

SCÈNE VII.

Les mêmes; VICTOR.

VICTOR, les voyant s'embrasser.

Bravo! je les retrouve comme je les ai laissés.

STÉPHANIE et LUDOVIC, courant à lui.

Mon frère!

VICTOR.

Et après un an de mariage! c'est beau, c'est exemplaire! je croyais qu'il n'y avait que chez nous, en province...

STÉPHANIE.

Que je suis contente de te voir! toujours, d'abord, mais dans ce moment surtout. Tu nous restes à dîner?

VICTOR.

Certainement.

LUDOVIC.

Allons, Stéphanie, va recevoir Mme d'Obernay.

VICTOR.

Je l'ai aperçue qui entrait dans le salon.

STÉPHANIE.

Tu as raison; adieu, mon frère. (Passant auprès de Ludovic,

et lui serrant la main.) Adieu, mon ami, je vais m'adresser à ta famille, adresse-toi à la mienne.

(Elle sort par la droite.)

SCÈNE VIII.

LUDOVIC, VICTOR.

VICTOR, la regardant sortir.

Un joli cadeau que je t'ai fait là, j'espère!

LUDOVIC.

Et, chaque jour, je t'en remercie.

VICTOR.

Tant mieux; car, je te l'avouerai, je craignais dans les commencements que cela ne tournât mal.

LUDOVIC.

Et pourquoi cela?

VICTOR.

Je ne te parlerai pas de ta famille qui dédaignait la nôtre, et qui ne voulait pas nous voir; de Mme d'Obernay, qui faisait toujours de bonnes plaisanteries sur l'aristocratie du commerce, et sur les notables de Rouen. Permis à elle! Mon Dieu! la noblesse des écus est aussi ridicule que celle des parchemins; et il y a des sots dans le département de la Seine-Inférieure, comme dans celui de la Seine; plus, peut-être, vu la richesse de la population. Aussi, ce n'est pas cela qui m'inquiétait; c'était votre jeunesse, votre inexpérience; avec une vingtaine de mille francs de revenu, je te voyais des goûts et des idées de dépense, qui demandaient cent mille livres de rente.

LUDOVIC.

Vraiment!

VICTOR.

Je me disais : Il va monter sa maison sur un train qu'il

ne pourra pas soutenir, ou qu'il n'aura pas le courage de diminuer, parce que ce qu'il y a de plus terrible à Paris, comme partout ailleurs, c'est de déchoir aux yeux de ceux qui vous ont vu briller; ce n'est jamais pour soi qu'on se ruine, c'est pour ses voisins et ceux qui vous regardent.

LUDOVIC, avec embarras.

Ah! c'est vrai.

VICTOR.

N'est-ce pas? voilà ce que je pensais, je te l'avoue, et ce que je te répétais souvent, au risque de t'ennuyer : mais tu m'as bien vite rassuré; j'ai vu, par tes lettres, que tu avais de l'ordre, de l'économie, que tu comptais avec toi-même.

LUDOVIC.

Certainement; car tout à l'heure, avec ma femme, nous arrêtions le compte de l'année.

VICTOR.

Bonne habitude, et le résultat doit en être satisfaisant; car, dans ta dernière lettre, celle de la semaine dernière, tu me parlais de l'argent que tu avais en caisse.

LUDOVIC, à part.

Ah! mon Dieu!

VICTOR.

Tu devais même me consulter sur le placement.

LUDOVIC, à part.

Quelle humiliation! et comment lui avouer...

VICTOR.

Eh bien! mon ami, je t'ai trouvé un excellent placement; je suis gêné.

LUDOVIC.

Que dis-tu?

VICTOR.

Je ne m'en cache pas, cela peut arriver à tout le monde;

dans ce moment surtout, les derniers événements, si propices à la liberté, ont compromis quelques intérêts, et, par suite, entravé le commerce; cela reviendra, j'en suis sûr, et cela ne m'inquiète pas; mais en attendant, pour faire vivre mes ouvriers, pour les garder tous, pour ne point fermer mes manufactures, ce qui, je crois, eût été d'un mauvais citoyen, j'ai été obligé à de nombreux sacrifices; les échéances se pressent, les rentrées ne se font pas, et j'ai aujourd'hui même, ici, à Paris, trente mille francs à payer.

LUDOVIC.

O mon Dieu!

VICTOR.

Je n'ai que la moitié de la somme, mais je me suis dit : J'ai là mon beau-frère, qui est à son aise, qui a de l'argent de côté, et m'adresser à d'autres qu'à lui, ce serait l'offenser; n'est-ce pas?

LUDOVIC.

Oui, mon ami, oui... mon sang, ma vie... tout est à toi.

VICTOR.

Je n'en doute pas; mais je ne t'en demande pas tant, c'est quinze mille francs qu'il me faut; c'est, je crois, la somme que tu as en caisse, du moins tu me l'as écrit.

LUDOVIC, avec embarras.

Oui... je le crois.

VICTOR.

Et bien! qu'est-ce que tu as donc?

LUDOVIC.

Rien... mais je voulais te dire...

VICTOR.

Est-ce que par hasard tu me refuserais?

LUDOVIC.

Non, mon ami... mais... c'est que...

VICTOR.

Est-ce que tu serais de ces gens qui sont toujours riches, quand on n'a pas besoin d'eux, et qui sont gênés, qui n'ont plus rien, dès qu'on leur demande un service?

LUDOVIC.

Moi!... quelle idée! (A part.) Il pourrait croire!... (Haut.) Tu auras ton argent, tu l'auras ce matin même, le temps d'envoyer à la Banque. (A part, montrant le salon.) Ma tante est là, et ce que ma femme lui a demandé pour nous, servira pour son frère. (Haut.) Mon ami, tu peux y compter.

VICTOR.

A la bonne heure, je te reconnais. Ah çà! je ne viens pas à Paris pour m'amuser. J'ai des affaires dont je vais m'occuper; je serai jusqu'à midi chez Grandville, mon banquier, tu peux y envoyer.

AIR : Oui, tout est prêt pour ce doux hyménée. (*La Maîtresse au logis*.)

Mais à dîner nous nous verrons, j'espère.
Adieu... tu sais ce que j'attends de toi.

LUDOVIC.

Oui, tu l'auras ce soir... adieu, beau-frère :
Va, ne crains rien; tu peux compter sur moi.

VICTOR.

Vois donc combien c'est utile en ménage
D'être économe et rangé comme ici;
Pour soi d'abord... et puis quel avantage!
On peut encore obliger un ami.

Ensemble.

LUDOVIC.

Mais à dîner nous nous verrons, j'espère.
Pour ton argent, tu peux compter sur moi;
Oui, tu l'auras ce soir... adieu, beau-frère;
Va, ne crains rien... je vais penser à toi.

VICTOR.

Mais à dîner nous nous verrons, j'espère.

Adieu... tu sais ce que j'attends de toi.
Je reviendrai ce soir... adieu, beau-frère;
Je ne crains rien... tu vas penser à moi.

(Victor sort.)

SCÈNE IX.
LUDOVIC, seul.

Par exemple, qui s'y serait attendu? Lui, venir me demander de l'argent, au moment où j'allais lui en emprunter! (Montrant la porte du salon.) Heureusement ma tante est là.

SCÈNE X.
LUDOVIC, STÉPHANIE.

LUDOVIC.
Eh bien! chère amie, est-ce une affaire terminée?

STÉPHANIE, avec émotion.
Oh! certainement; tout à fait terminée.

LUDOVIC.
Comme tu as l'air ému!

STÉPHANIE.
On le serait à moins; si tu savais quelle fierté! quels grands airs il m'a fallu endurer!

LUDOVIC.
Ah dame! elle n'est pas chanoinesse pour rien.

STÉPHANIE.
Elle était d'une humeur...

LUDOVIC.
Peut-être de te voir si jolie.

STÉPHANIE.
Tu crois? ah! que je le voudrais! pour toi, mon ami, et puis pour la faire enrager.

LUDOVIC.

Ah! que tu es bonne!

STÉPHANIE.

Elle ne l'est guère; car, lorsque je lui ai parlé de l'embarras où nous étions, et de la somme que tu la priais de te prêter, si tu avais vu quel air de triomphe brillait dans ses yeux! elle m'a rappelé ce mariage fait sans son consentement; elle m'a dit que j'étais cause de tout, que je te ruinais, que je te rendais malheureux! et, ce qu'il y a de pis encore, que je ne t'aimais pas.

LUDOVIC.

Toi!

STÉPHANIE.

A ce mot-là, je n'ai pas été maîtresse de moi: j'étais furieuse à mon tour, et je lui ai dit tout ce qu'on peut dire (Avec colère.) quand on aime bien... que nous n'avions pas besoin d'elle, que nous nous passerions de ses bienfaits.

LUDOVIC.

AIR : Du partage de la richesse. *(Fanchon la vielleuse.)*

Quelle imprudence!

STÉPHANIE.

Et que m'importe?
Pourquoi subir d'humiliants refus?
« Puisqu'on me parle de la sorte,
A-t-elle dit, vous ne me verrez plus. »
Puis, me jurant que jamais de sa vie
On n'obtiendrait rien d'elle...

LUDOVIC.

Que dis-tu?

STÉPHANIE.

Elle est sortie.

LUDOVIC.

O ciel! elle est partie!

STÉPHANIE.
C'est toujours cela d'obtenu !

LUDOVIC.
Qu'est-ce que tu as fait là ?

STÉPHANIE.
J'ai bien fait ; me vas-tu pas prendre sa défense ?... il nous reste mon frère, et cela suffit.

LUDOVIC.
Ton frère !

STÉPHANIE.
Oui, sans doute ; est-ce que tu ne lui as pas avoué ?...

LUDOVIC.
Pas encore.

STÉPHANIE.
Et tu as eu tort ; ce n'est pas lui qui chercherait à nous humilier : il nous tendra une main secourable, il nous aidera d'abord, et nous grondera ensuite.

LUDOVIC, embarrassé.
Je n'en doute pas, mais c'est que les affaires d'argent, c'est si délicat... je l'ai sondé là-dessus.

STÉPHANIE.
O ciel ! est-ce qu'il serait comme la tante ? est-ce qu'il ne voudrait pas en entendre parler ?

LUDOVIC.
Au contraire, il m'en a demandé.

STÉPHANIE.
Lui ?

LUDOVIC.
Oui, il est gêné, il a besoin pour aujourd'hui de quinze mille francs, et, ce qu'il y a de plus terrible, c'est que je les lui ai promis.

STÉPHANIE.

Toi, qui ne les as pas!

LUDOVIC.

Je comptais sur ma famille, sur ma grand'tante, et maintenant que tu l'as congédiée, que tu l'as mise à la porte...

STÉPHANIE.

Ah! pardon, mon ami, je vois que j'ai eu tort, j'aurais dû supporter pour toi ses humiliations, ses mépris.

LUDOVIC.

Non, non; si j'avais été là, je ne l'aurais pas souffert. Que faire cependant?

STÉPHANIE.

S'adresser à tes autres parents.

LUDOVIC.

Qui nous accueilleraient peut-être plus mal encore.

STÉPHANIE.

Ah! mon ami! je ne m'en serais jamais douté! quelle bonne chose que l'argent, puisqu'il permet de se passer de ces gens-là!

LUDOVIC.

Nous nous en passerons sans cela, et plutôt que d'avoir recours à eux, nous quitterons Paris; je n'y tiens pas.

STÉPHANIE.

Ni moi non plus.

LUDOVIC.

Nous nous retirerons dans notre maison de campagne.

STÉPHANIE.

Oh! oui, à la campagne, on vit pour rien.

LUDOVIC.

Elle n'est que d'agrément, je la ferai valoir : j'abattrai les arbres, j'aurai un fermier, je mettrai le parc en luzernes et les jardins en prairies ; tout sera en plein rapport ; il n'y aura rien pour le plaisir.

STÉPHANIE, pleurant.

Tu as raison, nous serons bien heureux.

LUDOVIC.

AIR du *Petit corsaire*.

Oui, nous le serons tous les deux.

STÉPHANIE.

Et notre fils... ou notre fille...

LUDOVIC.

Oui, tous les trois... cela vaut mieux ;
Nous serons heureux en famille.

STÉPHANIE.

Nos enfants seront, mon ami,
Notre richesse...

LUDOVIC.

C'en est une ;
Et puis on est toujours ainsi
Maître d'augmenter sa fortune !

Rien ne nous manquera. Viens, partons.

SCÈNE XI.

Les mêmes ; LOUIS.

LOUIS.

Monsieur, on demande madame.

LUDOVIC.

Et qui donc ?

LOUIS

La marchande de modes.

STÉPHANIE, à demi-voix.

C'est mon billet de mille écus.

LOUIS.

Et puis le sellier de monsieur, qui n'est pas pressé pour son mémoire, mais il dit que si monsieur voulait seulement lui donner un à-compte...

LUDOVIC, bas à sa femme.

Ah! mon Dieu! avant de partir il faut payer ses dettes. (Haut, à Louis.) C'est bien. Fais-les passer dans mon cabinet. Tout à l'heure je suis à eux.

(Louis sort.)

STÉPHANIE.

Que veux-tu faire?

LUDOVIC, de même.

Est-ce que je sais? quand c'est la première fois qu'on se trouve dans ce cas-là...

STÉPHANIE.

Si nous demandions du temps?

(Louis rentre.)

LUDOVIC.

Il le faudra bien. Mais ils ne sont pas les seuls, et rendre tout ce monde-là confident de notre gêne, de notre embarras, du désordre de nos affaires! Rougir à leurs yeux...

STÉPHANIE.

Tais-toi, tais-toi, de grâce!

LUDOVIC.

Et pourquoi?

STÉPHANIE.

Ce domestique qui nous regarde...

LUDOVIC.

C'est vrai! (A Louis.) Que fais-tu là? que veux-tu?

LOUIS.

C'est qu'il y a M. de Roquebrune, le propriétaire, qui ne veut pas déranger monsieur, et qui m'a demandé si madame était chez elle toute seule.

STÉPHANIE.

Ah! bien oui! je suis bien en train de le recevoir!

LUDOVIC, vivement.

Au contraire, qu'il entre. (Louis sort.) Ce matin, de lui-même, il m'offrait de l'argent.

STÉPHANIE.

Il serait possible! quel bonheur!

SCÈNE XII.

LES MÊMES; AMABLE, en costume de ville.

AMABLE, tenant une lettre à la main.

Son valet de chambre dit qu'elle veut bien me recevoir; je crois que c'est le moment. (Il descend le théâtre vers la droite, et apercevant Ludovic et Stéphanie qui causent ensemble à gauche, il cache sa lettre en disant.) Dieu! le mari est avec elle! Cet imbécile de Louis qui ne m'avait pas dit cela. C'est bien la peine de lui donner ses étrennes au jour de l'an.

LUDOVIC, allant à lui.

Bonjour, mon cher voisin; soyez le bienvenu.

STÉPHANIE.

Nous sommes enchantés de vous voir.

AMABLE, passant entre Ludovic et Stéphanie.

Il serait vrai!... (A part, après avoir regardé Stéphanie.) Il est de fait qu'il y a dans ses yeux une expression de plaisir... que je n'avais jamais remarquée. (Haut, avec un peu d'embarras.) Je venais, mon cher voisin...

LUDOVIC.

Pour parler à ma femme, je le sais.

AMABLE.

Quoi! vous savez?...

STÉPHANIE.

C'est bien aimable à vous... Qu'avez-vous à me dire?

AMABLE, à part.

Ah! si le mari n'était pas là... (Haut.) C'était au sujet des deux nouvelles pièces à ajouter à votre appartement... de ce boudoir, pour lequel nous étions convenus avec Ludovic... et je venais m'entendre avec vous pour les changements.

STÉPHANIE.

C'est inutile, je suis décidée à m'en passer.

AMABLE, étonné.

Comment!

STÉPHANIE.

À moins que cela ne vous gêne.

LUDOVIC, vivement.

Auquel cas, vous avez ma parole.

AMABLE.

Nullement, je n'en suis pas embarrassé... lord Hutchinson le prendra, ce jeune fashionable que je vous ai présenté hier, au moment de son arrivée; il cherche un appartement, et il était ravi du vôtre. S'il n'avait tenu qu'à lui, il l'aurait pris tout arrangé, tout meublé : l'argent ne lui coûte rien, il est si riche!

LUDOVIC, avec un soupir.

Il est bien heureux.

AMABLE.

Je crois bien. Il est garçon! Ah! si j'étais à sa place, avec sa fortune...

LUDOVIC.

De ce côté-là, vous n'avez rien à lui envier.

AMABLE.

C'est vrai, tout à l'heure encore j'étais avec un de mes fermiers.

STÉPHANIE, avec joie.

Vraiment?

AMABLE.

Et comme il n'y a que ces jours-là de bons dans le ménage, les jours de recettes, j'ai reçu...

LUDOVIC.

Beaucoup?

AMABLE.

Mais oui, une somme assez agréable.

STÉPHANIE.

Qui, peut-être, vous est nécessaire?

AMABLE.

Du tout, je ne suis pas à cela près. Mais pourquoi me demandez-vous cela?

LUDOVIC.

C'est que ce matin, mon cher voisin, de vous-même, et fort généreusement, vous m'avez fait des offres de services, que j'ai refusées, parce que je n'en avais pas besoin, mais en ce moment...

AMABLE.

Vous acceptez?...

LUDOVIC, vivement.

Pour peu de temps, je l'espère...

AMABLE.

Qu'importe? tout le temps que vous voudrez, je ne demande pas mieux. (Regardant Stéphanie.) Je suis si heureux de trouver une occasion...

STÉPHANIE.

En vérité!

AMABLE.

Il est si doux d'obliger... (A part.) Dieu qu'elle est jolie! (Haut.) Et combien vous faut-il?

LUDOVIC, allant à la table et prenant un papier.

Je vais vous le dire au juste.

STÉPHANIE.

Beaucoup d'argent.

AMABLE.

Dites toujours, une bagatelle, j'en suis s▮

STÉPHANIE.

Mais, vingt-trois mille francs.

AMABLE, à part.

Ah! diable! cela prend de la consistance.

LUDOVIC, quittant la table.

Et ton frère, ton frère que tu oublies...

STÉPHANIE.

Oui, monsieur, un frère pour qui nous nous sommes engagés, un frère à qui nous devons notre bonheur, et qui, comme vous, est notre véritable ami.

AMABLE.

Comme moi, certainement. (A part.) Oh! d'abord, si elle prend sa petite voix... (Haut.) Mais encore, à ce frère, combien faudrait-il?

LUDOVIC.

Quinze mille francs pour aujourd'hui.

AMABLE.

Permettez...

LUDOVIC.

Quinze et vingt-trois, trente-huit, mettons quarante, pour lesquels je vous offre ma signature, la sienne; hypothèque sur ma maison de campagne, que vous connaissez, et dont on m'offre cent vingt mille francs.

AMABLE.

Laissez donc! est-ce qu'entre amis on a besoin de sûretés, de garanties? et du moment que vous me donnez votre parole... Il n'y a pas d'hypothèques sur votre maison?

LUDOVIC.

Ce sera la première.

AMABLE.

Eh bien! ce soir nous terminerons. (Tirant son portefeuille.) Voici déjà une dizaine de mille francs; c'est tout ce que j'ai reçu de mon fermier. Je vais demander le reste à mon notaire, à qui je dirai de préparer l'obligation. (Allant au fond, et parlant au domestique qui est dans l'antichambre.) Louis, qu'on mette mon cheval au cabriolet.

LUDOVIC, allant à Stéphanie.

Moi, je vais écrire à ton frère, à ce cher Victor, que j'ai tenu ma promesse, et que son argent est à sa disposition.

AMABLE.

D'ici à une heure.

LUDOVIC.

A merveille. Quant à la marchande de modes et au sellier qui sont là, dans mon cabinet, je vais commencer par eux, et solder leurs mémoires. Ah! quel bonheur! je me sens là un poids de moins! encore quelques heures, et je ne devrai plus rien qu'à l'amitié... (A Amable.) et ces dettes-là ne pèsent pas... (A Stéphanie.) Adieu, ma femme; je te laisse avec notre ami.

(Il entre dans le cabinet à gauche.)

SCÈNE XIII.

STÉPHANIE, AMABLE.

AMABLE, à part, suivant des yeux Ludovic.

Me voilà donc l'ami de la maison.

(Regardant Stéphanie.)

STÉPHANIE.

Eh! bien! monsieur, vous me regardez, vous jouissez de vos bienfaits.

AMABLE, à part.

Il y a émotion; c'est, je crois, le moment de commencer l'attaque. (A Stéphanie.) Votre amitié sera du moins une diversion aux chagrins que j'éprouve.

STÉPHANIE, avec intérêt.

Vous, des chagrins! je comprends, ceu### ##nt vous nous parliez ce matin, votre femme...

AMABLE.

C'en est un, il est vrai, de tous les instants; mais celui-là du moins, c'est connu, tout le monde le sait! il en est d'autres... d'autres tourments, d'autant plus cruels qu'ils sont secrets.

STÉPHANIE.

Et vous ne nous les confiez pas!

AMABLE.

A vous, hélas! moins qu'à tout autre.

STÉPHANIE, lui prenant la main.

Et pourquoi donc? ne sommes-nous pas vos amis? n'avons-nous pas droit à vos peines? ce n'est qu'ainsi que nous pouvons nous acquitter envers vous. Parlez, parlez, de grâce...

AMABLE.

Ah! si j'étais sûr de votre discrétion!...

STÉPHANIE.

Soyez tranquille, mon mari et moi nous ne disons jamais rien, cela restera toujours entre nous deux, entre nous trois.

AMABLE.

Ah diable! c'est déjà trop.

STÉPHANIE.

Comment cela?

AMABLE.

Est-ce que vous dites à Ludovic tout ce que l'on vous confie?

STÉPHANIE.

Toujours.

AMABLE, avec trouble, et regardant si l'on ne vient pas.

Cependant si c'était un secret qui ne regardât que moi, et une autre personne, un secret qu'on ne peut confier qu'à une femme, à une amie? si j'aimais, en un mot?

STÉPHANIE.

Vous? une passion coupable!

AMABLE.

Coupable! non pas, mais du moins fort aimable, et si vous seule pouviez me servir auprès d'elle, intercéder en ma faveur...

STÉPHANIE.

Je la connais?...

AMABLE.

Intimement, Stéphanie, intimement.

STÉPHANIE.

Ah! nommez-la-moi.

AMABLE.

Vous voulez que je déchire le voile?

STÉPHANIE.

Mais certainement.

AMABLE.

Eh bien, puisqu'il le faut, puisque vous l'exigez...

SCÈNE XIV.

Les mêmes; LOUIS.

LOUIS, annonçant.

Le cabriolet est prêt, et quand monsieur voudra...

AMABLE, à part.

L'imbécile qui vient se jeter à la traverse avec son cabriolet, au moment où j'allais déchirer le voile !

STÉPHANIE.

Eh bien, monsieur ?

AMABLE, à demi-voix et avec chaleur.

Eh bien... je ne puis achever en ce moment ; mais ce matin, dans le désordre de mon âme, j'avais jeté sur ce papier quelques pensées également désordonnées, qui vous associeront, peut-être, au choc tumultueux de mes sentiments.. Lisez, Stéphanie, lisez, de grâce. Prudence, discrétion, je vous recommande mes intérêts, et je vais m'occuper des vôtres. (Il remonte le théâtre.) Le cabriolet m'attend, partons, (A part, sur le devant de la scène à droite.) Il me semble que ce n'est pas mal, et que le coup de fouet s'y trouve...

(Il fait un salut à Stéphanie, et sort avec Louis.)

SCÈNE XV.

STÉPHANIE seule.

Qu'est-ce que cela veut dire ? et quel air singulier ? Est-il original, notre voisin ! (Ouvrant la lettre.) En tout cas, voyons, ce doit être curieux.

SCÈNE XVI.

LUDOVIC, STÉPHANIE.

LUDOVIC, entrant gaîment.

A merveille, en voilà déjà deux d'acquittés, quant aux autres, que j'ai avertis, et qui vont venir, nous aurons, pour les payer, l'argent de notre cher voisin.

STÉPHANIE, qui vient de lire.

Quelle horreur !

LUDOVIC.

Qu'as-tu donc? Qu'y a-t-il?

STÉPHANIE, courant à lui.

Ah! mon ami! ah! qu'ai-je fait pour m'exposer à une pareille injure? Tiens, lis.

LUDOVIC.

C'est de M. Amable, notre propriétaire... O ciel! une déclaration! il t'aimait; et depuis longtemps, et ne cherchait qu'une occasion de te l'apprendre!... le misérable!

STÉPHANIE.

Où vas-tu?

LUDOVIC.

Lui porter ta réponse et la mienne.

STÉPHANIE.

Non, non, c'est par le mépris qu'il faut lui répondre.

LUDOVIC, entre ses dents.

Oui, le mépris et autre chose.

STÉPHANIE.

Mais, avant tout, il faut rejeter ses services, nous n'en voulons plus, renvoie-lui sur-le-champ les dix mille francs qu'il t'a remis.

LUDOVIC.

Oh! mon Dieu! je ne les ai plus, le sellier et la marchande de modes viennent de les emporter.

STÉPHANIE.

Qu'as-tu fait!

LUDOVIC.

Je croyais m'acquitter, et je reste sous le poids d'une telle obligation! Devoir à un homme que je méprise!

STÉPHANIE, avec impatience.

Pourquoi te hâter ainsi?

LUDOVIC.

Est-ce que je pouvais attendre? Est-ce que ce billet n'était pas échu? Est-ce qu'il n'était pas payable aujourd'hui même? Aussi, c'est ta faute. A-t-on jamais vu signer des billets à une marchande de modes !

STÉPHANIE.

Ma faute! c'est plutôt la tienne; sept mille francs à un carrossier! tu n'aurais pas eu besoin d'emprunter, si tu n'avais pas tout dissipé.

LUDOVIC.

Parbleu! je le crois bien, tu as tous les jours de nouveaux caprices.

STÉPHANIE.

C'est toi, plutôt, qui ne fais que des folies.

LUDOVIC.

Et toi des imprudences; car c'est ton étourderie, ta légèreté seule qui a pu enhardir ce fat à une telle audace.

STÉPHANIE.

Moi!

LUDOVIC.

Oui, je le parierais, j'en suis sûr.

STÉPHANIE.

Oser concevoir une pareille idée! c'est affreux à vous, c'est indigne, et je me fâcherai, à la fin.

LUDOVIC.

Eh bien! fâche-toi.

(Ils vont s'asseoir aux deux extrémités du théâtre, Ludovic à droite, Stéphanie à gauche.)

STÉPHANIE.

AIR : Ah ! c'est désolant. (Les Rosières.)

Ah! ah! comment, il ose
Me parler ainsi !
Plus d'amour, vous en serez cause...
Ah! ah! tout est fini!
Oui, oui, tout est fini!

LUDOVIC, allant à Stéphanie.
Eh quoi! tu pleures, Stéphanie?

STÉPHANIE.
Oui, oui, monsieur, c'est une infamie.

LUDOVIC.
Une querelle, je crois.

STÉPHANIE.
Et c'est pour la première fois.
Mais, je le vois,
Nos voisins sont toujours en guerre,
Toujours en dispute chez eux...

LUDOVIC.
Calme-toi, ma chère.

STÉPHANIE.
Leur exemple est contagieux,
Et nous allons faire comme eux.

Ensemble.

STÉPHANIE.
Ah! ah! comment, il ose
Me parler ainsi!
Plus d'amour, vous en serez cause.
Ah! ah! tout est fini!
Oui, oui, tout est fini!

LUDOVIC.
Allons, allons, pardonne ici
Tout le chagrin que je te cause.
Pardon, pourquoi pleurer ainsi?

LUDOVIC.
Dieu! ton frère.

SCÈNE XVII.
LUDOVIC, VICTOR, STÉPHANIE.

VICTOR.

Eh bien! eh bien! ce n'est plus comme ce matin, on ne s'embrasse plus, on se dispute.

STÉPHANIE.

Du tout. (Se rapprochant vivement de Ludovic et lui serrant la main.) La paix est faite.

VICTOR, d'un air triste.

Tant mieux ; il nous arrive toujours assez de chagrins sans s'en créer soi-même de nouveaux. Je venais, mon cher ami...

LUDOVIC, bas à Stéphanie.

O ciel! pour ce que je lui ai promis... (Haut.) Je t'ai écrit, il y a une heure, que les quinze mille francs étaient à ta disposition, et que tu les trouverais ici.

VICTOR.

C'est vrai.

LUDOVIC, avec embarras.

Ils n'y sont pas encore ; mais sois tranquille.

VICTOR.

Tu ne les avais donc pas, comme tu me le disais, dans ta caisse, ou à la Banque, ce qui est la même chose?

LUDOVIC.

Si vraiment ; mais un paiement imprévu, des mémoires qu'il a fallu acquitter, ce qui ne m'empêchera pas de te procurer ta somme ; je l'attends.

VICTOR.

Comment donc as-tu fait?... et d'où vient ton trouble? Ces regards d'intelligence avec ta femme... Je comprends, mes amis... vous vous êtes gênés pour moi.

STÉPHANIE.

Du tout.

VICTOR.

Vous avez emprunté.

LUDOVIC, regardant sa femme.

Jamais... jamais, grâce au ciel, cela ne nous arrivera.

VICTOR, lui prenant la main.

C'est bien, et je devine tout ; vous n'avez point voulu compter sur les autres, et c'est de vous, de vous seuls que vous avez attendu des secours, des sacrifices.

LUDOVIC.

Que veux-tu dire ?

VICTOR.

Pourquoi me le cacher ? N'est-ce pas ? j'ai raison ; ce riche mobilier, ces chevaux, ces voitures...

LUDOVIC, comme frappé d'une idée.

O ciel !

VICTOR.

Peut-être même cette campagne à laquelle vous teniez tant ?... Enfin, cela ou autre chose ; il est, à coup sûr, quelques superfluités, quelques jouissances de luxe auxquelles vous avez renoncé pour m'obliger, pour me tirer d'embarras ; je vous en remercie, mes amis, et j'en suis bien reconnaissant. (D'un air sombre.) Mais je n'en ai plus besoin ; cela me devient inutile.

LUDOVIC et STÉPHANIE.

Et comment cela ?

VICTOR.

Ce matin j'ignorais ma position, et je la connais maintenant ; une faillite imprévue m'enlève une somme énorme sur laquelle je comptais pour faire honneur à mes engagements, et moi-même, si je n'ai pas ce soir deux cent mille francs comptant, je suis obligé demain de déclarer mon déshonneur.

LUDOVIC et STÉPHANIE.

Mon frère!

VICTOR.

Je n'y survivrai pas, mes amis; car jusqu'ici notre nom a été sans tache, et il ne me reste plus qu'à me brûler la cervelle.

STÉPHANIE, lui mettant la main sur la bouche, et l'empêchant d'achever la phrase.

O ciel!

LUDOVIC.

Qu'entends-je! te livrer ainsi au désespoir! je ne te reconnais plus; toi! un homme de tête, que j'ai toujours vu supérieur aux événements!

VICTOR.

Que faire contre ceux-ci? Y a-t-il quelque remède, quelque secours?

LUDOVIC.

Peut-être.

AIR du vaudeville de *Turenne*.

Promets-nous seulement d'attendre;
Jusqu'à ce soir reste en ces lieux.

VICTOR.

Et pourquoi donc?

STÉPHANIE.

Quel parti veux-tu prendre?

LUDOVIC, passant au milieu.

Je serai digne de vous deux.
Oui, tous les deux vous avez sur mon âme
Des droits égaux... car mon bonheur, à moi,
C'est à ma femme ici que je le doi.
C'est à toi que je dois ma femme.

VICTOR.

A la bonne heure; mais je voudrais écrire à la mienne, à mes enfants.

LUDOVIC.

Là, dans mon cabinet. Adieu, frère; adieu, bon courage, nous sommes là.

(Victor entre dans le cabinet à droite.)

SCÈNE XVIII.

STÉPHANIE, LUDOVIC.

LUDOVIC.

Oui, je le sauverai, je le jure.

STÉPHANIE.

Et comment? Nous qui n'avons pas même le moyen de nous tirer d'affaire!

LUDOVIC.

Il n'est plus question de nous, il s'agit de ton frère, notre ami, notre seul ami, il s'agit de sa vie, de son honneur, qui est le nôtre! et il n'est qu'un moyen de le sauver. Tu n'as pas saisi, comme moi, cette idée qui lui est échappée, là, par hasard; je l'approuve, je m'en empare.

STÉPHANIE.

Toi!

LUDOVIC.

Je vendrai tout ce qui nous est inutile.

STÉPHANIE.

Nos chevaux, notre voiture.

LUDOVIC.

Tu y tenais ce matin.

STÉPHANIE.

Du tout; je mettrai des socques, tout le monde en met; tu me donneras le bras, le bonheur va à pied aussi bien qu'en voiture.

LUDOVIC.

C'est dit, plus d'équipage.

STÉPHANIE.

Plus de campagne, elle nous ruinerait une seconde fois, si c'était possible.

LUDOVIC.

Ce n'est que là, disais-tu, que nous pouvions nous aimer.

STÉPHANIE.

On s'aime partout.

LUDOVIC.

A merveille ; ce qu'on m'en offre, je l'accepte, je termine à l'instant, et cet appartement dont lord Hutchinson avait tant d'envie, je passe chez lui, je lui cède le bail, le mobilier ; ce ne sera pas long, et nous prendrons un joli petit quatrième.

STÉPHANIE.

Mieux encore, un cinquième. On est en bon air.

LUDOVIC.

On se porte mieux.

STÉPHANIE.

Tu as raison ; que de choses dont on peut se passer !

AIR de *Manette*. (M. THÉNARD.)

COUPLETS.

Premier couplet.

Bijoux et dentelles,
Parures nouvelles,
A quoi servent-elles ?
Prends, elles sont là.
Ce luxe éphémère
M'était nécessaire,
Pourquoi ?... pour te plaire ?
Je te plais sans ça !
Qu'importe le reste ?
Oui, je te l'atteste,
Si, simple et modeste,

Tu me trouves bien,
Ta seule tendresse,
Fera ma richesse ;
Ta seule tendresse,
Fera tout mon bien.

LUDOVIC et STÉPHANIE.

Je suis riche et beaucoup ;
Car l'amour, oui l'amour, tient lieu de tout.

Deuxième couplet.

LUDOVIC.

Serviteurs à gage,
Dans un bon ménage,
Sont un esclavage,
Je m'en passerai.

STÉPHANIE.

Plus de soin futile ;
Pour me rendre utile,
A tes lois docile,
Je te servirai.
Servir ce qu'on aime,
C'est le bien suprême.

LUDOVIC.

Et des gages même,
Je veux t'en donner.
Les voilà, ma chère.

(Il l'embrasse.)

STÉPHANIE.

A ce prix, j'espère,
Tu ne risques guère
De te ruiner.

LUDOVIC et STÉPHANIE.

Je suis riche, et beaucoup ;
Car l'amour, oui, l'amour tient lieu de tout.

LUDOVIC.

C'est ton frère : reste avec lui, et tâche surtout qu'il ne se doute de rien.

(Il sort.)

SCÈNE XIX.

VICTOR, tenant à la main des lettres, qu'il jette sur la table ; STÉPHANIE.

VICTOR.

Mon courrier est terminé et partira ce soir ; mais, en apprenant à ma femme la fâcheuse position où je me trouve, une seule idée me consolait ; c'est que, grâce au ciel, vous êtes plus heureux, et je suis bien sûr que c'est à toi que ton mari en est redevable ; car, de lui-même, il a toujours eu des idées de luxe et de dépense.

STÉPHANIE, soupirant.

C'est vrai, vous le connaissez bien.

VICTOR.

Aussi, tu as bien fait de le retenir, de compter avec lui et avec toi-même, de te mettre à la tête de ta maison, d'y faire régner l'ordre et l'économie.

STÉPHANIE, avec embarras.

Mon frère !

VICTOR.

Je ne t'en fais pas compliment, c'est tout naturel, c'est toi que cela regardait.

AIR : Le choix que fait tout le village. (*Les deux Edmond.*)

Oui, tu le sais, c'est la règle commune
    Qu'en ménage on doit observer;
C'est le mari qui gagne la fortune,
    La femme doit la conserver.
Pour tous les siens son active tendresse
Dans tous les temps doit savoir amasser;
Car le bonheur est une autre richesse
Qu'elle n'a pas le droit de dépenser.

STÉPHANIE, à part.

Ah ! mon Dieu ! s'il savait...

SCÈNE XX.

VICTOR, STÉPHANIE, AMABLE.

STÉPHANIE, à part, voyant entrer Amable.

Dieu ! Monsieur Amable !

AMABLE, tenant un papier.

Fidèle à ma parole, voici, ma belle voisine, ce que je vous avais promis ; l'acte est en bonne forme.

(Stéphanie prend le papier.)

VICTOR.

Quel est ce papier ?

AMABLE.

Tout ce qu'il y a de plus innocent, un acte par devant notaire ; un service que je rends à ce jeune ménage, qui avait besoin d'argent.

VICTOR.

Que dites-vous ?

AMABLE.

Pour eux, d'abord, et pour un frère qui est fort mal dans ses affaires.

VICTOR, avec colère.

Comment !...

STÉPHANIE, vivement.

Ne le croyez pas, ce n'est pas vrai ; nous n'avons pas besoin de ses offres, nous les rejetons, et la preuve...

(Elle déchire l'acte.)

AMABLE.

Un acte notarié ! Madame, un pareil procédé...

STÉPHANIE.

Est le seul que vous méritiez, après la déclaration que vous avez osé m'adresser.

VICTOR.

Je comprends. (A Amable.) Il suffit, monsieur, sortez.

AMABLE, étonné.

Sortez! Qu'est-ce que c'est qu'une telle expression, à un propriétaire... et de quel droit ?...

VICTOR, passant auprès d'Amable.

Je vous répète, monsieur...

STÉPHANIE, l'arrêtant.

Mon frère !...

AMABLE.

Son frère ! c'est différent ; mais enfin, on est débiteur ou on ne l'est pas, et après ce que j'ai fait pour son mari...

STÉPHANIE, à part.

Ah! quelle honte !... et que devenir...

VICTOR.

On vous doit donc ?

AMABLE.

Apparemment.

VICTOR.

Combien, monsieur ?

AMABLE.

Je ne suis pas obligé de vous le dire.

VICTOR.

Et moi, j'ai le droit de vous demander... Combien ?

AMABLE.

Monsieur, c'est mon secret.

VICTOR.

Combien ?

AMABLE.

Dix mille francs.

VICTOR, après un moment de silence, regardant Stéphanie, prend son portefeuille et remet la somme à Amable.

Les voilà.

STÉPHANIE et AMABLE.

Qu'est-ce que cela signifie?

SCÈNE XXI.

Les mêmes; LUDOVIC.

LUDOVIC, accourant.

Mon ami, mon frère, rassure-toi. J'ai vu Hutchinson et mon notaire, ils se chargent de la vente, de la liquidation; ils se chargent de tout, et tu auras dès ce soir deux cent mille francs, qu'ils veulent bien avancer.

VICTOR, avec joie.

Il se pourrait!... ah!... mon ami!...

AMABLE.

Et vous acceptez!

VICTOR.

Oui, monsieur, et de grand cœur.

LUDOVIC, à Amable.

Vous ici, monsieur! J'ai un autre compte à régler avec vous, et, pour commencer, voici dix mille francs que je vous dois.

AMABLE.

Non, monsieur.

LUDOVIC.

Vous accepterez.

AMABLE.

Non, monsieur... A l'autre, maintenant; qu'est-ce qu'ils ont donc tous?

LUDOVIC.

Vous accepterez, ou sinon...

AMABLE.

Je suis payé.

LUDOVIC.

Et par qui?

AMABLE.

Par le beau-frère.

STÉPHANIE.

Oui, mon ami.

AMABLE.

Et tout ce que je puis faire, c'est de lui en donner un reçu.
(Il va s'asseoir auprès de la table, et écrit.)

LUDOVIC.

Qu'est-ce que cela veut dire?

VICTOR, prenant Ludovic par la main.

Avez-vous pu croire que votre frère, votre ami, cesserait un instant de veiller sur vous? Je connaissais vos folies, vos dissipations; j'aurais voulu qu'il ne tînt qu'à moi de venir à votre aide, de combler le déficit; mais, une fois habitués à de pareilles dépenses, rien ne vous eût empêchés de continuer; dans un an, dans deux ans, vous étiez ruinés sans espoir, sans ressources : aujourd'hui, il y en avait encore; mais, pour s'arrêter, pour trancher dans le vif, il faut un grand courage, jamais vous ne l'auriez eu pour vous, vous l'avez eu pour moi, j'en étais sûr; dès que vous m'avez vu en danger, vous avez tout sacrifié pour me sauver.

STÉPHANIE et LUDOVIC.

Mon ami!

VICTOR.

Ce sacrifice, je l'accepte, et je vous en rendrai bon compte.

Ces deux cent mille francs échappés au naufrage, je les ferai valoir dans ma manufacture, à condition que tu t'en mêleras, que tu travailleras.

LUDOVIC.

C'était mon projet, mon espoir... dès demain j'entrais chez un banquier.

VICTOR.

C'est bien, je t'emmène, et tu seras chez toi, ce qui vaut mieux que d'être chez les autres... nous vivrons tous ensemble, en amis, en famille... ta femme avec la mienne, tes enfants avec les miens... (Amable se lève et se place à la droite de Stéphanie.) Ils apprendront avec nous que l'ordre et l'économie, qui font la fortune des États, font aussi celle des jeunes ménages; et, quand vous aurez fait fortune en province, vous reviendrez, si vous le voulez, dans la capitale.

AMABLE.

Je vous garderai votre appartement.

LUDOVIC.

Vous êtes bien bon.

AMABLE.

Un logement d'ami, presque pour rien.

STÉPHANIE, faisant la révérence.

Cela revient trop cher.

(S'adressant au public.)

AIR : Il m'en souvient, longtemps ce jour.

Nous voilà donc bien avertis,
Et de ce frère que j'honore
Nous suivrons les sages avis...
Mais par vous, et ce soir encore,

Que de ces préceptes nouveaux
La règle ne soit pas suivie ;
Et, s'il se peut, dans vos *bravos*
Ne mettez pas d'économie !

LE QUAKER
ET
LA DANSEUSE

COMÉDIE-VAUDEVILLE EN UN ACTE

EN SOCIÉTÉ AVEC M. PAUL DUPORT

THÉATRE DU GYMNASE. — 28 Mars 1831.

PERSONNAGES.	ACTEURS.
JAMES MORTON, quaker	MM. GONTIER.
ARTHUR DARSIE, marquis de Clifford, pair d'Angleterre	ALLAN.
MURRAY, ami de Darsie	GABRIEL.
TOBY	NUMA.
UN DOMESTIQUE	BORDIER.
MISS GEORGINA BARLOW, danseuse	Mlle LÉONTINE FAY.

PLUSIEURS LORDS, amis de Darsie. — DOMESTIQUES.

A Londres, dans l'hôtel de miss Georgina.

LE QUAKER
ET
LA DANSEUSE

Un boudoir très-élégant. Porte au fond ; deux portes latérales : à la droite de l'acteur, la porte de l'appartement de Georgina. Du même côté, et sur le devant de la scène, un canapé. De l'autre côté, une table sur laquelle on voit une guitare, des papiers de musique, une écritoire et quelques gravures. Deux grandes croisées aux deux côtés de la porte du fond.

SCÈNE PREMIÈRE.

GEORGINA, LORD DARSIE, PLUSIEURS JEUNES LORDS à table, et déjeunant. Georgina occupe le milieu de la table ; Darsie à l'extrémité à gauche ; MURRAY à l'extrémité à droite.

Ensemble.

AIR : La belle nuit, la belle fête. (*Les Deux Nuits.*)

Que la gaîté, notre compagne,
 Tienne sa cour
 Dans ce séjour ;
L'amour s'accroît, grâce au champagne.
Honneur, honneur au champagne, à l'amour !

DARSIE.

C'est décidé, il n'y a que l'Angleterre où l'on boive de bon vin de Champagne.

MURRAY.

Il est bien meilleur qu'en France.

DARSIE.

D'abord, il coûte plus cher.

GEORGINA.

C'est une raison, surtout pour moi.

MURRAY.

Le vôtre est délicieux.

GEORGINA, montrant Darsie.

Faites-en compliment à milord, il vient de lui.

DARSIE.

C'est une galanterie; galanterie tout à fait inutile; car vous, miss Georgina, vous, la merveille de l'Opéra, et la *Taglioni* de Londres, vous avez, comme disait Talma dans une comédie française, je ne sais plus laquelle, vous avez, pour nous enivrer, des moyens bien plus sûrs.

GEORGINA.

Il paraît que tout votre esprit est exporté de France.

DARSIE.

Comme le Champagne, et je les fais venir tous les deux en bouteilles.

TOUS.

Charmant, charmant!...

DARSIE.

N'est-ce pas? je ne me suis jamais senti plus en verve qu'aujourd'hui, et puisque le dessert est le moment des indiscrétions, il faut que je fasse part à mes amis de mon bonheur.

GEORGINA.

Je vous le défends.

DARSIE.

Ça m'est égal. Il y a un opéra français qui dit : *Le bon-*

heur est de le répandre. Moi, je soutiens que le bonheur c'est de le dire, de le dire à tout le monde; sans cela, autant s'en passer.

GEORGINA.

Milord, je vous prie de vous taire.

DARSIE, se levant.

Impossible, me voilà à la tribune, et je parlerai; je vous apprendrai, mes chers amis, que moi, Arthur Darsie, marquis de Clifford et pair d'Angleterre, j'épouse secrètement la semaine prochaine, la cruelle, l'indomptable miss Georgina, la Lucrèce de nos théâtres, et je vous invite tous à la noce.

TOUS, se levant.

Il serait possible!...

(Murray, Georgina, Darsie s'avancent sur le devant de la scène; un des lords s'assied sur le canapé, un autre va à la table à gauche, et s'amuse à regarder des gravures. Les domestiques enlèvent la table.)

DARSIE.

Hein! quel bruit! quel éclat dans le grand monde! Mais il est si difficile maintenant de faire parler de soi, qu'on est trop heureux de trouver une pareille occasion... Si lord Byron y avait pensé, il n'aurait pas manqué celle-là, parce que, vrai, il n'y a rien de bon genre comme une mésalliance.

GEORGINA, fièrement.

Une mésalliance! Vous allez me donner de l'amour-propre: je ne croyais pas déchoir en vous épousant.

(Les lords rient.)

DARSIE, les regardant.

Qu'est-ce qu'elle dit?

GEORGINA.

Je vous ai promis de descendre jusqu'à vous, de renoncer à être artiste pour devenir marquise; mais c'était à des conditions...

DARSIE.

Que je n'ai point oubliées : Si, pendant un an, vous ne trouvez personne qui vous ait plu, vous devez me donner la préférence.

GEORGINA.

L'année n'est pas encore révolue.

DARSIE.

Il s'en faut de quatre ou cinq jours... c'est tout comme...
(Le lord qui était assis sur le canapé se lève, et va causer tout bas avec celui qui est auprès de la table.)

AIR : Du partage de la richesse. (*Fanchon la Vielleuse.*)

Vous ne serez pas rigoureuse,
Et je me fie à vos serments;
Car on doit, quand on est danseuse,
Tenir à ses engagements.

GEORGINA.

Les danseuses sont si frivoles !
Prenez-y bien garde.

DARSIE.

Il est clair
Qu'on ne doit pas compter sur leurs paroles :
(Aux deux lords qui sont à sa gauche.)
Ce sont des paroles en l'air.

GEORGINA.

Je n'ai qu'à aimer quelqu'un, et, Dieu m'en est témoin, je le voudrais.

DARSIE.

Vous ! aimer quelqu'un ! Vous en êtes incapable.

GEORGINA.

Alors, pourquoi tenir à m'épouser?

DARSIE.

Parce que, comme toute la belle jeunesse de Londres, je vous aime, j'en perds la tête; et j'ai juré, mieux que cela, j'ai parié que vous seriez à moi d'une manière ou d'une autre, et comme, d'une autre, il n'y a pas moyen...

GEORGINA, avec fierté.

Milord!

DARSIE.

Allons! vos grands airs! On sait bien que vous n'êtes pas une danseuse comme une autre. Vous menez de front les pirouettes et la vertu, ce qui est abusif, parce que, si cela gagne une fois, où en serons-nous?

TOUS.

Il a raison.

GEORGINA, souriant.

Que voulez-vous, milord? ce n'est pas ma faute.

DARSIE.

C'est peut-être la nôtre!

GEORGINA.

C'est possible. Contre qui ai-je eu à me défendre? Voilà deux ans que je traîne à ma suite des milliers d'adorateurs, depuis les coulisses jusqu'au foyer, depuis mon antichambre jusqu'à mon boudoir; et dans cette foule bigarrée, dont la fatuité est l'uniforme, j'ai cherché des yeux qui je pourrais aimer; je suis encore à le trouver.

DARSIE.

Preuve que je suis le seul, et comme je vous le disais...

GEORGINA.

Quel est ce bruit?

DARSIE.

Ma voiture qui vient nous chercher; car nous allons à Hyde-Park. (A ses amis.) Je compte sur vous pour la noce.

TOUS.

Approuvé!

Ensemble.

DARSIE.

AIR : En bons militaires. (*Fra Diavolo*.)

Du doux mariage
Qui bientôt m'engage
Je vous préviens tous.
Je compte sur vous,
Comptez sur mon zèle.
Le plaisir m'appelle ;
J'y serai fidèle.
Le plaisir m'appelle.

TOUS.

Du doux mariage
Qui bientôt l'engage
Il nous prévient tous,
Il compte sur nous.
Le plaisir nous appelle, etc.

GEORGINA, près de la fenêtre à gauche.

Mais écoutez donc, j'entends du bruit, des cris, un rassemblement.

DARSIE.

Quelque divertissement populaire, un ministre dont on casse les fenêtres.

SCÈNE II.

LES MÊMES ; MORTON.

MORTON, entrant par le fond.

Eh bien ! eh bien ! des cris de joie, des chants d'allégresse, quand un de vos frères vient d'être blessé !...

DARSIE.

Mon frère le baronnet ?

MORTON.

Non, maître Patrik, un brave mercier de la Cité, a été renversé par une voiture qui rentrait dans cet hôtel.

DARSIE.

C'est la mienne.

GEORGINA, à ses domestiques qui sont au fond, et qui vont et viennent.

Courez vite, que l'on s'empresse !

(Elle sort avec eux ; quelques-uns des lords sortent avec elle.)

DARSIE.

Pourquoi se trouvait-il là ? Mes chevaux ne peuvent pas aller au pas, ils n'y sont pas habitués.

MORTON.

Un cocher ne peut peut-être pas aller doucement ?

DARSIE.

Si le mien s'en avisait, je le renverrais sur-le-champ.

MORTON.

Et moi, frère, si j'étais de lui, j'aurais déjà renvoyé un maître tel que toi.

DARSIE.

Oser me tutoyer ! moi, lord Darsie !...

MURRAY.

Ne vois-tu pas à son langage et à son costume que c'est quaker ?

DARSIE.

Un quaker ! ah ! oui.

MURRAY.

Qui est sans doute l'ami de maître Patrik.

MORTON.

Tous les hommes sont mes amis, et notre premier devoir est surtout de secourir tous ceux qui souffrent, quels qu'ils soient.

DARSIE, riant.

Quels qu'ils soient!

MORTON.

Ce sont là du moins les principes de l'immortel Ben-Johnson, notre maître. Si ton noble coursier était blessé, je le soignerais, je te soignerais toi-même.

DARSIE.

Eh bien! par exemple, une telle comparaison...

MORTON.

Ce n'est pas toi qu'elle devrait fâcher, ami Darsie; le cheval est un noble animal; c'est un être utile.

DARSIE.

AIR du vaudeville de *Partie carrée.*

Il est divin de costume et de style ;
J'adore son raisonnement.
Autant que vous ne suis-je pas utile?

MORTON.

Peut-être ici : c'est possible.

DARSIE.

Comment ?

MORTON.

Dans ce séjour que le luxe décore
D'objets rares et superflus,
Dans ce boudoir je t'admire et t'honore...
Comme un meuble de plus.

DARSIE, avec hauteur.

C'est trop fort; qu'est-ce à dire, s'il vous plaît?

SCÈNE III.

Les mêmes, GEORGINA, rentrant.

GEORGINA.

Ce ne sera rien, je l'espère : je l'ai fait transporter dans une pièce de mon appartement, et le médecin va venir.

MORTON.

Femme, c'est bien... (La regardant.) Ah! que tu es belle!

GEORGINA.

Vrai!

MORTON.

Un quaker dit toujours vrai.

GEORGINA.

Ce n'est donc pas comme ces messieurs; et je t'en remercie.

MORTON.

Puisque tu es la maîtresse de cette maison, envoie sur-le-champ dans le Strand, seconde boutique à gauche, chez Patrik, le mercier, avertir sa fille... Non, ça l'effraierait!... préviens seulement Toby, son premier garçon, de ce qui vient d'arriver, et qu'il se rende ici, près de son maître, et près de moi.

GEORGINA, à un domestique.

Vous avez entendu.

MORTON, au domestique.

Va, mon ami : je t'en remercie d'avance, et je te rendrai cela dans l'occasion.

(Le domestique sort.)

DARSIE.

A merveille; il commande ici, comme chez lui.

GEORGINA.

Il fait bien. C'est amusant, un quaker, je n'en avais jamais vu de près; et je suis enchantée de faire sa connaissance. Il nous divertira.

MORTON, la regardant.

J'avais cru d'abord... je me suis trompé... futile comme les autres!

GEORGINA.

Futile! ce n'est pas galant; mais je vois que c'est une

bonne spéculation d'être quaker; on acquiert le privilège de dire à chacun son fait, sans risque, sans péril, et de plus c'est une manière comme une autre de produire de l'effet.

MORTON.

Si c'est là ta pensée, tant pis; j'avais meilleure opinion de toi.

GEORGINA.

Pourquoi donc? chacun ici-bas joue un rôle, tu as choisi celui-là.

MORTON, avec indignation.

Moi, jouer un rôle!... j'ai étudié les principes de Ben-Johnson; je tâche de les mettre en pratique, et d'être honnête homme, voilà tout.

GEORGINA.

Honnête homme, c'est ce que je disais, un rôle original. (A Darsie.) et vous, milord, qui aimez tant le bizarre et l'extravagant, si vous vous faisiez quaker?

DARSIE.

Moi!

GEORGINA.

Cela vous changerait de folie.

MORTON.

De folie!... qu'est-ce à dire?

GEORGINA.

Ah! ah! philosophe! voilà que tu te fâches, et tu as tort.

MORTON.

J'ai tort!

GEORGINA.

De ne pas m'avoir laissée achever ma phrase.

AIR d'Yelva.

A milord, qui pour moi soupire,
J'allais faire part de mon goût;

Et, par là, je voulais lui dire
Qu'un quaker me plairait beaucoup.
Si d'être un sage
Il avait l'avantage,
Je l'aimerais...

MORTON.

Vœux superflus.
Car, à son tour, s'il devenait un sage,
C'est lui, je crois, qui ne t'aimerait plus...
Oui, je le crois, s'il devenait un sage,
Sans doute alors il ne t'aimerait plus.

GEORGINA.

Milord quaker, vous êtes ici chez moi.

MORTON.

Femme, c'est toi qui te fâches à ton tour.

GEORGINA.

Tu as raison, je te pardonne; je ne vois pas pourquoi tu m'aurais épargnée plus que ces messieurs, moi qui ne vaux pas mieux qu'eux.

TOUS.

Ah! milady!

GEORGINA.

Et pour te prouver que j'ai un bon caractère, je t'invite ce soir à souper ici, avec nous. Acceptes-tu?

MORTON.

Non.

GEORGINA.

C'est honnête... Et pourquoi?

MORTON.

J'ai dit non.

GEORGINA.

Je l'ai entendu, et ce mot m'a d'autant plus frappée, que j'y suis peu habituée; mais daigne au moins nous expliquer, si toutefois Ben-Johnson et tes principes te le permettent... Qu'est-ce?...

SCÈNE IV.

Les mêmes; LE DOMESTIQUE.

LE DOMESTIQUE, à Morton.

Voilà le commis de M. Patrik qui est là, près de son maître; il vient d'arriver, et demande à vous parler en particulier.

MORTON.

J'y vais.

GEORGINA.

Non pas, nous vous laissons, et jusqu'à ce que ce pauvre homme puisse être transporté chez lui, dis-lui bien que ma maison est la sienne, à lui et à ses amis.

DARSIE.

Le traiter ainsi!... lui, qui tout à l'heure vous a résisté.

GEORGINA, souriant.

Je ne suis pas fâchée qu'on me résiste.

AIR : Il m'en souvient, longtemps ce jour.

Demeure auprès de ton ami,
Je te laisse à tes soins fidèles;
Et, grâce à toi, j'espère ici
Avoir bientôt de ses nouvelles.
Le promets-tu?

MORTON.

Ne jurer rien,
C'est là notre règle première ;
Je ne promets pas, mais je tien.

GEORGINA.

Et moi, je fais tout le contraire.

MORTON.

Oser faire un tel aveu!

GEORGINA.

Te voilà prévenu. (Lui tendant la main.) Sans rancune; adieu, quaker.

MORTON, lui donnant la main.

Adieu. (La regardant.) C'est dommage, il y avait du bon.

GEORGINA.

Vraiment!... c'est toujours cela. (Bas à Darsie.) Darsie, sachez donc quel est cet original...

DARSIE.

Vous avez raison, il faut nous en amuser, et je cours aux informations.

GEORGINA.

A merveille. (Faisant la révérence à Morton.) Monsieur, j'ai bien l'honneur... (Voyant qu'il ne la lui rend pas.) Il paraît que saluer n'est pas dans tes principes?

MORTON.

Non.

GEORGINA.

Allons, il y a encore bien à faire pour le former, mais on en viendra à bout.

(Georgina rentre dans son appartement; Darsie et Murray, qui l'ont accompagnée jusqu'à la porte, sortent par le fond.)

SCÈNE V.

MORTON, LE DOMESTIQUE.

MORTON.

Préviens ce jeune homme qui m'attend qu'il peut entrer.

LE DOMESTIQUE.

Oui, Votre Honneur.

MORTON.

Attends, attends : tu m'as rendu service, tiens, prends.

LE DOMESTIQUE.

Deux guinées!... pour un quaker...

MORTON.

Va vite.

LE DOMESTIQUE.

Tout ce que voudra Votre Honneur, je lui suis tout dévoué.

MORTON.

C'est bon, mais écoute, ami, ne dis plus *Votre Honneur;* car l'honneur du monde n'est qu'un rêve d'insensé; et autant vaudrait m'appeler *Votre Folie,* ce qui ne serait pas honnête. Mais voilà celui que j'attends, laisse-nous.

LE DOMESTIQUE.

Oui, Votre Honn... je veux dire... monsieur le quaker.

(Il sort.)

SCÈNE VI.

MORTON, TOBY, entrant par la porte à gauche.

TOBY.

Ah! monsieur Morton, quel événement!

MORTON.

Est-ce que Patrik va plus mal?

TOBY.

Non vraiment, je viens de le voir, de l'embrasser. Il n'a rien eu, grâce au ciel, que quelques contusions; mais vous sentez bien que, pour un vieillard, la peur, le saisissement... Aussi, le médecin qui vient de le saigner n'a rien ordonné que de le laisser tranquille.

MORTON.

Alors tu peux aller prévenir sa fille, cette pauvre Betty qui t'aime tant.

TOBY.

Ah ! oui, c'est vous qui vous en êtes aperçu ; moi, je ne m'en serais jamais douté ; et jugez de ma surprise, quand hier le père Patrik, qui est si riche et un peu avare, quoique brave homme au fond, me dit : « Toby, tu n'es que mon premier garçon, tu n'as pas un schelling de revenu, ni de capital ; tu n'es pas très beau... »

MORTON, froidement.

Tout cela est vrai...

TOBY.

« D'un autre côté, voilà ma Betty, la plus jolie fille de la Cité, et que tous les riches marchands de Londres me demandent en mariage... eh bien, je te la donne, parce que le quaker Morton t'aime, t'estime et répond de toi. »

MORTON.

C'est vrai : j'en réponds ; pauvre et misérable, tu as toujours été honnête homme. Obligé par moi, j'ai cru que, comme les autres, tu serais ingrat.

TOBY.

Ah ! pour ça, jamais.

MORTON.

Tu l'aurais été, ami, que ça ne m'aurait ni surpris ni empêché de te rendre service.

TOBY.

Et pourquoi donc ?

MORTON.

AIR d'Aristippe.

Si l'on comptait sur la reconnaissance,
Trop rarement on serait généreux.
   Il vaut mieux faire, je le pense,
   Des ingrats que des malheureux ;
   Et de peur qu'on ne s'en afflige,
Du bien qu'on fait sans se glorifier,
Il faut agir comme ceux qu'on oblige,
   Et se hâter de l'oublier.

TOBY.

Ah! monsieur Morton!... ah! mon bienfaiteur!

MORTON.

Dis : « Mon ami », et pense-le; ce mot-là renferme tout. A quand la noce?

TOBY.

C'est justement là-dessus que je voulais vous consulter. C'était après-demain le jour fixé.

MORTON.

Après-demain!

TOBY.

Voilà, et cela me met dans un embarras dont je n'ai osé parler à personne... parce qu'après ce que vous avez fait pour mon bonheur, je vous demande bien pardon d'être malheureux, je me le reproche, c'est d'un mauvais cœur! Mais si je ne vous disais pas la vérité, je ne serais plus digne de vous, ni de M. Patrik, ni surtout de cette pauvre Betty, pour qui je donnerais ma vie; car elle m'aime bien, et je l'aime de tout mon cœur.

MORTON.

Eh bien! alors, qu'est-ce qui t'afflige?

TOBY.

C'est qu'il y en a, je crois, une autre que j'aime encore plus qu'elle.

MORTON.

Qu'est-ce que cela signifie?... et quelle est cette autre?

TOBY.

Je l'ignore.

MORTON.

Où est-elle?

TOBY.

Je n'en sais rien.

MORTON.

Ami Toby, tu es fou.

TOBY.

J'en ai peur. C'est une sorcière, une lutine, mon mauvais génie, en un mot; car, chaque fois qu'elle m'apparaît, il m'arrive un malheur.

MORTON.

Et quels rapports peuvent exister entre vous? où l'as-tu connue?

TOBY.

Il y a trois ans, dans le village où j'avais un petit emploi de collecteur des accises. J'ai tout quitté pour venir ici, à Londres, avec elle, avec Catherine; c'est Catherine qu'on l'appelait. Et elle était jolie!... jolie, voyez-vous!... il n'est pas permis de l'être comme ça; parce que ça fait qu'on en perd la tête, qu'on rougit de n'être rien, qu'on veut faire fortune, qu'on s'embarque, et puis qu'on revient, pauvre, souffrant, misérable! prêt à mourir de faim ou de désespoir. Voilà comme vous m'avez trouvé sur le pavé de Londres, vous savez...

MORTON.

Poursuis, ami; je t'ai dit de ne jamais me parler de ça.

TOBY.

Enfin, monsieur Morton, vous avez tout fait pour moi; rappelé à la vie, à la santé, placé par vous chez un brave négociant, j'oubliais presque mon chagrin, je m'efforçais d'être heureux, ne fût-ce que par reconnaissance; et puis Betty était si bonne! nous aurions fait un si bon ménage!... oh! oui, j'en suis sûr, j'aurais été un honnête homme, un bon mari, je l'aurais juré; lorsqu'il y a trois jours, au détour d'une rue, dans un équipage magnifique, j'aperçois une femme couverte de plumes et de diamants; c'était Catherine! Catherine, qui avait disparu, que je n'avais plus revue; je veux crier, et je reste muet!... je veux courir, mes jambes fléchissent; je tombe sans connaissance, on me rapporte au magasin; et quand je revins à moi, c'était Betty qui me soignait. Pauvre chère enfant! elle me frottait les tempes avec de l'eau de Cologne; et le lendemain, me voyant encore tout triste, elle me dit : « Monsieur Toby, il faut vous distraire, aller au spectacle. » J'allai au plus beau, au plus cher; et je ne sais pas comment ça se fit, je m'endormis... Voilà qu'un bruit d'applaudissements me réveille, je regarde, des nuages descendaient de tous les côtés, il y en a un qui s'ouvre, une femme en sort, c'était Catherine.

MORTON.

Catherine!

TOBY.

Oui, monsieur Morton; et elle s'est mise à danser devant tout le monde, elle qui était si timide, elle qui autrefois n'osait danser avec personne, de peur des mauvaises langues!

MORTON.

Pauvre garçon! une tête dérangée... l'illusion seule...

TOBY.

Oui, n'est-ce pas?... c'est ce que je me suis dit pour me consoler. Ma tête est dérangée, mais c'est égal, je ne peux pas, quand mademoiselle Betty me donne tout son amour, ne lui donner que la moitié du mien; ce ne serait pas juste, ce ne serait pas honnête; et au lieu de l'épouser, je veux m'enrôler.

MORTON.

Y penses-tu?

TOBY.

Depuis longtemps; tout ce que je regrettais, c'était de me faire tuer sans avoir pu vous en faire mes excuses! mais je vous ai vu, je vous ai tout avoué, je n'ai plus rien sur la conscience; vous me pardonnez de souffrir, pas vrai?... il n'y a pas de ma faute. Adieu, monsieur Morton, consolez Betty; je vais me faire soldat.

MORTON.

Toi, soldat!

TOBY.

Oui : j'irai me battre contre les Français.

MORTON, lui prenant la main, après un instant de silence.

Contre les Français! Tu leur en veux donc?

TOBY.

Moi? du tout; à la guerre on est là; on se tire un coup de fusil, on ne s'en veut pas pour ça; au contraire.

MORTON.

Mais ce Français que tu auras en face de toi, contre qui tu tireras, peut-être a-t-il une amie qui le regrettera, comme tu regrettes la tienne.

TOBY, ému.

Vous croyez qu'il a une amie, ce Français?

MORTON.

Et pourquoi n'aimerait-il pas comme toi? ou par quelle fatalité faut-il qu'il meure, parce que tu as perdu ta maitresse?

TOBY.

C'est pourtant vrai; je n'avais pas réfléchi à ça. C'est égal, laissez-moi aller à la guerre; je vous promets de ne tuer personne; je ferai seulement mon possible pour être tué.

MORTON.

Ami, tu n'as pas de courage. Tu ne sais donc pas que l'homme doit subir toutes les peines, toutes les épreuves, sans cesser d'être calme? Suis mon exemple; les passions ne peuvent plus rien sur moi, parce que je suis quaker.

TOBY.

Cela empêche donc d'être amoureux?

MORTON.

Toujours... C'est par là que j'ai appris à me vaincre, à modérer ce caractère impétueux qui m'aurait porté à tous les excès. Je me rappellerai sans cesse ce pauvre Seymour, un ami d'enfance... et une dispute, un défi, ce qu'ils appelaient l'honneur offensé!... enfin je l'ai vu tomber sous mes coups; et depuis ce jour, le monde et ses lois, et ses préjugés, j'ai tout pris en horreur; je n'ai plus admiré et professé d'autres principes que ceux de Ben-Johnson, qui nous enseignent à triompher de nous-mêmes et de nos passions.

TOBY.

Si je l'avais su plus tôt... Mais il n'est plus temps : le mal est fait.

MORTON.

Il est toujours temps de revenir à la raison... Va chercher Betty, et amène-la près de son père; c'est moi qui leur parlerai à tous les deux. Nous retarderons le mariage de quelques mois, et d'ici là, je me charge de te guérir. Je te lirai tous les jours Ben-Johnson et ses principes.

TOBY, baissant la tête.

Comme vous voudrez; je me résigne à tout.

MORTON.

C'est bien... Mais tu me promets de vivre? je le veux.

TOBY.

Je n'ai rien à vous refuser; mais c'est bien pour vous faire plaisir.

MORTON.

Je t'en remercie.

TOBY.

Il n'y a pas de quoi. (En s'en allant.) Adieu, monsieur Morton. Ah! le digne homme!

(Il sort.)

SCÈNE VII.

MORTON, puis GEORGINA.

MORTON.

L'insensé! abandonner son cœur à un tel délire!... Il faut le plaindre; ce n'est pas sa faute. O Ben-Johnson, il ne te connaissait pas!

(Il s'assied près de la table, ouvre le livre et lit.)

GEORGINA, sortant de son appartement et voyant Morton assis.

Encore ici! Ah! il est seul; et tellement occupé de sa lecture, qu'il ne fait seulement pas attention à moi. (s'asseyant sur le canapé et regardant Morton.) Belle tête d'étude!... tête de philosophe! et dire que, si on voulait, celle-là ne serait pas plus difficile à bouleverser qu'une autre! (Souriant.) Au fait, ce serait amusant de le faire fléchir, lui et ses principes. Si j'essayais... (Elle tousse légèrement, puis fait un petit bruit avec le tabouret qui est sous ses pieds : enfin, voyant qu'il ne fait pas attention à elle, elle lui adresse la parole.) Monsieur...

MORTON.

C'est toi! je ne te voyais pas.

GEORGINA.

C'est ce dont je me plains. (D'un air de bonté.) Comment va notre malade, le respectable monsieur Patrik?

MORTON.

Il va mieux; on vient de le saigner; et il repose... Et je te dois, en son nom et en celui de sa famille...

GEORGINA.

Ah! je n'entends pas de si loin, surtout quand il faut toujours lever la tête; si tu veux que je t'écoute, avance un fauteuil, et mets-toi là, près de moi.

MORTON, avançant le fauteuil près du canapé et s'asseyant.

Me voilà, j'y suis.

GEORGINA.

Pardon; avec toi, qui es la franchise même, on ne doit pas se gêner. J'ai les nerfs si cruellement agités! une migraine affreuse! tu permets, n'est-ce pas?... (Elle appuie sa tête sur un coussin du canapé.) Eh bien! tu disais...

MORTON.

Je te disais...

(Il regarde le boudoir.)

GEORGINA.

Ah! tu regardes mon boudoir? comment le trouves-tu?

MORTON, après avoir regardé avec flegme.

Très-bien, pour ce que tu en fais.

GEORGINA, relevant la tête avec vivacité.

Comment? que voulez-vous dire?... et qu'est-ce que j'en fais donc?

MORTON.

Tu veux le savoir? mais je suis quaker, et mes principes m'ordonnent d'être sincère.

GEORGINA.

Eh bien?

MORTON.

Eh bien! tu fais de ce boudoir un séjour de vanité, un lieu où tu viens t'admirer toi-même, où tu as rassemblé les plus belles choses, afin de t'écrier dans l'orgueil de ton cœur : « Je suis encore plus belle. »

GEORGINA, remettant sa tête sur l'oreiller.

AIR : Ainsi que vous, je veux, mademoiselle.

Oui, j'en conviens, oui, telle est ma faiblesse.

MORTON.

Et quand je vois en ce moment
Tant de beauté, d'esprit et de jeunesse...

GEORGINA.

Eh quoi! vraiment, un compliment!

MORTON.

Oui, tous ces dons que ton orgueil admire
Et que sur toi le ciel a répandus,
Me font, hélas! soupirer...

GEORGINA, à part.

Il soupire!

MORTON.

Et je me dis : « Que de trésors perdus! »
Oui, je me dis : « Que de trésors perdus! »

GEORGINA.

Si c'est une leçon de morale, continue, tu me feras plaisir; je n'en entends pas souvent.

MORTON.

Volontiers; tu es noble, tu es riche; et une femme de ton rang et de ta naissance...

GEORGINA.

Eh! pour qui me prends-tu?

MORTON.

Pour quelque grande dame, quelque duchesse, que sais-je...

GEORGINA.

Du tout... entendons-nous bien... il faut de la loyauté; car si un jour tu te trouvais là, à mes pieds...

MORTON, reculant son fauteuil.

Moi! ô Ben-Johnson!

GEORGINA.

Ben-Johnson lui-même, c'est possible! tout peut arriver, et je ne veux pas que ce soit par surprise... Dès demain peut-être, il ne tient qu'à moi d'être duchesse, ou pairesse d'Angleterre; mais je ne veux pas déroger, et je suis mieux que cela.

MORTON, froidement.

Princesse, peut-être?

GEORGINA.

Un degré de plus ; déesse... à l'Opéra.

MORTON, se levant.

Où suis-je !... et qu'est-ce que j'apprends là ?

GEORGINA.

Prends garde ; ou je vais croire que la philosophie n'est chez toi qu'un vain mot, que tu n'es pas d'accord avec toi-même, et que tu es un prétendu sage, esclave, comme tant d'autres, des préjugés.

MORTON.

Je n'en ai aucun, je n'en ai plus.

GEORGINA.

Pourquoi alors t'éloigner de moi ? une duchesse à tes yeux est-elle plus qu'une danseuse ?... respecteras-tu en elle le hasard qui lui a donné le rang ou la naissance ?

MORTON.

Non, sans doute.

GEORGINA.

Eh bien ! alors... approche... pour l'honneur de tes principes, ou je n'y croirai plus.

MORTON, se rapprochant.

Elle a raison.

(Il se rassied.)

GEORGINA.

Plus près encore, et écoute-moi. Malgré tes idées, il se peut qu'une danseuse soit insensible : je le suis, je te le jure... sinon, je le dirais de même ; et si, entourée d'hommages, d'éloges, de séductions de toute espèce, elle résiste et reste honnête femme, crois-tu qu'elle n'a pas plus de mérite que celles qui n'ont pas même eu l'occasion de se défendre ?

MORTON.

Si vraiment.

GEORGINA.

Crois-tu que sa sagesse ne soit pas plus difficile et plus glorieuse que la tienne? toi chez qui l'indifférence tient lieu de vertu; toi qui, renfermé dans les hautes régions de la philosophie, n'as jamais laissé pénétrer jusqu'à toi des passions que tu ignores!... soldat qui te proclames vainqueur sans avoir eu d'ennemi à combattre! Ah! si ton cœur avait connu les charmes ou les tourments de l'amour; si, aux prises avec une passion délirante, tu avais su en triompher et te vaincre toi-même... alors tu pourrais parler de ton courage ou de ta sagesse; mais jusque-là, reconnais notre supériorité. Étudie, renferme-toi dans tes livres, et ne te vante de rien.

MORTON.

Femme, tu as une fausse idée de la sagesse; fuir les dangers ou s'en abstenir, est déjà un mérite.

GEORGINA.

Oui, celui d'une statue; et lorsque, ainsi que toi, on ne sent rien, on n'éprouve rien...

MORTON.

Tu te trompes! et nous aussi, nous avons un cœur, nous avons des yeux.

GEORGINA.

Vraiment; je ne m'en serais pas douté. Eh bien! que te disent les tiens?... comment me trouves-tu?

MORTON, se levant.

Femme, tu es coquette.

GEORGINA.

Je ne dis pas non; c'est notre sauvegarde à nous.

MORTON, à part, la regardant.

Et j'oubliais le malade qui est là, et qui m'attend! (Haut.) Je m'en vais.

GEORGINA, souriant.

Non; tu ne t'en iras pas.

MORTON.

Et pourquoi?

GEORGINA, de même.

J'ai encore à te parler, reste. (Le regardant.) Il hésite! c'est bien; il ne s'en ira pas; j'en suis sûre.

(Morton reste un instant immobile; il fait un pas vers elle; et puis il prend sa résolution, et rentre dans la chambre de Patrik, à gauche de l'acteur.)

SCÈNE VIII.

GEORGINA, seule, sur le canapé.

Eh bien... du tout... il part... il est parti!... et il ne revient pas! il ose ne pas revenir!... (On entend un tour de clef que Morton donne en dedans.) S'enfermer! (Elle se lève.) Ah! me voilà piquée au vif! et ce n'est plus pour lui, c'est pour moi que je tiens à l'humilier! mais pour l'attaquer et le vaincre, encore faut-il le connaître, et savoir à quel ennemi l'on a affaire.

SCÈNE IX.

DARSIE, GEORGINA.

GEORGINA.

C'est vous, milord?

DARSIE.

Oui, mon adorable miss; je vous apporte les articles de notre contrat, que je voulais vous soumettre.

GEORGINA.

C'est bien; mais ces informations que je vous avais chargé de prendre sur ce quaker?...

DARSIE.

J'en ai d'excellentes et d'authentiques, car je les tiens de

M. Franck, mon notaire, qui est aussi le sien. Lisez d'abord ; vous verrez que je vous assure toutes mes propriétés du Devonshire.

GEORGINA.

Nous lirons plus tard ; mais ce quaker...

DARSIE.

Comme vous disiez : un original, s'il en fut jamais.

GEORGINA.

Et son nom?

DARSIE.

James Morton, le fils du fameux William Morton, ce négociant si immensément riche, que lui-même, de son vivant, n'a jamais su au juste quelle était sa fortune. Pour son fils, c'est différent, il commence à y voir clair.

GEORGINA.

Comment! ce serait un fou, un dissipateur?

DARSIE.

Pas dans le grand genre ; pas dans le nôtre. Imaginez-vous que, libre et maître, à vingt-cinq ans, des trésors paternels, au lieu de les dépenser raisonnablement, d'avoir des maîtresses, des chevaux, des équipages, des meutes, enfin, ce qui s'appelle vivre, car la vie est là, il s'est plongé dans les livres et dans l'étude : de sorte qu'il y aurait en lui de quoi faire un professeur; qu'est-ce que je dis ! trois professeurs à l'université de Cambridge.

GEORGINA.

C'est là son unique occupation?

DARSIE.

Il en a encore une autre plus originale ; il sort toujours seul, à pied, de l'or dans ses poches, et il se promène dans les rues de Londres, le jour et la nuit, comme un watchman.

AIR du vaudeville de *Turenne.*

Rencontre-t-il artisan sans ouvrage,
Joueur à sec courant faire un plongeon
Dans la rivière?... il l'arrête au passage
Avec sa bourse, et de plus un sermon
Qu'il faut subir, qu'on y consente ou non.
C'est un abus; c'est, il faut qu'on le dise,
  A l'un de nos droits attenter...

GEORGINA.

Comment cela?

DARSIE.

C'est nous ôter
La liberté de la Tamise.

GEORGINA.

En vérité?

DARSIE.

Et dernièrement on l'a trouvé à Newgate, au milieu des escrocs et des voleurs, monté sur une table, et leur faisant une dissertation sur la probité; et au milieu du premier point, il s'aperçoit que sa tabatière d'or avait disparu.

GEORGINA.

Admirable!

DARSIE.

Mais sans se déconcerter : « Amis, leur dit-il, je vois que l'un de vous avait besoin de tabac, et que ça l'a empêché de prêter à mon discours l'attention qu'il méritait; je ous prie de vouloir bien, pour que dorénavant cela n'arrive plus, accepter chacun une guinée, que voici. » Il le fit comme il l'avait dit; et ce qu'il y a de plus étonnant, c'est que l'auditoire était nombreux, deux cents au moins; et jamais prédicateur, à Westminster, ne fut écouté avec plus de respect et de recueillement.

GEORGINA.

Un sermon qui lui coûta cher.

DARSIE.

Je le crois bien, deux cents guinées!... Mais aussi, il est adoré de tous les coquins; et il en ferait tout ce qu'il voudrait, même des honnêtes gens, ce qui est déjà arrivé à plusieurs, qu'il a fait sortir de prison, sous caution. Que dites-vous de sa duperie?

GEORGINA.

Duperie ou non, il y a là-dedans quelque chose de touchant.

DARSIE.

Ah! cela vous touche! moi, cela me fait rire. Comme les jeunes filles dont il prend soin, ces petites mendiantes irlandaises qu'on rencontre dans les rues de Londres, et qui se disent toutes malheureuses, innocentes...

GEORGINA.

Leur donne-t-il aussi des leçons?

DARSIE.

Non, il leur donne des dots et des maris, au lieu de lancer cela dans les chœurs de l'Opéra.

GEORGINA.

Milord!...

DARSIE.

Pardon, je ne parle que des figurantes, parce que vous sentez bien que les premiers sujets... Mais revenons à notre contrat.

GEORGINA.

Nous avons le temps. (Parcourant le contrat.) « Par-devant « maître Franck... lord Darsie, marquis de Clifford... et... » (A Darsie.) Et on ne lui connaît aucune inclination?

DARSIE.

A qui donc?

GEORGINA.

A ce quaker?

DARSIE.

Aucune; il n'a jamais aimé personne, que le genre humain; et cependant, avec son âge, il a trente-trois ans; avec sa figure qui n'est pas mal, pour une figure de quaker, surtout avec son immense fortune, vous vous doutez bien que toutes les grandes familles de Londres et les demoiselles à marier ont fait près de lui assaut de coquetterie. Frais perdus! avances inutiles! C'est une conquête reconnue impossible.

GEORGINA.

Impossible!... c'est ce que nous verrons.

DARSIE.

Comment, vous auriez l'idée?...

GEORGINA.

Mieux que cela, j'ai déjà commencé.

DARSIE.

Charmant, délicieux! allons-nous rire à ses dépens!... Le projet est digne de vous, et je suis du complot.

GEORGINA.

Cela va sans dire.

AIR du vaudeville de Partie et Revanche.

Tous nos efforts seront prospères.

DARSIE.

Quoi! déjà vous l'avez charmé?

GEORGINA.

Oui, dans ses principes austères,
Pour me fuir il s'est enfermé,
Dans cette chambre il est là, renfermé.

DARSIE.

Tant pis.

GEORGINA.

Tant mieux, il va se rendre :
Les principes, tout calculé,

Résistent mal, lorsque, pour les défendre,
On est forcé de les mettre sous clé.

Le difficile, c'est de le faire sortir de ses retranchements.
Comment le forcer adroitement à paraître ?

DARSIE.

Si je l'appelais ?

GEORGINA.

Fi donc !... il faut qu'il vienne, sans qu'on lui dise : venez.

DARSIE.

C'est juste.

GEORGINA.

Attendez, ce moyen suffira peut-être.
(Elle prend une guitare qui est sur la table, s'assied sur un fauteuil près du canapé. Darsie prend une feuille de musique, et, debout auprès de Georgina, il chante, elle l'accompagne.)

DARSIE.

AIR de Carlini. (La Belle au bois dormant.

> Sur une tourelle
> De loin j'aperçois
> Femme jeune et belle,
> M'implorant, je crois.
> Dirigeons vers elle
> Mon fier destrier ;
> Femme en vain n'appelle
> Aucun chevalier.

GEORGINA, parlant à voix basse.

Vient-il ?

DARSIE, de même.

Non.

GEORGINA.

Il est sourd, maintenant ; toutes les qualités !

DARSIE.

Je n'entends rien, continuons.

(Reprenant l'air.)

De sa voix plaintive
J'entends
Les accents.
Près d'elle j'arrive :
« Suis-moi
« Sans effroi.
« Et si de mon zèle
« Tu veux me payer,
« Prends-moi, damoiselle,
« Pour ton chevalier. »

Le voilà!... O pouvoir de l'harmonie!

SCÈNE X.

GEORGINA, DARSIE, MORTON.

MORTON, entr'ouvrant la porte avec précaution, et s'avançant en parlant à demi-voix.

Taisez-vous donc, taisez-vous donc!

GEORGINA et DARSIE, étonnés.

Comment!

MORTON.

Vous faites là un bruit qui va réveiller ce pauvre Patrik, car il dort, et je viens vous dire de finir.

GEORGINA, avec ironie et dépit.

Quoi! c'est pour cela que monsieur a pris la peine de venir?

MORTON.

Sans doute; cela m'impatientait.

DARSIE, à part.

Si jamais celui-là fait un dilettante!

MORTON, à Georgina.

Te voilà prévenue, adieu.

GEORGINA, bas à Darsie.

Trouvez moyen de le retenir, ou il nous échappe encore.

DARSIE.

Soyez tranquille. (Arrêtant Morton au moment où il va rentrer dans la chambre.) Monsieur Morton...

MORTON.

Comment, tu sais mon nom?

DARSIE.

Qui ne le connaît pas?... Chacun sait que vous êtes l'homme d'Angleterre le plus obligeant, et nous avons un service à vous demander.

MORTON.

Un service! Me voilà, frère, dispose de moi; je ne t'aimais pas, tu me déplaisais; mais tu as besoin de moi, nous sommes amis. Que veux-tu?

DARSIE.

Je vais épouser miss Georgina.

MORTON.

Est-il possible!

GEORGINA.

Oui, vraiment. Oh! ce n'est pas un quaker, il n'a pas de préjugés. Est-ce que cela te fâche?

MORTON, froidement, à Darsie.

Je t'en fais compliment.

GEORGINA, l'observant avec curiosité.

Du fond du cœur?

MORTON, regardant Georgina avec regret.

Oui... à lui.

GEORGINA, gaîment.

Et à moi aussi je te plairai... je ne serai plus danseuse, je serai une grande dame ; tu aimes les grandes dames.

MORTON.

Moi !...

GEORGINA.

Oh ! tu les aimes ; et comme je vais être marquise, j'ai de l'espoir.

MORTON.

Marquise ou non, tu seras toujours...

GEORGINA.

Hein !...

MORTON.

Toujours la même.

GEORGINA, d'un air doucereux.

Et que suis-je donc ?

MORTON.

Je ne veux pas le dire, car j'ignore pourquoi, mais il y a dans le son de ta voix, dans tes regards, quelque chose qui m'irrite, qui me mettrait en colère, ce qui ne m'arrive jamais. (A Darsie.) Parle, toi, que me veux-tu ?

DARSIE.

J'ai mes témoins pour le contrat et la cérémonie, mais miss Georgina n'en a pas.

GEORGINA.

Et si tu voulais m'en servir...

MORTON.

Moi, ton témoin !

GEORGINA.

Pourquoi pas ?

MORTON.

Tu me connais d'aujourd'hui seulement.

GEORGINA.

C'est assez pour t'estimer, t'apprécier, et te demander un service.

MORTON.

D'ordinaire, cela regarde les parents.

GEORGINA.

Si je n'en ai pas... si je suis orpheline...

DARSIE.

Vraiment!

GEORGINA.

Je n'ai jamais eu d'autre famille que mistress Mowbray, une maîtresse de pension, chez qui j'ai été élevée.

MORTON, cherchant à se rappeler.

Mistress Mowbray... J'en ai connu une à Cantorbéry.

GEORGINA.

C'est celle-là ; un célèbre pensionnat, très-distingué, très-cher, où je m'ennuyais à périr.

MORTON, rêvant.

Cela se trouve à merveille; service pour service, j'en ai aussi un à te demander. Puisque tu as été élevée dans cette maison, y as-tu connu, il y a sept ou huit ans, une jeune fille que l'on nommait *miss Barlowe?*

GEORGINA, troublée, et avec émotion.

Miss Barlowe!... Je l'ai connue beaucoup... Quel intérêt y prends-tu? dis-le moi... Je le veux... je t'en prie... Mais voyons donc...

MORTON, froidement.

Un défaut de plus, tu es curieuse!... Malheureusement pour ta curiosité, l'histoire que j'ai à te dire n'a rien d'extraordinaire ni d'intéressant. Il y a huit ans, à peu près, et c'était lors de mon premier voyage sur le continent, j'arrivai au milieu du jour à Cantorbéry ; et, selon l'usage, pendant qu'on changeait nos chevaux, une foule de mendiants entouraient ma voiture... Je leur jetai une poignée de monnaie, sur laquelle ils se précipitèrent tous ardemment, excepté un enfant, une petite fille de neuf ou dix ans, qui, couverte de haillons, se tenait à l'écart en pleurant ; je descendis ; j'allai à elle, et lui offris une pièce d'or... « Gardez-la, me dit-elle en me montrant les autres pauvres ; ils me la prendraient. — Et pourquoi ? — Je suis seule au monde ; j'ai faim, j'ai froid, et je n'ai plus de père. — Tu en as un, lui dis-je, viens ! » Et je l'emmenai.

DARSIE.
Sans autre information, sans autre titre ?

MORTON, froidement.
Elle avait froid, et elle avait faim.

GEORGINA, avec attendrissement.
Ah !... continue, je t'en prie.

MORTON.
Ma première idée fut de la faire monter dans ma voiture ; mais que faire d'un enfant, pendant un voyage de long cours ?... Comment la soigner, l'élever ?... moi, garçon, qui marche toujours seul !... J'étais donc au milieu de la rue, la tenant par la main, et fort embarrassé d'elle et de moi, lorsqu'en levant les yeux, je vois écrit au-dessus d'une grande porte cochère : *Pensionnat de jeunes ladies ; Mistress Mowbray, institutrice*, etc... J'entre, je demande la maîtresse de la maison ; je lui confie ma jeune protégée, que je la prie d'élever comme une princesse, sous le nom de *miss Barlowe*, une parente que j'avais perdue ; je paie quatre années d'avance, le temps pendant lequel je devais être absent ; et, enchanté de ma rencontre, je remonte en voiture ; et le soir j'étais à Douvres, de là, en France, en Prusse, en Allemagne, *et cœtera*... mon tour d'Europe.

DARSIE.

Et vous n'avez pas eu de ses nouvelles?

MORTON.

Une fois ; au bout de quatre ans, lors de mon retour, je voulais voir par moi-même...

DARSIE.

Si elle avait fait des progrès...

MORTON, froidement.

De très-grands; elle avait disparu depuis un an, avec son maître de danse qui l'avait enlevée.

DARSIE.

Admirable! (Passant à la droite de Georgina.) Je ne m'attendais pas au dénouement.

MORTON.

Ni moi non plus.

GEORGINA.

Et vous cherchez à savoir ce qu'elle est devenue pour vous venger?

DARSIE.

Pour la punir?

MORTON.

Non, amis; pour lui offrir mes secours et mes conseils... car maintenant, plus que jamais, elle doit en avoir besoin.

GEORGINA.

Ah! quel excès de bonté!

DARSIE, à Georgina.

Qu'avez-vous donc?

GEORGINA, à demi-voix.

Moi! rien... Laissez-nous, de grâce.

DARSIE.

Vous voilà tout émue.

GEORGINA, s'efforçant de sourire.

Pouvez-vous le penser?

DARSIE, vivement, à demi voix.

C'est donc exprès?... C'est bien, très-bien... Une émotion de commande. Puisque cela va commencer, je vous laisse. Je reviendrai dans l'instant savoir où nous en sommes.

(Il entre dans l'appartement de Georgina.)

SCÈNE XI.

GEORGINA, MORTON.

GEORGINA, regardant sortir Darsie.

Grâce au ciel, il s'éloigne. (S'approchant de Morton.) Ah! monsieur, comment vous dire ce que m'a fait éprouver votre récit? Il m'intéressait plus que vous ne pouviez le penser; car cette infortunée, cette orpheline qui doit tout à votre généreuse protection, elle est près de vous, c'est moi.

MORTON, vivement et avec émotion.

Comment!... (Il s'arrête et reprend froidement.) Ah! c'est toi?

GEORGINA.

Vous n'en êtes pas plus étonné?

MORTON.

Non, à la manière dont tu as commencé, tu devais finir ainsi; et tu n'as plus besoin de moi...

GEORGINA.

Plus que jamais... Daignez m'écouter; je dois à vous et à moi-même quelques explications qui, peut-être, vous prouveront que vous me jugez trop sévèrement.

MORTON.

Je le désire, parle.

GEORGINA.

Si vous vous rappelez comment je fus présentée par vous

à mistress Mowbray, les vêtements que je portais, lorsque j'entrai chez elle, vous concevrez aisément les mauvais traitements et les dédains auxquels je fus en butte de la part de mes compagnes, jeunes personnes presque toutes riches et de haute naissance, qui auraient rougi de s'exposer à mon amitié ou à ma reconnaissance. Aussi, on me fuyait, on m'évitait, on ne m'appelait que l'enfant trouvé, la mendiante!... Que d'humiliations! que de honte!... J'y étais d'autant plus sensible, que l'éducation même que, grâce à vous, je recevais, élevait mon âme, développait ma pensée, et me donnait déjà pour les gens du grand monde ce mépris qu'ils appellent maintenant de l'indifférence, de la fierté!... Ah! c'est de la vengeance... Enfin, que vous dirai-je? je fus si malheureuse pendant trois ans, que je regrettai la position d'où vous m'aviez tirée; la liberté, même avec la misère, me semblait le premier des biens. Mais, ne sachant où vous écrire, à vous, mon seul protecteur sur la terre, ne pouvant me plaindre à vous de ma honte et de mon esclavage, je ne cherchais que les moyens de m'y soustraire; un seul se présenta : J'avais alors treize ans, et j'annonçais quelque talent pour la danse. Sir Hugh, qui était mon maître, et qui seul semblait me porter quelque intérêt, me proposa de m'emmener avec lui, de me faire débuter, de me donner un état libre, indépendant. Je n'entendis que ce dernier mot, j'acceptai, je partis; mais non comme on vous l'a dit, avec un séducteur; celui-là avait soixante ans, et de plus, il avait des vues plus étendues, que je ne tardai pas à connaître.

MORTON.

Comment cela?

GEORGINA.

Dans une campagne, à quinze lieues de Londres, où il me conduisit, et où je restai deux ans à me perfectionner dans ce qu'il appelait son art, venait souvent un des premiers lords d'Angleterre, un duc, qui seul était admis chez nous; il était vieux et immensément riche.

MORTON.

Quelle horreur!

GEORGINA.

Vous comprenez maintenant le sort qui m'était réservé, et je ne pouvais m'y méprendre, car mon digne professeur, laissant de côté toute dissimulation, m'avait déjà félicitée sur ma fortune future, dont il se vantait, se recommandant d'avance à ma reconnaissance et à ma protection; et c'était le lendemain qu'on attendait le duc. Je ne pris conseil que de moi-même, je partis dans la nuit.

MORTON.

Pauvre enfant! Et comment?

GEORGINA.

Un jeune homme, notre voisin, à qui je m'étais confiée, m'avait aidée et protégée dans ma fuite; et, s'il faut vous l'avouer, je m'étais adressée à lui, parce que, depuis longtemps, ses yeux m'avaient dit qu'il m'aimait, qu'il m'adorait; du moins, il tremblait devant moi; cela m'avait donné du courage. C'était la première fois que j'essayais le pouvoir de mes charmes; et jamais esclave ne fut plus respectueux et plus soumis. Il m'aimait tant!

MORTON.

Et toi?

GEORGINA.

Moi!... pas du tout.

MORTON.

Une pareille conduite!... c'est mal.

GEORGINA.

Je n'ai pas dit que tout fût bien; mais il s'agissait de mon honneur, et la coquetterie était alors de la vertu.

MORTON.

Après; continue.

GEORGINA.

Arrivée à Londres, je débutai; et je ne puis vous dire avec quel succès, quel enthousiasme!... Dès ce jour, je n'eus plus besoin de protection; humble et pauvre le matin, le soir j'étais une puissance, que les lords et les directeurs du théâtre adoraient à genoux. Ah! que je leur ai fait expier cher les humiliations de ma jeunesse! que mes caprices m'ont vengée de ceux du sort!... Mon bonheur était d'éclipser mes anciennes compagnes, de voir à mes pieds leurs amants, leurs époux, que mes dédains leur renvoyaient!... Nobles conquêtes pour elles, et pas assez pour moi. Indifférente sur le présent, qui ne disait rien à mon cœur, je ne songeais qu'au passé, au seul être qui se fût jamais intéressé à mon sort; j'aurais donné tout au monde pour le retrouver, pour lui faire hommage de mes triomphes, pour lui prouver ma reconnaissance.

MORTON.

Est-il possible!

GEORGINA.

Pouvez-vous en douter? Regardez autour de moi, et voyez quelle est ma vie.

AIR de la romance de Joseph.

Tout pour l'éclat, tout pour le monde,
Rien pour moi, rien pour le bonheur.
Ces vœux qu'on m'adresse à la ronde
N'arrivent point jusqu'à mon cœur.
Et, pour moi, chaque jour s'écoule
Dans les plaisirs et dans l'ennui.
J'ai des adorateurs en foule,
Et je n'ai pas un seul ami.

MORTON.

Tu te trompes; il en est un qui ne t'abandonnera pas.

GEORGINA, avec joie.

Vous!...

MORTON.

Je suis le plus ancien, du moins, et je le serai toujours. Oui, depuis que tu as parlé, je crois en toi; tu as de la fierté dans l'âme, de la franchise dans le cœur; et, malgré tes torts et tes défauts, ou peut-être même à cause d'eux, je t'estime.

GEORGINA, timidement.

Des défauts!... vous trouvez donc que j'en ai beaucoup?

MORTON.

Mais, oui, beaucoup!... c'est le mot.

GEORGINA.

Heureusement vous voilà; et maintenant que nous sommes amis, vous me les direz tous.

MORTON.

Tu peux y compter.

GEORGINA.

C'est bien; à charge de revanche.

MORTON.

Ah! j'en ai donc aussi?

GEORGINA, baissant les yeux.

Mais...

MORTON.

Beaucoup?

GEORGINA.

Non, quelques-uns. Il est vrai que je ne vous connais que d'aujourd'hui.

MORTON.

Lesquels?... Dis-les, pour que je me corrige.

GEORGINA.

Vous êtes l'honneur, la probité même, vous avez toutes les vertus...

MORTON.

Femme!... je te croyais mon amie, et tu me flattes.

GEORGINA.

Attendez; mais ces vertus, vous ne les pratiquez pas pour vous seul, ou pour la vertu elle-même; vous êtes un peu comme moi, quand je suis sur le théâtre; vous pensez aux spectateurs, à la galerie, et vous regardez... si on vous regarde.

MORTON, étonné.

Comment! ce serait vrai?

GEORGINA.

Oui, l'originalité de vos manières, de votre costume, attire sur vous l'attention; et il me semble qu'un sage tel que vous devrait plutôt la fuir.

MORTON, réfléchissant.

Personne encore ne m'avait dit cela, et tu as peut-être raison. (Réfléchissant.) C'est étonnant!

GEORGINA, souriant.

Étonnant que j'aie raison!... qu'une femme puisse avoir quelque idée juste!... Voilà encore un défaut qui prend naissance dans la bonne opinion que vous avez de vous. Cela, mon cher maître, c'est de la vanité, de l'orgueil.

MORTON.

Oui; tu dis vrai, tu as vu ce que je ne m'expliquais pas à moi-même!.... Georgina, je t'avais mal jugée, tu n'es pas une femme ordinaire.

GEORGINA.

Moi!... Mais jusqu'ici je n'étais entourée que de gens futiles, de fats, d'étourdis; et l'étourderie et la futilité, cela se gagne. D'aujourd'hui seulement, j'ai vu un homme de mérite, et je commence... (D'un ton caressant.) Pour que cela continue, pour que je devienne tout à fait digne de vous, il faut, mon cher bienfaiteur, que vous me promettiez de me voir.

MORTON, après l'avoir regardée.

Je viendrai.

GEORGINA, de même.

Souvent?

MORTON, de même.

Tous les jours, quand tu seras visible, quand tu seras seule.

GEORGINA, vivement.

Je renverrai tout le monde ; et pour commencer, cette invitation pour ce soir, que ce matin vous avez refusée...

MORTON.

Je l'accepte maintenant.

GEORGINA.

Vous me le jurez?

MORTON.

A quoi bon? Je n'ai pas deux paroles, quand il n'y a qu'une vérité.

GEORGINA.

Ah! que je suis heureuse!

AIR : Un matelot à bord, loin du rivage. (Mme Duchambge.)

Quoi! vous viendrez? je vous verrai sans cesse!

MORTON.

C'est mon bonheur, et mon plus cher espoir.
Je te l'ai dit.

GEORGINA.

Ah! pour moi quelle ivresse!
Vous qui tantôt redoutiez de me voir!
De sa frayeur votre âme revient-elle?

MORTON.

Peut-on rien craindre auprès de l'amitié!

GEORGINA.

Tantôt pourtant vos yeux me trouvaient belle.

MORTON.

En t'écoutant je l'avais oublié.

GEORGINA.

Vraiment !

MORTON.

Et si tu savais, Georgina...

GEORGINA.

Quoi donc ?

(En ce moment est entré Darsie, un journal à la main : il s'est arrêté à la porte de l'appartement de Georgina, et part d'un éclat de rire en voyant Morton auprès d'elle.)

DARSIE.

Pardon, cet article du journal...

MORTON.

On vient ; plus tard nous achèverons cet entretien.

GEORGINA.

Pourquoi pas sur-le-champ ?

MORTON.

Plus tard. Adieu, amie, adieu.

(Il lui serre la main, et rentre dans l'appartement à gauche.)

SCÈNE XII.

DARSIE, GEORGINA.

DARSIE, riant.

A merveille ! contez-moi tout cela, je suis impatient de savoir les détails.

GEORGINA.

Dans un autre moment ; j'ai besoin de me rappeler, de me recueillir ; j'ai besoin d'être seule.

DARSIE.

Pour méditer de nouveaux complots ; je suis là, prêt à vous seconder, comme je l'ai déjà fait.

GEORGINA, à part.

Ah! quel ennui!

DARSIE.

Faut-il inventer quelque ruse pour le retenir, pour le forcer à rester?

GEORGINA, vivement.

C'est inutile, il ne s'en va pas, il reste, il soupe avec nous, il me l'a promis.

DARSIE.

Victoire!... et comment?...

GEORGINA, en s'en allant.

Vous le saurez, je vous le dirai. Adieu, adieu; cela me regarde, ne vous mêlez de rien.

(Elle rentre dans son appartement.)

SCÈNE XIII.

DARSIE, seul.

Ne pas m'en mêler! si vraiment; il ne sera pas dit que je n'y ai pas mis du mien; et puisqu'il soupe ici ce soir, puisque nous en sommes déjà là, je me charge du reste.

(Se mettant à table et écrivant.)

AIR : Le beau Lycas aimait Thémire.

J'ai bien voulu la laisser faire;
Mais le succès sera flatteur.
Faute de mieux, dans cette affaire,
Ayons, du moins, part à l'honneur;
Combien d'autres, sans plus de peine,
Ont trouvé l'art de s'illustrer!
Dès que la victoire est certaine,
C'est le moment de se montrer.

Une circulaire à tous nos amis. Grand souper; orgie complète. Du vin de Champagne dans les carafes; et nous grisons le quaker, qui tombe chancelant aux pieds de Georgina... Tableau admirable!... Holà! quelqu'un...

SCÈNE XIV.

DARSIE, TOBY, qui est entré quelques instants auparavant.

TOBY.

Ce pauvre Patrik, qui, malgré son indisposition, voudrait toujours nous voir mariés, et dès aujourd'hui... (Apercevant Darsie.) Ah! un monsieur qui écrit.

DARSIE, le regardant.

En voilà un que je ne connaissais pas; tu arrives donc d'aujourd'hui?

TOBY.

Oui, monsieur, à l'instant.

DARSIE.

Sais-tu écrire?

TOBY.

Tiens, cette question! Sans doute, et à votre service, et à celui de tous les gens de cette maison, qui sont si bons et si obligeants, et où l'on nous traite si bien. Dites-moi seulement ce qu'il faut faire.

DARSIE.

Transcrire cette lettre; ces quatre lignes, et en faire une douzaine de copies, que tu m'apporteras, là, au salon; (Il se lève.) et puis je te dicterai les adresses qu'il faudra y mettre.

TOBY, se mettant à la table.

Oui, monsieur; ce ne sera pas long... Faut-il que ce soit en ronde ou en coulée?

DARSIE, s'en allant.

Comme tu voudras, pourvu que tu te dépêches. (A part.) Il a un air bon enfant... et, après mon mariage, je le garderai pour secrétaire. Une bonne place, je n'écris jamais.

(Il entre chez Georgina.)

SCÈNE XV.

TOBY, puis MORTON.

TOBY, à la table.

Allons, faut être serviable; c'est bien le moins... Voyons ce que cela chante... (Cherchant à lire.) « Mon... mon cher ami... »

MORTON, sortant de la chambre à gauche.

Dans aucun de ses livres, Ben-Johnson n'a défini le sentiment que j'éprouve en ce moment; il me semble que j'ai une nouvelle existence; il me semble que tout est bien, et que j'aime tout le monde.

TOBY.

Qu'est-ce que je vois là?... et quelle indignité!... Moi! écrire une lettre pareille!

MORTON.

Qu'as-tu donc, ami Toby?

TOBY.

Ce que j'ai, monsieur Morton?... Je ne m'y connais guère... mais j'ai idée qu'on veut ici se moquer de vous.

MORTON, froidement.

De moi? cela m'est égal.

TOBY.

Ce ne me l'est pas, à moi... et j'apprendrai à ce monsieur, qu'il soit milord ou non, à signer des injures contre vous, contre mon bienfaiteur.

MORTON.

Calme-toi.

TOBY.

Et venir encore me prier de les copier!

MORTON, tranquillement.

Ah! il t'en a prié... eh bien! ami, il faut le faire; il faut, autant que possible, être utile à tout le monde.

TOBY.

Mais vous ne savez donc pas?...

AIR : Amis, voici la riante semaine. (*Le Carnaval.*)

C'est un complot contre vot' caractère,
Dont un marquis, lord Darsie, est l'auteur.
Vous n'dites rien... Dieu! qu'ça m'met en colère
D'vous voir toujours souffrir tout sans humeur!
Et ce complot est m'né par un' certaine...
Miss... Georgina...

MORTON.

Ciel!

TOBY, à part.

Il pousse un soupir!

(Avec joie.)

Je crois qu'enfin ça lui fait de la peine,
A la bonne heure au moins, ça fait plaisir!

(Donnant la lettre à Morton.)

Lisez, lisez plutôt.

MORTON.

Tu te trompes. (Lisant.) « Mon cher ami, nous prépa-
« rons à James Morton une mystification admirable, qui ne
« peut avoir lieu sans vous... Je vous invite donc en mon
« nom, et en celui de miss Georgina, qui est à la tête du
« complot, à venir ce soir souper chez elle, et à assister à
« la première représentation du *Quaker amoureux*, parade
« philosophique en un acte. LORD DARSIE. » Qu'ai-je-lu!...

(Il tombe dans un fauteuil.)

TOBY.

Ah! mon Dieu! monsieur Morton, qu'est-ce que vous avez donc?... Voulez-vous que j'appelle!

MORTON, l'arrêtant avec le bras, sans le regarder.

Tais-toi... (Après une pause.) Laisse-moi seul.

TOBY, à part.

Comme le voilà troublé, malgré ses principes!... (Haut.) Monsieur Morton, je crains... si vous vouliez...

MORTON.

Ce n'est rien, rien du tout... (Il se lève.) Mais nous ne pouvons rester ici; va chercher une voiture pour emmener Patrik... Je t'attends.

TOBY.

J'y vole... Ah! mon Dieu!... c'est pourtant moi! Mon pauvre bienfaiteur, que je vous demande pardon de vous avoir appris ainsi que tout le monde se moquait de vous! Vous ne vous en seriez peut-être pas aperçu.

MORTON, brusquement.

Va donc... (Avec douceur.) Va, Toby. (Toby sort.) Quant à moi, je n'attendrai pas son retour. L'ingrate! je ne la reverrai plus jamais... jamais! (Il s'arrête.) Qu'elle soit heureuse au moins; c'est mon dernier vœu, et ma seule vengeance. Partons... Que vois-je?... c'est elle!

SCÈNE XVI.

MORTON, GEORGINA.

GEORGINA.

Eh! mais, où alliez-vous donc?

MORTON.

Je quittais ces lieux.

GEORGINA.

Ce n'est pas possible, vous m'avez promis de rester jusqu'à ce soir, et vous qui savez ce que c'est que la foi jurée, vous ne voudriez pas y manquer.

MORTON.

C'est vrai; on doit tenir parole, même à ses ennemis... C'est pour cela que je te prie de me rendre la mienne.

GEORGINA.

Parlez-vous sérieusement?

MORTON.

Oui.

GEORGINA.

Alors, je me garderai bien de vous obéir, avant de savoir d'où vient cet air sombre et menaçant... Que se passe-t-il en votre cœur?

MORTON.

Ne cherche pas à le connaître : car moi, qui ne sais ni tromper ni feindre, je te dirais la vérité.

GEORGINA.

Je la demande.

MORTON.

Et tu me laisseras sortir?

GEORGINA.

Oui.

MORTON.

Eh! bien, femme, je te méprise!... adieu.

GEORGINA, le retenant.

Morton, Morton... ne me quittez pas ainsi... Vous ne voulez pas me réduire au désespoir... Restez, restez, de grâce!

MORTON.

Me retenir encore après ce que je t'ai dit!

GEORGINA.

Vous m'avez donné le coup de la mort... mais n'importe, restez; j'aime mieux votre mépris que votre absence.

MORTON.

Ah! qui ne la croirait avec cette voix si douce et ce regard suppliant! Qui que tu sois, tu ne me tromperas plus. La ruse est ton instinct; c'est ta vie, c'est ton être! Le mien, c'est la franchise... Avant de te quitter pour jamais, je te dirai tout... Ce triomphe que ta vanité désirait, tu l'as obtenu, tu as réussi à troubler mes sens, à égarer ma raison... je t'aimais!

GEORGINA.

Vous! grand Dieu!

MORTON.

Oui, perfide... oui, ingrate!

GEORGINA, avec joie.

Parlez... parlez... je puis tout entendre maintenant.

MORTON, furieux.

Et elle se rit encore de mes maux!... elle ignore ce que je souffre; elle ne sait pas que ce cœur qui ne s'était jamais donné, lui était dévoué... lui aurait tout sacrifié, aurait tout bravé pour elle.

GEORGINA, enchantée.

Ah! que c'est bien!... continuez.

MORTON, avec colère.

Non, je ne continuerai pas, la raison m'est revenue, et tu n'es plus à craindre : car je te vois telle que tu es... toi, et ce lord Darsie.

GEORGINA.

Tu serais jaloux!... rassure-toi ; je lui avais promis de l'épouser, c'est vrai, mais si je n'aimais personne... et ce serment-là, je crois que j'en suis dégagée.

MORTON.

Tu espères en vain m'abuser, me donner le change, je connais ta perfidie; tiens, en voici la preuve.

(Il lui donne la lettre de Darsie.)

GEORGINA, après l'avoir lue.

Quoi! c'est là ce qui te fâche! ce n'est que cela?

MORTON, avec colère.

Et que peux-tu y répondre?

GEORGINA, froidement.

Que ce matin, c'était vrai peut-être; et que maintenant...

MORTON.

Eh bien?...

GEORGINA.

Mais vous ne me croiriez pas; vous auriez raison : ce n'est plus à mes discours, c'est à ma conduite à vous prouver si je vous aime. Tout à l'heure, je l'espère, vous n'en douterez plus; et après cela, toi, mon protecteur, mon ami, mon maître, tu décideras de mon sort.

(Elle va à son appartement, et, au moment de rentrer, elle jette un regard sur Morton, un regard affectueux. En ce moment entre Toby, qui aperçoit Georgina prête à sortir, et regardant encore Morton.)

SCÈNE XVII.

MORTON, TOBY.

TOBY.

Ah! mon Dieu!...

MORTON.

Eh bien? qu'as-tu donc?

TOBY, hors de lui.

C'est tout ce que je craignais... voilà mes visions qui me reprennent... c'est elle, encore elle. Monsieur Morton, la voiture est en bas... partons, partons bien vite.

MORTON.

Et pourquoi?

7.

TOBY.

Parce que ma tête n'y résisterait pas... elle me poursuit partout, elle ou son image.

MORTON.

Et qui donc ?

TOBY.

Celle que j'ai rencontrée dans cette si riche voiture... Et puis après... le soir, resplendissante de lumières, dans un nuage... elle était là... je l'ai vue... elle vient de sortir...

MORTON, d'une voix altérée.

Georgina !

TOBY.

Non, c'est Catherine.

MORTON.

Catherine !

TOBY.

Je l'ai bien reconnue, cet air si doux et si tendre... ces yeux fixés sur les vôtres... c'est comme cela qu'elle me regardait, quand je croyais à ses serments.

MORTON.

Ses serments ! tu en as reçu d'elle...

TOBY.

Sans doute.

MORTON.

Et elle allait en épouser un autre !

TOBY.

En épouser un autre !... Cela ne se peut pas, monsieur Morton ; cela ne se peut pas, j'ai sa parole... j'irai trouver celui qu'elle épouse... nous irons ensemble... vous lui raconterez tout ; vous lui direz que, s'il a de l'honneur, de la probité, s'il n'est pas un méchant, il ne doit pas être complice d'un tel parjure.

MORTON.

Il suffit; tes droits sont sacrés, et qui que tu sois, mes principes m'ont appris que manquer à un serment, ou aider à le trahir, est d'un malhonnête homme. (A part.) Et cela ne m'arrivera jamais, dût mon bonheur en dépendre!

TOBY.

Voilà ce qu'il faut lui dire.

MORTON.

C'est bien, je lui dirai...

TOBY.

Ah! que vous êtes bon!

SCÈNE XVIII.

LES MÊMES; DARSIE, entrant par le fond; il tient une boîte à pistolets qu'il dépose sur la table.

DARSIE.

Quaker!... j'ai à te parler.

MORTON, à Toby.

Laisse-nous.

TOBY, en s'en allant.

Je vais tâcher de la revoir, si c'est possible...

(Il entre chez Georgina.)

MORTON, à Darsie.

Que me veux-tu?

DARSIE.

Je reçois à l'instant une lettre de miss Georgina.

MORTON.

Que m'importe?

DARSIE, avec chaleur.

Cela m'importe à moi : car elle renonce à ma main; elle refuse d'épouser un lord, un marquis, un pair d'Angleterre.

Pourquoi? parce qu'elle prétend qu'elle vous aime, qu'elle vous adore; que l'estime, la reconnaissance, l'amour... les phrases d'usage...

MORTON, avec joie.

Il serait vrai... tu en es bien sûr?

DARSIE.

Vous ne l'étiez pas?

MORTON.

Non vraiment.

DARSIE, à part.

Et c'est moi qui le lui apprends!... il ne manquait plus que cela.

MORTON, à part.

Ah! qu'il en coûte pour être d'accord avec soi-même!

DARSIE, s'approchant de lui.

Vous comprenez alors ce que je viens vous demander... je crois me connaître en mystifications, et c'en est une... Je la trouverais excellente, si c'était moi qui l'eusse faite; mais il ne me plait pas d'en être l'objet... et ce sera l'affaire d'une minute, le temps de nous couper la gorge, ou de nous brûler la cervelle, à votre choix.

MORTON.

Fi! ami.

DARSIE.

Comment, fi! qu'est-ce qu'on peut trouver de mieux dans ce genre-là? il me semble que c'est très-confortable. J'ai là mes pistolets tout chargés... rien n'y manque, marchons!

MORTON, avec un mouvement qu'il réprime à l'instant.

Ami, je ne peux me battre.

DARSIE.

Qu'est-ce à dire? vous ne pouvez vous battre?

MORTON.

Non, ami, un quaker ne se bat jamais.

DARSIE, allant prendre ses pistolets.

Alors un quaker ne doit pas plaire à la femme que j'aime... je ne connais que ça, moi... Vous vous battrez.

MORTON.

Je ne me battrai pas.

DARSIE.

Vous vous battrez... ou je vous proclamerai le plus grand poltron de la terre.

MORTON, à part.

Ah! Seymour!... Seymour!... (Il prend la main de Darsie qu'il secoue rudement. Darsie fait une grimace de douleur.) Ami, crois-moi, il faut plus de courage pour supporter que pour se venger... Tiens, je donnerais tout ce que je possède pour avoir d'autres principes, seulement pendant dix minutes, et pouvoir te châtier à mon aise... mais vrai, je ne le puis...

DARSIE.

Monsieur...

MORTON, prenant un des pistolets que tient Darsie.

Et afin que tu m'en saches quelque gré... viens. (L'entraînant près de la fenêtre à droite.) Vois-tu là-bas, dans la cour, à trente pas d'ici, ce frêle arbuste dans une caisse? (Il tire par la fenêtre, et jette le pistolet.) Regarde-le maintenant.

DARSIE, près de la fenêtre, et regardant.

O ciel! il est brisé!

SCÈNE XIX.

Les mêmes; GEORGINA, TOBY.

GEORGINA, entrant avec effroi.

Qu'ai-je entendu! quel est ce bruit?

MORTON.

Rien, un raisonnement que je faisais à milord, et dont, je l'espère, il doit reconnaître la justesse.

DARSIE.

Parfaitement!

GEORGINA.

Je respire... cela m'avait fait une peur... une frayeur...

MORTON.

Et maintenant que je t'ai prouvé que je ne manquais ni de force ni d'adresse, il m'est permis de te faire un aveu; c'est que je l'aime, je l'adore, et que je ne puis l'épouser.

DARSIE et GEORGINA.

Que dites-vous?

DARSIE.

Et pourquoi?

MORTON, montrant Toby qui s'est avancé.

Tiens, voilà ma réponse.

DARSIE.

C'est mon secrétaire de ce matin.

MORTON, à Georgina.

Que sa vue te rappelle tes promesses... juge tes devoirs; je connais les miens... et ce n'est pas moi qui serai jamais cause d'un manque de foi.

TOBY, tristement.

Vous êtes bien bon, monsieur Morton... ce n'est plus possible!

TOUS.

Et comment cela?

TOBY.

En vous quittant, je n'ai pu y tenir, j'ai été chez elle, chez Catherine... (A Georgina.) Pardon, mademoiselle, de vous appeler encore ainsi; c'est la dernière fois. (A Morton.) Elle m'a tout dit, elle m'a avoué qu'elle aimait quelqu'un; et, quand elle me l'a eu nommé, il m'a été impossible de lui faire un reproche... En ce moment est entrée Betty qui venait remercier madame... j'ai couru à elle, je lui ai proposé de l'épouser demain... aujourd'hui... quand elle voudrait... Pauvre Betty! elle est si heureuse, que je le suis aussi... et je viens vous faire part que la bénédiction nuptiale aura lieu ce soir, entre huit et neuf, église Sainte-Marguerite, paroisse de Westminster.

GEORGINA.

Bon Toby!

MORTON.

Et qui t'obligeait à un pareil sacrifice? tu n'es pas quaker, toi!

TOBY.

C'est égal, je suis honnête homme.

DARSIE.

Est-il stupide, celui-là!...

MORTON.

O Ben-Johnson! celui-là était plus digne que moi de professer tes principes!

TOBY, passant à la droite de Morton.

Monsieur Morton, d'être quaker, est-ce que cela guérit du chagrin?

MORTON.

Cela instruit à le supporter.

TOBY.

Eh bien! écoutez... je me marie ce soir; mais demain matin, vous me ferez quaker.

MORTON.

Va, tu n'en as pas besoin, mais tu seras mon frère, celui de Georgina... et lorsque ton amour se sera calmé avec le temps, tu viendras nous rejoindre avec ta femme, vivre avec nous, augmenter notre bonheur, en y mêlant le tien... je t'enseignerai mes principes... et j'apprendrai de toi à les pratiquer.

LE CHOEUR.

AIR : Qu'à jamais elle reste dans l'éternel séjour. (*Le Dieu et la Bayadère.*)

On croyait être sage,
Le sort rit de nos vœux.
En vain la raison nous engage ;
Parfois le hasard nous sert encor mieux,
Et souvent le plus sage
N'est que le plus heureux.

LA FAVORITE

COMÉDIE-VAUDEVILLE EN UN ACTE

Théatre du Gymnase. — 16 Mai 1831.

PERSONNAGES.	ACTEURS.
LORD SUNDERLAND	MM. Bouffé.
COVERLY, ancien marin	Klein.
SIR ROBERT, propriétaire puritain	Firmin.
ARTHUR, neveu de Sunderland	Paul.
MISS RÉGINALD, sœur de lord Sunderland	Mmes Julienne.
MISS CLARENCE, pupille de sir Robert	Despréaux.
KETTLY, femme de chambre de miss Clarence	Valérie.

Gens du château. — Domestiques.

Dans le Cumberland, au château de Sunderland.

LA FAVORITE

Une salle gothique du château de lord Sunderland. Porte au fond ; deux portes latérales. Sur le premier plan, à droite de l'acteur, une grande croisée. Du côté opposé, une table avec écritoire, papier, plumes, etc.

SCÈNE PREMIÈRE.

LORD SUNDERLAND, MISS RÉGINALD et COVERLY,
sont autour d'une petite table ronde ; miss Réginald lit une gazette ; lord Sunderland et Coverly fument, et boivent de temps en temps un verre de punch.

COVERLY.

Et toute la cour, qui voyage, est à Carlisle.

SUNDERLAND, à miss Réginald.

A deux lieues de mon château !... Vous en êtes bien sûre, ma sœur ?

MISS RÉGINALD.

C'est la gazette qui le dit.

COUPLETS.

AIR : C'est des bétis's d'aimer comm'ça. (M. L'HUILLIER!)

Premier couplet.

« Hier, la nouvelle est constante,
« On prétend que Sa Majesté

« Donnait une fête charmante,
« Où chacun lui fut présenté. »
Par le journal c'est attesté.
« On a dansé la nuit entière
« Des menuets, des petits pas. »

COVERLY.
Des menuets, des petits pas !

SUNDERLAND.
S'est-on bien amusé, ma chère ?

MISS RÉGINALD.
La gazette n'en parle pas.

Deuxième couplet.

SUNDERLAND, prenant la gazette et lisant.
« Miss Arabelle était absente,
« Au bal elle n'a point paru ;
« Et notre reine était brillante
« D'attraits, de grâce et de vertu.
« Attentif et galant près d'elle,
« Le prince admirait ses appas. »

COVERLY.
Le prince admirait ses appas !

MISS RÉGINALD.
Mais leur est-il toujours fidèle ?

SUNDERLAND.
La gazette n'en parle pas.
Non... elle n'en parle pas.
Mais ce que je vois de certain, c'est qu'ils s'amusent à la cour !... ils s'amusent sans nous !

COVERLY.
Le roi Jacques si près de ce château ! Par saint George ! si son mauvais génie pouvait l'y amener !...

MISS RÉGINALD.
Il n'aura garde... Quelle différence d'avec feu son auguste frère, S. M. Charles II, qui ne faisait pas un voyage dans

le Cumberland sans s'arrêter dans ce château!... Mais aussi, quelle galanterie! que d'exploits brillants!... on lui a connu au moins deux cents maîtresses, (Baissant les yeux.) sans compter celles qu'on ne connaissait pas.

SUNDERLAND.

Et sous son règne, quels bals! quelles fêtes! quels banquets! c'était là un souverain!... un cœur!... et un estomac vraiment royal!... Mais sous ce nouveau règne, on ne sait pas vivre.

MISS RÉGINALD.

On supprime toutes les places de la cour.

COVERLY.

On renvoie tous les gens de tête et de mérite.

SUNDERLAND.

On nous destitue, on nous exile dans nos terres; moi, ancien maître des cérémonies!

COVERLY.

Moi, ancien soldat parlementaire!

MISS RÉGINALD.

Moi, ancienne demoiselle d'honneur!

SUNDERLAND.

Cela ne peut pas aller ainsi.

COVERLY.

Cela ne peut pas durer.

MISS RÉGINALD.

Il nous faut un autre roi.

(Ils se lèvent. Lord Sunderland enlève la table, et la place sur le côté à gauche.)

COVERLY.

A quoi bon? celui-là ou un autre, ce sera toujours la même chose; il y aura toujours des gens plus riches que moi, car je n'ai pas un schelling! Parlez-moi du lord Protecteur, de feu Cromwell...

AIR du vaudeville de *l'Écu de six francs.*

Il n'était pas très-monarchique;
Mais quel honnête homme!

MISS RÉGINALD.

Allez-vous
Nous vanter ce temps anarchique?

COVERLY.

C'était là le bon temps pour nous,
Oui, c'était le bon temps pour nous!
Car les plus riches à la ronde
Étaient ceux qu'on voyait sans bien...
On ne pouvait leur prendre rien,
Ils pouvaient prendre à tout le monde.

Avec ma bonne épée, j'étais reçu et choyé partout; votre beau château de Sunderland m'aurait convenu, je m'y installais, et vous aviez la bonté de vous en aller en criant : *Vive Cromwell!...* et chapeau bas, encore; sinon, je faisais sauter le chapeau, et souvent la tête avec. On était heureux alors! on était libre!

MISS RÉGINALD, à part.

Dieu! que ces gens-là ont mauvais ton!

COVERLY.

Maintenant, des shériffs, des constables, des lois, tout l'attirail de la tyrannie... Pauvre Angleterre; où en es-tu réduite!

MISS RÉGINALD, mystérieusement.

Cela changera peut-être bientôt.

COVERLY.

Vous croyez?

MISS RÉGINALD.

Je l'espère; et comme on peut se confier à vous, comme vous êtes un homme de cœur...

SUNDERLAND.

Dont nous avons peut-être besoin... je vous ai invité à venir prendre le punch, ce soir, avec nous.

COVERLY.

Comme vous voudrez, mon voisin ; je ne refuse jamais. Vous êtes riches, vous autres, et nous ne le sommes pas, c'est notre part que vous avez ; alors, les dîners que vous me donnez souvent, l'argent que vous me prêtez quelquefois, j'accepte sans façon, parce que cela tend à rétablir l'équilibre... (Lui tendant la main.) et l'égalité avant tout. Voilà comme je suis.

SUNDERLAND.

Vous êtes bien honnête.

COVERLY.

Eh bien ! vous disiez donc...

SUNDERLAND.

Que nous passons ici, entre amis, notre temps à conspirer.

COVERLY.

Ça ne peut pas nuire.

MISS RÉGINALD.

Et cela occupe.

(On frappe en dehors, à la porte du fond.)

SUNDERLAND.

Ah ! mon Dieu ! qui peut frapper ainsi ?

MISS RÉGINALD.

Je suis toute tremblante.

SUNDERLAND.

Si c'étaient des émissaires du roi !

(On frappe de nouveau.)

ROBERT, en dehors.

Ouvrez-moi donc !

MISS RÉGINALD, allant ouvrir.

C'est sir Robert, un des nôtres.

COVERLY.

Le seigneur du château voisin, ce vieil avare puritain que je ne puis souffrir.

SUNDERLAND.

Ni moi non plus!... nous ne sommes jamais d'accord ; mais quand on conspire, ça ne fait rien.

(Pendant ce temps, miss Réginald a été ouvrir la porte du fond, et est entré sir Robert, qui l'a saluée.)

SCÈNE II.

LES MÊMES; SIR ROBERT.

ROBERT.

Qu'aviez-vous donc à me faire ainsi attendre?... savez-vous que ça commençait à me faire peur!

SUNDERLAND.

Parbleu! vous nous l'avez bien rendu. Qu'est-ce qui vous amène à cette heure?

ROBERT.

D'importantes nouvelles ; et je venais... (Apercevant Coverly.) Que vois-je? le capitaine Coverly! (Bas.) Que faites-vous ici de ce vieux soldat de Cromwell?

SUNDERLAND, bas.

Il est à notre solde, et peut nous servir; (Haut.) et vous pouvez hardiment parler devant lui, c'est un brave.

ROBERT.

A la bonne heure! Vous saurez que miss Clarence, ma nièce, était liée autrefois avec mademoiselle Hide, avant qu'elle ne devînt duchesse d'York, et par suite reine d'Angleterre. C'est par elle que j'ai fait adresser mes demandes.

(Coverly est allé s'asseoir auprès de la petite table à gauche.)

MISS RÉGINALD.

A la reine?

ROBERT.

A la reine elle-même, qui, par égard pour son amie d'enfance, a daigné y prendre le plus vif intérêt, et a parlé de nous au roi.

SUNDERLAND.

Quel bonheur!

COVERLY, de sa place.

Qu'est-ce que cela signifie?

(Il boit et fume.)

SUNDERLAND.

On vous le dira, mon cher ami; vous ne pourriez pas comprendre. (A sir Robert.) Eh bien! achevez...

ROBERT.

Eh bien!... le roi avait compris que des mécontents tels que nous pouvaient devenir redoutables, et loin de repousser nos prétentions, il était prêt à rendre à votre sœur sa place de dame d'atours, à vous donner à vous une des charges de sa maison, et il allait signer ma nomination de trésorier de sa cassette, lorsqu'est venue se jeter à la traverse miss Arabelle Churchill.

SUNDERLAND.

Miss Arabelle! qu'est-ce que c'est?

ROBERT.

Vous ne la connaissez pas?

SUNDERLAND et MISS RÉGINALD.

Nullement.

ROBERT.

La personne qui, dans ce moment, a le plus de crédit à la cour, la femme la plus jolie, la plus adroite, la plus séduisante, et dont les charmes ont fasciné les yeux du roi, la favorite, en un mot.

II. — XXII.   8

MISS RÉGINALD.

Il aurait une maîtresse !

ROBERT.

Il en a une.

MISS RÉGINALD et SUNDERLAND.

Quelle indignité !

MISS RÉGINALD.

Et c'est elle qui l'emporte sur nous !

SUNDERLAND.

Et sur la reine !

ROBERT.

Sur tout le monde. Vous ne vous imaginez pas jusqu'où va son pouvoir ; elle dispose à son gré des honneurs, des titres, des emplois ; jusqu'à son frère, le petit Churchill, un simple officier, qu'elle prétend faire nommer duc de Marlborough ; et elle en viendra à bout, si elle le veut. C'est elle qui a persuadé au roi que nous étions des ambitieux finis, usés, des gens nuls, dont on n'avait rien à craindre.

SUNDERLAND.

C'est ce que nous verrons.

ROBERT.

Et tant qu'elle sera la maîtresse du roi, tant qu'elle occupera cette place, nous ne pourrons point ravoir les nôtres.

MISS RÉGINALD.

Il faut la renverser.

SUNDERLAND.

Il le faut ; guerre à mort !

ROBERT, MISS RÉGINALD et SUNDERLAND.

Nous le jurons !

SUNDERLAND, à Coverly.

Et vous, capitaine ?

COVERLY, se levant et prenant place à la gauche de Sunderland.

Je ne comprends pas; mais c'est égal, dès qu'il faut renverser, je suis là; renversons tout.

SUNDERLAND.

A la bonne heure! Il s'agit maintenant de savoir comment s'y prendre.

MISS RÉGINALD.

Il faudrait de l'adresse.

ROBERT.

De l'esprit.

COVERLY.

Cela ne me regarde plus.

ROBERT.

Nous avons laissé passer le bon moment pour lui nuire; car depuis une semaine elle était en voyage : elle est allée à Keswick visiter ses environs pittoresques et la cataracte de Lowdore.

SUNDERLAND.

Vous avez raison; on aurait pu profiter de cette absence.

MISS RÉGINALD.

Et quand revient-elle?

ROBERT.

Ce soir même, elle est attendue à Carlisle, où elle doit rejoindre le roi.

SUNDERLAND, réfléchissant.

Venant de Keswick, elle doit passer par ici.

MISS RÉGINALD.

Qu'importe?

SUNDERLAND.

Si on savait à quelle heure?

ROBERT.

A sept heures précises, à ce que m'a dit William, le maître de poste, chez qui les relais sont commandés.

SUNDERLAND, vivement.

Attendez!

TOUS.

Qu'est-ce donc?

SUNDERLAND, passant entre sir Robert et miss Réginald.

Un projet, un nouveau projet, qui est d'une force de conception... et si ce n'était la crainte de se compromettre...

MISS RÉGINALD et ROBERT.

Parlez.

SUNDERLAND.

Non, décidément, ça me fait peur; c'est trop hardi.

COVERLY, brusquement.

C'est ce qu'il faut; voilà les expéditions que j'aime.

SUNDERLAND.

Il est de fait que nous avons là le capitaine; et que ce n'est pas nous, c'est lui qui se met en avant.

COVERLY.

C'est le poste que je préfère. Eh bien! voyons; par saint Cromwell, achevez.

TOUS.

Écoutons.

SUNDERLAND, après avoir regardé autour de lui et fait signe à sir Robert et à miss Réginald d'aller fermer les portes.

Lady Arabelle est notre ennemie... mortelle... déclarée... Il faut donc l'éloigner de la cour... l'en éloigner à jamais.

TOUS.

C'est dit.

SUNDERLAND.

Elle passera ce soir, à sept heures, en voiture de poste, au pied du château; à sept heures, dans cette saison, la nuit est complète.

TOUS.

Eh bien?

SUNDERLAND.

Caché par les roches qui bordent la grande route, le capitaine ira l'attendre.

COVERLY.

C'est dit : et, fussent-ils une douzaine, je vous réponds que ma bonne épée...

SUNDERLAND, allant à Coverly.

Lui ôter la vie !

COVERLY, tranquillement.

Eh bien ! est-ce que ce n'est pas vous qui disiez...

SUNDERLAND, avec effroi.

Eh ! non, sans doute, il ne s'agit que de l'enlever.

COVERLY, froidement.

Comme vous voudrez ; comme ça, ou autrement, ça m'est égal.

MISS RÉGINALD, à demi-voix.

En vérité, cet homme-là me fait peur.

ROBERT, de même.

Et à moi aussi. (Haut.) L'enlever, c'est déjà bien assez ; et encore, je me demande : à quoi cela servira-t-il ?

MISS RÉGINALD.

Oui, mon frère, à quoi ?

SUNDERLAND.

Vous me le demandez, et vous vous mêlez de conspirer ! Vous ne comprenez pas, esprits inférieurs et conjurés subalternes, qu'en la retenant prisonnière ici dans ce château sans qu'on sache ce qu'elle est devenue, sans qu'elle sache elle-même quels sont ses geôliers, nous profitons de son absence à la cour, pour nous avancer et pour lui nuire !

MISS RÉGINALD.

Mais que dira le roi de sa disparition ?

8.

SUNDERLAND.

C'est là le coup de maître; est-il si difficile de faire courir le bruit qu'un noble inconnu, un beau jeune homme l'a enlevée, de son consentement, et que tous les deux sont passés en France ou ailleurs?

MISS RÉGINALD.

Il a raison.

SUNDERLAND.

AIR : Ces postillons sont d'une maladresse.

Il faut partout en semer la nouvelle;
Et lorsqu'au roi chacun répétera
Que sa maîtresse est perfide, infidèle,
   A le croire il commencera,
Et tout le monde aussitôt le croira.
Car à la cour, où chacun se redoute,
En politique aussi bien qu'en amours,
   La trahison, en cas de doute,
     Se présume toujours.

MISS RÉGINALD.

Il a raison.

SUNDERLAND.

Et d'ici à quinze jours, ou trois semaines, que d'événements peuvent arriver! Le roi ne peut-il pas l'oublier, ou choisir une autre maîtresse qui nous sera plus favorable?

MISS RÉGINALD.

Quand nous devrions la lui donner nous-mêmes!

ROBERT.

A merveille; voilà que cela marche.

SUNDERLAND.

Ma sœur et moi, nous attendrons ici la prisonnière et disposerons tout pour la recevoir; vous, sir Robert, vous irez, pendant ce temps, avec le capitaine...

ROBERT.

Impossible : il faut que je me rende ce soir à Carlisle, pour mon mariage, car je me marie demain.

SUNDERLAND.

Est-il possible!... et avec qui?

ROBERT.

Avec une personne dont je vous parlais tout à l'heure, miss Clarence, ma pupille, que j'ai fait revenir récemment de Londres, car le testament de son père me nomme son époux.

SUNDERLAND.

C'est bien le moment de se marier!

ROBERT.

C'est toujours le moment de faire une bonne affaire. Trente mille livres sterling de revenu! Il y a là-dedans de quoi payer bien des conspirations.

COVERLY.

Maintenant surtout qu'elles sont pour rien.

ROBERT.

Et puis ce voyage ne vous sera pas inutile; j'examinerai, j'interrogerai, je saurai ce qui se passe, ce qu'on aura dit à Carlisle de la disparition de la favorite; et dans la nuit, à mon retour, je vous apporterai des nouvelles.

SUNDERLAND.

A la bonne heure.

ROBERT, à part.

Je ne suis pas fâché de m'en aller, parce qu'au moins, si cela ne réussit pas, je n'y suis pour rien, je n'y ai pas assisté. (Haut.) Mais vous, capitaine, que je ne vous retienne pas.

COVERLY.

C'est dit; deux sons de cor vous apprendront la réussite de l'expédition. Quant au billet de cinquante livres sterling que je vous ai souscrit, nous en allumerons ma pipe.

SUNDERLAND.

Comment! cinquante livres sterling...

COVERLY.

Et de plus, cinquante autres pour mes peines.

SUNDERLAND.

Il lui faut toujours de l'argent.

COVERLY.

Comment? Est-ce que vous trouvez...

SUNDERLAND.

Eh bien! nous verrons, mon cher, nous verrons. (Aux autres.) Mais quoi qu'il arrive, mes amis...

MISS RÉGINALD.

Fidélité à nos serments!

SUNDERLAND.

Ne séparons jamais nos intérêts!

ROBERT.

Point d'alliance avec la favorite!

TOUS.

Jamais!

MISS RÉGINALD.

En la renversant, c'est au prince lui-même que nous rendons service.

ROBERT.

Et nos places que nous retrouvons!

COVERLY.

Et les intérêts du pays, corbleu! le pays, messieurs!

SUNDERLAND.

Le pays avant tout!

TOUS.

AIR : Amour sacré de la patrie. (*La Muette de Portici.*)

Amour sacré de la patrie,
Viens m'inspirer en ce moment.
Rends-moi l'audace et l'énergie,

Mes places et mon traitement !

(On entend une cloche en dehors.)

MISS RÉGINALD.

Mais qui peut venir à cette heure !

ROBERT, courant à la fenêtre.

Un officier du roi.

SUNDERLAND.

Chez moi... dans ma demeure !

C'est fait de nous.

MISS RÉGINALD, à la fenêtre.

Que vois-je ! Arthur, notre neveu !

SUNDERLAND.

Qui l'amène ?

(Aux autres.)

Gardez qu'il vous voie en ce lieu.
Partez, que le ciel vous conduise !
Du succès de notre entreprise
Dépend le salut général.

ROBERT.

Voilà notre fortune faite,
Je reviens au trésor royal.

SUNDERLAND.

Moi, je règle encor l'étiquette.

COVERLY.

Et moi, je suis grand amiral !

TOUS.

Amour sacré de la patrie,
Inspire-nous en ce moment.
Rends-nous l'ardeur et l'énergie,
Mes places et mon traitement !

(Ils sortent tous par le fond, excepté Sunderland ; et au même instant entre, par la droite, Arthur, introduit par un domestique auquel il donne son manteau.)

SCÈNE III.

SUNDERLAND, ARTHUR.

ARTHUR.

Eh! bonjour, mon cher oncle.

SUNDERLAND.

Arriver à une pareille heure, dans mon château, et sans m'en prévenir !

ARTHUR.

Est-ce qu'on sait jamais le matin ce qu'on fera le soir ? surtout quand on est soldat... état libre et indépendant, où l'on est maître... d'obéir à tout le monde... et notre régiment va prendre garnison à Carlisle.

SUNDERLAND.

A Carlisle !...

ARTHUR.

Oui, on parle de quelques bruits, de quelques agitations que voudraient faire naître des mécontents. (Voyant un geste de son oncle.) N'ayez pas peur, je suis là; et je vous réponds que s'ils bougent... Aussi, passant près de votre château, je me suis dit : Je vais aller rassurer mon oncle, lui demander à souper et à coucher.

SUNDERLAND, à part.

Quel contre-temps !

ARTHUR.

Je ne vous ai pas amené plusieurs de mes amis qui voulaient m'accompagner.

SUNDERLAND, à part.

Il ne manquait plus que cela. (Haut.) Vous avez très-bien fait... comment les recevoir?...

ARTHUR.

Comment? c'est vous que cela regarde; si un ancien

maître des cérémonies ne s'entendait pas en réception !...
Je leur avais vanté les antiquités de ce château ; ma tante
Réginald, qui régnait sous l'autre règne... et vous surtout,
mon cher oncle, philosophe en retraite, qui supportez votre
disgrâce avec un courage héroïque, ce qui, du reste, ne
m'étonne pas, car vous me disiez toujours autrefois que vous
ne teniez pas aux places, aux dignités.

SUNDERLAND.

Oui, monsieur ; cela peut être vrai, tant qu'on les occupe,
mais dès qu'on ne les a plus, c'est bien différent. Après cela,
si je gémis de mon inaction, c'est moins pour moi, dont la
fortune est faite, que pour le prince et pour l'État, ce n'est
pas en un jour qu'on fait un maître des cérémonies. Savez-
vous par combien de travaux j'avais acheté mon expérience
et mes talents ? savez-vous à combien de cortèges je me suis
trouvé ? à combien de grands dîners j'ai assisté, de ma personne ?... Sans compter les travaux de la composition...
Cette superbe cantate qu'on a chantée lors du couronne-
ment... de qui était-elle ? de moi, paroles et musique.

(Il chante.)

« D'où partent ces cris d'allégresse ?
« Où court ce peuple qui s'empresse ? »

ARTHUR.

Oui, mais des gens qui ont de la mémoire ont cru remar-
quer que cette cantate avait déjà servi pour le dernier roi,
et même auparavant pour le lord Protecteur.

SUNDERLAND.

Est-ce ma faute si je fais des vers qui restent ?... et puis
de tout temps il y aura toujours des *cris d'allégresse*, et du
peuple qui s'empresse. Et vous, mon neveu, vous devriez
être indigné, comme moi, d'une disgrâce qui m'empêche de
vous pousser et de vous être utile.

ARTHUR.

De ce côté-là, mon cher oncle, je vous rends justice.

AIR du vaudeville de Jadis et Aujourd'hui.

Lorsque la fortune fidèle
Jadis vous plaçait près du roi,
Jamais, mon cœur me le rappelle,
Mon oncle ne fit rien pour moi.
Mais depuis qu'il n'est plus en place,
Il est, mon cœur l'a bien jugé,
Toujours le même... et la disgrâce
Au moins ne vous a pas changé.

SUNDERLAND.

Monsieur!...

ARTHUR.

Je ne vous en fais pas de reproche; je ne vous demande rien qu'à souper, et il semble même que vous avez bien de la peine à vous y décider.

SUNDERLAND, troublé.

Moi, du tout... (A part.) S'il allait se douter de quelque chose... (Haut.) Je ne pourrai peut-être pas te tenir compagnie, mais on te servira, dans ta chambre, un chevreuil excellent et du vin de *Porto*, de plus un bon lit où tu feras bien de te coucher de bonne heure, car tu dois être fatigué et avoir besoin de dormir.

ARTHUR.

Du tout, mon oncle, je ne dors plus.

SUNDERLAND, à part.

Ah! mon Dieu! il nous entendra. (Haut.) Et pourquoi ne dormez-vous pas?

ARTHUR.

Pourquoi... pourquoi?... c'est mon secret... c'est qu'il y a quelque chose qui me tourmente, qui m'agite et qui fait que je ne puis demeurer en place, ni rester un instant où je suis.

SUNDERLAND, à part.

Quel bonheur! s'il pouvait s'en aller! (Haut.) C'est tout

naturel, à votre âge, le besoin de changer de lieu, le désir de voyager...

ARTHUR, vivement.

Justement! voyager, mais pour cela il me faudrait ce que je n'ai pas; parce que la bourse d'un lieutenant...

SUNDERLAND.

Quoi! n'est-ce que cela?... combien te faut-il?

ARTHUR.

Laissez donc... vous voulez rire.

SUNDERLAND.

Non vraiment... combien te faut-il?

ARTHUR.

Vous m'effrayez; vous êtes indisposé.

SUNDERLAND.

Quelle idée!... je veux, puisque cela t'est nécessaire, que tu puisses partir dès demain.

ARTHUR.

Dès ce soir, après souper.

SUNDERLAND.

Et pour cela tu me demandes...

ARTHUR.

Cent guinées.

SUNDERLAND, lui donnant une bourse.

Les voici; et même quelques-unes de plus.

ARTHUR, comme s'il rêvait.

Est-il possible!... ah! çà, mon oncle, qu'est-ce qu'il vous prend donc? (Ouvrant la bourse.) Laissez-moi voir, je vous prie. (Regardant les pièces d'or.) Oui, vraiment, c'est de l'or.

AIR : Je vous comprendrai toujours bien. (*L'Opéra-Comique*.)

Premier or qu'un oncle chéri
M'ait donné depuis mon enfance,
Combien mon gousset est ravi

De faire votre connaissance !
(A Sunderland.)
Que le soin du remboursement
Ne fasse naître aucun nuage ;
Car, je vous en fais le serment,
Je vous le rendrai (*bis*) sur votre héritage.

Et après une telle générosité, je serais bien ingrat d'avoir des secrets pour vous. Apprenez donc que je suis amoureux... amoureux à en perdre la tête. Vous me demanderez comment ?

SUNDERLAND.

Non, mon ami...

ARTHUR.

C'est égal, il faut que je vous le dise ; j'ai besoin d'en parler, l'amour est bavard, et la joie aussi... Imaginez-vous qu'il y a quelques mois, je me trouvais à Brighton, et me promenais par hasard au bord de la mer. Je crus apercevoir de loin des jeunes filles du pays, qui, bien exactement enveloppées de leurs larges manteaux de laine, prenaient entre elles le plaisir du bain. Discrètement je m'éloignais, non sans avoir envie de retourner quelquefois la tête, lorsque j'entends plusieurs cris... La mer montait alors, et un vent léger qui l'agitait avait sans doute effrayé les jeunes baigneuses, car toutes s'enfuyaient, excepté une seule, qui, tremblante à l'aspect des vagues, restait immobile et courait risque d'être engloutie.

SUNDERLAND.

Je devine ! le dénouement de rigueur... tu voles à son secours, tu la ramènes à bord.

ARTHUR.

En héros désintéressé, car, seulement alors, je jetai les yeux sur ma jeune *Néréide*, qui était évanouie dans mes bras... Imaginez-vous, mon oncle, une figure de roman, de ces visages qu'on peut lire quelquefois, mais qu'on ne voit jamais, et quand je l'eus transportée à l'auberge voisine, avec quelle voix enchanteresse elle demanda le nom de son libérateur ! J'avais à peine répondu : « Arthur Seymour, enseigne dans les gardes du roi », que ses compagnes arrivèrent, il fallut me retirer ; et le soir seulement, il me fut permis de m'informer de ses nouvelles, de passer auprès d'elle toute une soirée; mais soit caprice de sa part, soit que le souvenir du service que j'avais eu le bonheur de lui rendre la fit rougir de reconnaissance, elle voulut rester inconnue, et elle partit, sans que j'aie pu soupçonner qui elle était.

SUNDERLAND.

La belle avance !

ARTHUR.

Vous jugez que, de ce moment, je ne pensai plus qu'à elle, et quelques semaines après, j'allais à Oxford rejoindre mon régiment, seul, à pied, sur la grande route... quand je dis seul, toujours avec elle, avec son image, qui ne me quittait pas... quand voici des nuages de poussière, des piqueurs, des jockeys, gare ! gare ! Je me retourne avec cet air de mauvaise humeur que prennent volontiers les piétons qu'on écrase. C'étaient plusieurs voitures de la cour, et dans l'une d'elles, carrosse à six chevaux, j'aperçois ma jeune dame, qui m'adresse de la main et du regard un salut enchanteur.

SUNDERLAND.

Ah ! mon Dieu ! c'était la reine.

ARTHUR.

J'en ai eu peur... heureusement le portrait de Sa Majesté, que j'ai vu depuis, est venu me rassurer ; mais le plus singulier, c'est que, depuis ce moment, tout m'a réussi ; je me suis distingué, je suis monté en grade, j'ai été nommé lieutenant, vous m'avez prêté de l'argent !... enfin, une foule d'événements plus extraordinaires les uns que les autres !... Mais plus de nouvelles de ma belle inconnue ! et maintenant que, grâce à vous, me voilà en fonds, je vais parcourir l'Angleterre, l'Écosse et l'Irlande, jusqu'à ce que je la retrouve

AIR du vaudeville de *l'Homme vert*.

Déjà le sort qui me seconde
Deux fois m'offrit ses traits si doux,
Sur la terre ainsi que sur l'onde...
Et le troisième rendez-vous,
Encor plus incompréhensible,
Peut avoir lieu l'un de ces jours...

SUNDERLAND.

Dans le ciel même...

ARTHUR.

C'est possible,
Les amoureux y sont toujours.

Et dès demain je vais à Carlisle demander un congé au colonel, ou au général, au roi lui-même, s'il le faut.

SUNDERLAND, avec intention.

Ou, ce qui vaut encore mieux, à miss Arabelle Churchill, à laquelle on ne peut rien refuser.

ARTHUR.

Oui, c'est ce qu'on dit; mais plutôt mourir que de rien devoir à de pareils moyens, et s'il n'y a que moi qui lui demande...

SUNDERLAND.

La connaissez-vous, Arthur?... et est-elle réellement aussi bien qu'on le dit?

ARTHUR.

Je l'ignore, je suis toujours en garnison, je ne l'ai jamais rencontrée; mais l'empire qu'elle exerce sur notre souverain atteste assez le pouvoir de ses charmes. Il ne pardonne pas la moindre offense contre celle qu'il aime.

SUNDERLAND, à part.

Ah! mon Dieu!

ARTHUR.

Malheur à qui oserait s'attaquer à elle! le ressentiment du roi serait terrible. On me l'a dit, du moins. Du reste, si vous tenez à avoir des détails, vous en aurez demain, par mes amis, qui la connaissent.

SUNDERLAND.

Eh! qui donc?

ARTHUR.

Ces jeunes officiers dont je vous parlais... Ne les amenant pas ce soir, je les ai invités pour demain à déjeuner... j'ai pensé que cela vous arrangerait mieux, et puis ils ne sont qu'une douzaine.

SUNDERLAND, à part.

Une douzaine!... c'est fait de moi!

ARTHUR.

Qu'est-ce donc?

SUNDERLAND.

Rien... (A part.) Maudit projet que j'ai eu là!... chienne d'expédition!... si elle pouvait manquer!... (On entend en dehors deux sons de cor.) C'est fait de moi!... je n'ai pas une goutte de sang dans les veines.

SCÈNE IV.

SUNDERLAND, MISS RÉGINALD, ARTHUR.

MISS RÉGINALD, entrant vivement et s'approchant de Sunderland, lui dit à demi-voix.

C'est fini, il n'y a plus à reculer.

SUNDERLAND, à part.

C'est bien ce qui m'effraie.

ARTHUR.

Bonsoir, ma chère tante.

MISS RÉGINALD.

C'est bon, c'est bon, je suis à vous tout-à-l'heure. J'ai besoin de m'entendre avec mon frère.

ARTHUR.

Si c'est sur mon souper, vous me ferez plaisir; et je vous laisse là-dessus toute liberté.

(Il va regarder les portraits qui décorent l'appartement.)

MISS RÉGINALD, pendant ce temps, à demi-voix et vivement à Sunderland.

Tout s'est passé le mieux du monde. Les chevaux étaient conduits par un seul postillon, un jockey qui, tout effrayé, a mis pied à terre, s'est enfui à travers champs et a laissé la voiture à la disposition du capitaine, qui a tourné bride, et vient d'entrer avec sa capture dans la grande cour, dont les portes se sont refermées.

SUNDERLAND.

Bonté de Dieu! qu'allons-nous devenir?

MISS RÉGINALD.

D'où vient cet effroi?... est-ce qu'Arthur la connaîtrait?

SUNDERLAND.

En aucune façon; mais une douzaine d'officiers de ses amis, qui arrivent demain, et qui ne connaissent qu'elle... Je ne veux pas la garder un instant de plus.

MISS RÉGINALD.

Ils ne la verront pas.

SUNDERLAND.

Laissez donc!... et le moyen de forcer nos gens au silence! Ne saura-t-on pas toujours dans le pays qu'une femme est ici prisonnière? et tous les émissaires du roi, qui dès demain vont battre les environs...

MISS RÉGINALD.

Il fallait penser à cela d'abord.

SUNDERLAND.

Je ne pense qu'après.

ARTHUR, venant à la droite de Sunderland.

Eh bien! eh bien! est-ce que vous vous disputez là, en famille?

SUNDERLAND.

Non, du tout. (A part.) Et être obligé de se contraindre!... ne pas oser avoir peur tout à son aise!... (Haut.) Ah! mon neveu, mon cher neveu! (Bas à miss Réginald.) Une autre idée qui me vient.

(Un domestique entre, et range l'appartement.)

MISS RÉGINALD, à voix basse.

Prenez garde... pensez d'abord.

SUNDERLAND, de même.

Je n'en ai pas le temps. (Haut à Arthur.) Es-tu homme à me rendre un service, un éminent service?

ARTHUR.

Après votre conduite généreuse, je me ferais tuer pour vous... (Vivement.) Mais après souper... parce qu'à jeun, voyez-vous, je ne vaux pas grand'chose.

SUNDERLAND, au domestique qui est dans l'appartement.

Qu'on serve sur-le-champ!

LE DOMESTIQUE.

Oui, milord.

(Il sort.)

SUNDERLAND, à Arthur.

Tu souperas, mon ami, tu souperas pour deux, car moi, cela me serait impossible.

ARTHUR.

Je tâcherai, mon cher oncle. Et pendant que l'on sert, dites-moi toujours ce dont il s'agit.

SUNDERLAND.

Tu veux voyager dès demain, dès ce soir : tu me l'as promis ?

ARTHUR.

Certainement.

SUNDERLAND.

Et tu n'as pas d'itinéraire arrêté ?

ARTHUR.

Aucun... peu importe par où je commencerai.

SUNDERLAND.

A merveille. Maintenant, une autre question... mais réponds-moi franchement. Aimes-tu les jolies femmes ?

ARTHUR, étonné.

Cette question...

MISS RÉGINALD, bas à Sunderland.

Y pensez-vous ?

SUNDERLAND, bas.

Ça ne vous regarde pas. (Haut à Arthur.) Tu les aimes, je le vois ; j'en suis sûr.

ARTHUR, avec impatience.

Eh ! oui, mon oncle ; mais comme je vous le disais, pas à jeun.

SUNDERLAND.

Ne t'impatiente pas, on va servir... Et si, par exemple, comme tu n'as pas de compagnon de voyage, je te donnais à conduire une personne charmante dont tu serais le chevalier...

ARTHUR.

Moi !

SUNDERLAND.

Oui, pendant deux ou trois cents lieues... qu'est-ce que tu en dis ?

ARTHUR.

Je dis que probablement je lui ferais la cour, et que cela ne vous conviendrait peut-être pas.

SUNDERLAND.

Du tout, cela me serait égal.

ARTHUR.

Vraiment ?

(Entre le domestique, qui annonce qu'on a servi.)

SUNDERLAND.

Tu es servi... viens... l'on va tout t'expliquer. (Bas à Réginald.) Vous voyez que par ce moyen elle ne reste pas ici, au château, sous notre responsabilité, qu'elle part réellement avec un jeune homme. (Haut.) Un beau jeune homme.

(On entend encore le son du cor.)

Ensemble.

SUNDERLAND.

AIR : Berce, berce, bonne grand' mère. (*La Berceuse.*)

Écoutons... c'est la prisonnière
Que mon ordre amène en ces lieux.
Laissons-la ; prudence et mystère !
Ne nous montrons pas à ses yeux.

MISS RÉGINALD.

Écoutons... c'est la prisonnière
Que son ordre amène en ces lieux.
Laissons-la ; prudence et mystère !
Ne nous montrons pas à ses yeux.

ARTHUR, à Sunderland.

Dépêchons-nous, la faim me le commande...

SUNDERLAND.

Viens, tu seras mon héritier.

ARTHUR.

C'est bien ;
Mais je me meurs, et, pour peu que j'attende,
C'est vous bientôt qui deviendrez le mien.

9.

Ensemble.

SUNDERLAND.

Hâtons-nous... c'est la prisonnière, etc.

MISS RÉGINALD.

Hâtons-nous... c'est la prisonnière, etc.

ARTHUR.

Hâtons-nous... ô destin prospère !
Ce repas sourit à mes yeux ;
Qu'il paraisse, et gaîment, j'espère,
Je m'en vais m'en donner pour deux.

(Sunderland, Arthur et miss Réginald sortent par la porte à droite, et sur la ritournelle de ce morceau, entrent par le fond, Coverly, deux hommes armés, puis miss Clarence et Kettly.)

SCÈNE V.

COVERLY, MISS CLARENCE, KETTLY, DEUX HOMMES ARMÉS, qui restent aux deux côtés de la porte.

COVERLY, brusquement.

Allons ! entrez, et rassurez-vous.

MISS CLARENCE.

Où nous conduisez-vous ?... et de quel droit ?

COVERLY.

Vous le saurez ; asseyez-vous. (Voyant qu'elle reste debout.) Eh bien ! est-ce que je vous fais peur ?

MISS CLARENCE, cherchant à se rassurer.

Oh ! non, certainement, je n'ai pas peur...

KETTLY.

Mais si on y était sujette, ce serait une belle occasion ; rien que la vue de monsieur... ou la figure de ses compagnons...

COVERLY, durement.

Silence !. (Aux deux hommes.) Et vous, sortez, et veillez en dehors.

MISS CLARENCE, à Kettly.

Tais-toi donc.

COVERLY.

Le conseil supérieur a prononcé, et vous connaîtrez tout-à-l'heure sa déclaration... En attendant, je dois vous séparer de votre compagne.

MISS CLARENCE.

M'ôter Kettly ! et pour quelle raison ?

COVERLY, avec colère.

Corbleu !... milady...

MISS CLARENCE.

C'est différent, milord ; je ne savais pas cela, mais que va-t-il nous arriver ?... de quoi suis-je coupable ?

COVERLY.

Vous le saurez. Il ne sera fait aucun mal à votre fille de chambre.

MISS CLARENCE.

Ah ! que je vous remercie !

COVERLY.

Quant à vous, c'est différent... la position où vous êtes réclame des précautions, dont la rigueur ne doit pas vous étonner.

MISS CLARENCE.

Au moins, monsieur... et par pitié...

COVERLY, montrant la porte.

Cela ne me regarde pas.

KETTLY, courant à miss Clarence.

Ah ! ma pauvre maîtresse !

MISS CLARENCE, l a rassurant.

Allons, allons, du courage ; tu vois bien qu'il en faut.

COVERLY, lui montrant la porte.

Eh bien !... qu'est-ce que j'ai dit ?

KETTLY.

Voilà, monsieur, voilà... je me rends à votre invitation.
(Kettly sort la première, Coverly après. On entend fermer les portes du fond, et tirer les verrous.)

SCÈNE VI.

MISS CLARENCE, seule.

C'est une caverne de brigands ! Je ne dis rien : mais je commence à avoir peur. Il est certain que quelque grand danger me menace, qu'on en veut à mes jours !... mais pourquoi ?... Voyons, raisonnons et ne nous laissons pas intimider sans motifs. En quelles mains suis-je tombée ?... qui pourrait m'en vouloir, à moi, pauvre fille, qui n'ai jamais offensé personne, excepté sir Robert, mon tuteur, que je n'aime pas, que je ne veux pas aimer ? Et malgré le testament de mon père, qui le nomme mon mari, malgré ses droits, il m'a semblé que j'avais celui d'être libre, de disposer de mon cœur et de ma main... et quand la reine, mon amie, ma compagne d'enfance, est à Carlisle, à cinq lieues de nous, est-ce un crime d'aller réclamer près d'elle asile et protection ? (Joignant les mains et ayant l'air de prier.) Peut-être aussi, mon Dieu, je dois l'avouer, est-il au fond de mon cœur quelque autre sentiment que, malgré moi... (S'interrompant.) Je ne dis pas non ; c'est possible... mais ce n'est pas une raison pour me tuer. (Écoutant.) O ciel ! on a parlé dans la chambre à côté... et par cette porte, qui est restée ouverte, si je pouvais... (Elle s'approche avec précaution de la porte à droite, regarde et s'écrie avec joie.) Qu'ai-je vu !... est-il possible !... non, non, je ne me trompe pas ; c'est bien lui... sir Arthur, ce jeune homme qui déjà m'a sauvé la vie... Ah! je respire... je n'ai plus rien à craindre, il est là.

AIR de *Paris et le Village.*

En le sachant dans ce château
Où le hasard seul nous rassemble,
J'éprouve un trouble tout nouveau ;
Et de ce moment il me semble
Qu'à mes périls loin de songer
Je suis... et ne peux le comprendre,
Heureuse, hélas! d'être en danger
Afin qu'il puisse me défendre...
Je suis heureuse d'un danger
Qui lui permet de me défendre.

Le voilà...C'est singulier, je n'ai plus peur, et je tremble. (S'asseyant auprès de la table.) Allons, allons, remettons-nous pour jouir de sa surprise et de sa joie.

SCÈNE VII.

MISS CLARENCE, assise auprès de la table, ARTHUR, sortant de la porte à droite.

ARTHUR, à part et riant.

Voilà, par exemple, une singulière commission... mais avant de promettre, je veux toujours voir, cela n'engage à rien. (Au fond et pendant que miss Clarence lui tourne le dos.) C'est donc là cette favorite toute-puissante, cette beauté redoutable qui fait tourner la tête à notre pauvre souverain. Sans être roi, je serai plus brave que lui! et je défie miss Arabelle et ses charmes de faire sur moi la moindre impression... (La regardant.) Grand Dieu!

MISS CLARENCE, à part, avec joie.

Il m'a reconnue...

ARTHUR.

Quoi! madame, c'est vous!

MISS CLARENCE, se levant.

Oui, monsieur. Je ne puis m'expliquer pourquoi on m'a arrêtée la nuit, sur la grande route, lorsque je me rendais tranquillement à Carlisle... j'ignore pourquoi l'on m'a conduite en ces lieux, et quels périls m'environnent... mais je vous vois, votre vue me rassure... et vous ne me refuserez pas votre protection.

ARTHUR.

Madame... (A part.) C'en est fait de mes illusions !

MISS CLARENCE.

D'où vient votre embarras ? ai-je eu tort de compter sur votre secours ?

ARTHUR, avec embarras.

Non certainement, mais il ne dépend pas de moi... je ne suis pas maître en ces lieux.

MISS CLARENCE.

Qu'entends-je !

ARTHUR, avec dépit.

D'ailleurs que serait ma protection auprès de celle qui vous est acquise ? vous trouverez toujours des chevaliers, des courtisans prêts à vous défendre : il n'y a ni mérite ni courage à cela ; il y en aurait, au contraire, à braver votre pouvoir, à se ranger au nombre de vos ennemis.

MISS CLARENCE.

Et vous aussi, vous, monsieur Arthur ! Que vous ai-je fait ? pourquoi m'en voulez-vous ?

ARTHUR.

Je vous en veux de mes rêves de bonheur que vous avez dissipés ; je vous en veux de ces charmes que j'admire, et qui excitent ma colère, et qui me rendraient furieux contre moi, contre vous, contre une autre personne encore que je dois respecter, mais que je hais maintenant, que je hais du fond de mon cœur.

MISS CLARENCE.

En vérité, vous m'effrayez; et je ne vous comprends pas.

ARTHUR.

Oui, une telle franchise doit vous étonner; pardon, madame, pardon d'avoir osé vous parler ainsi; je reviens à moi-même, à la raison, et dois vous apprendre qu'il est dans ce château des personnes qui vous en veulent, ou qui du moins pensent en avoir le droit.

MISS CLARENCE.

Et pourquoi? et quelles sont-elles?

ARTHUR.

Je ne puis vous les dénoncer, je leur dois le secret; mais elles voulaient m'associer à leur ressentiment. Je n'ai pas besoin de vous dire que, maintenant plus que jamais, je m'y refuse; et c'est pour y rester tout à fait étranger que je m'éloigne; je pars.

MISS CLARENCE, à part, avec indignation.

M'abandonner ainsi!... quelle indignité! (Haut à Arthur qui s'éloignait.) Un mot encore, monsieur, et je ne vous retiens plus. J'avais compté sur votre générosité, je vous en demande pardon; et dans la crainte de vous compromettre...

ARTHUR, revenant et vivement.

Oh! si ce n'est que cela...

MISS CLARENCE.

Je ne vous demande rien pour moi; mais pour une jeune fille qui m'accompagnait, et dont on m'a séparée; puis-je espérer que par votre protection elle me sera rendue?

ARTHUR.

Vous allez la revoir, je vous le promets. Adieu, madame.

(Il sort par la droite.)

SCÈNE VIII.

MISS CLARENCE, seule.

Je n'en puis revenir encore!... et je ne sais si je veille! Il me fuit, il m'abandonne lâchement, lui que tantôt j'implorais tout bas, et qu'au moment du danger j'appelais à mon secours! lui!... oh! non, ce n'est pas lui, celui que j'avais rêvé si brave, si généreux; c'en est un autre; qu'il parte, qu'il s'éloigne, je ne l'aime plus, et maintenant, quoi qu'il arrive, je n'ai plus rien à craindre. (Avec dépit.) Que je retombe entre les mains de sir Robert!... qu'on me force à mourir ou à l'épouser, tant mieux, ce sera bien fait, c'est comme on voudra, et tout m'est égal. (La porte du fond s'ouvre.) C'est Kettly; allons, il faut lui rendre justice, dès qu'il ne s'agit pas de moi, il tient ses promesses.

SCÈNE IX.

MISS CLARENCE, KETTLY.

MISS CLARENCE.

Te voilà! je te revois! viens à mon aide, je suis bien malheureuse!

KETTLY.

Pas tant que vous croyez; d'abord un beau jeune homme, un militaire, a donné ordre à vos gardiens de me laisser passer. Je puis aller et venir en liberté dans tout le château, et j'en profite pour vous apporter des nouvelles, oh! mais des nouvelles incroyables, il n'y a que celles-là de bonnes.

MISS CLARENCE.

Dis-les vite.

KETTLY.

J'attendais dans la salle d'armes, où j'allais être interrogée par le seigneur châtelain, et puis sa sœur, une grosse châtelaine, lorsqu'est arrivé le capitaine Coverly, ce gentilhomme de grand chemin, qui a arrêté notre voiture. Et on n'était pas du même avis, et on s'est disputé, et il leur demandait...

MISS CLARENCE.

Quoi donc ?

KETTLY.

De l'argent, beaucoup d'argent, il paraît qu'il y tient. Ils disaient tout cela, à cause de moi, non pas en bon anglais, mais en patois irlandais; et moi, qui justement suis du canton de Donegal, je n'en ai pas perdu un mot. Il y a donc une grande dame, une dame de la cour, qui est leur ennemie mortelle, et ils vous ont arrêtée à sa place.

MISS CLARENCE.

Est-il possible !

KETTLY.

Miss Arabelle...

MISS CLARENCE.

La favorite, la maîtresse du roi !

KETTLY.

AIR du vaudeville de *Oui ou Non.*

Est-il possible! et dans ces lieux
Ils osent vous prendre pour elle!
Mais c'est terrible... c'est affreux
Pour une honnête demoiselle.
Et je n'voudrais pas, quant à moi,
Souffrant de telles injustices,
Prendre les charges d'un emploi
Dont une autre a les bénéfices.

(Pendant ce couplet, miss Clarence est allée au fond du théâtre, et a examiné l'appartement avec attention ; elle redescend, et se trouve à la fin du couplet à la gauche de Kettly.)

Et vous devez être indignée.

MISS CLARENCE, avec joie et vivement.

Au contraire; attends, attends; sir Arthur partageait sans doute leur erreur.

KETTLY.

Qui, sir Arthur?

MISS CLARENCE, avec impatience.

Ce jeune homme, ce militaire qui m'a traitée si froidement, qui refusait de me secourir, et presque de m'entendre.

KETTLY.

C'est bien mal.

MISS CLARENCE.

Non, non; c'est très-bien, et je comprends son dépit, sa colère; il aurait dû me traiter encore plus mal; mais c'était déjà bien ainsi, et je l'en remercie, et je l'en aime davantage.

KETTLY.

Qu'avez-vous donc?

MISS CLARENCE.

Rien... je suis contente, je le retrouve. Pauvre jeune homme!... c'est si aimable à lui!... Imagine-toi qu'il est furieux, et c'est ce qui me rend si heureuse. Mais il ne faut pas que ce bonheur-là dure trop longtemps, et je vais le désabuser, lui dire qui je suis...

KETTLY.

Gardez-vous-en bien, car je ne vous ai point tout appris. Nous sommes ici dans le château de lord Sunderland.

MISS CLARENCE.

Lord Sunderland, l'ami de sir Robert, mon tuteur!

KETTLY.

Celui dont il nous parle sans cesse, et qu'il vient visiter

tous les jours. Il paraît même qu'aujourd'hui, et avant de se rendre à Carlisle, sir Robert s'est arrêté ici, et qu'il doit y revenir dans deux heures; on l'attend.

MISS CLARENCE.

C'est fait de moi! Nous sommes venues nous livrer en ses mains, et juste au moment où cet hymen, où cet esclavage me paraît plus horrible que jamais.

KETTLY.

Et en quoi donc?

MISS CLARENCE.

Et pour retomber au pouvoir de sir Robert!... Non certainement, je ne dirai pas qui je suis; je m'en garderai bien.

KETTLY.

Ils vont alors continuer à vous prendre pour la favorite.

MISS CLARENCE.

M'en préserve le ciel!

KETTLY.

Il faut cependant choisir; être à leurs yeux miss Arabelle ou miss Clarence. Voyez ce que vous voulez?

MISS CLARENCE, avec impatience.

Je voudrais... je voudrais n'être ni l'une ni l'autre. Quel embarras! quel tourment! Qu'est-ce que tu me conseilles?

KETTLY.

Dame! mademoiselle, je n'ose pas. L'essentiel c'est qu'on nous laisse sortir de ce château, c'est que nous nous remettions en route.

MISS CLARENCE.

Plût au ciel!

(Elle s'assied auprès de la table.)

KETTLY.

Et il me semble que, pour commander et vous faire obéir, le nom de la favorite aura toujours plus de crédit que le vôtre.

MISS CLARENCE.

Tu crois?

KETTLY.

Quand vous devriez leur faire à tous de belles promesses, qu'est-ce que cela coûte? Les tiendra qui pourra. Mais vous ne saurez jamais mentir.

MISS CLARENCE.

Mieux que tu ne crois; j'ai été trois mois à la cour.

KETTLY.

Ah! c'est vrai.

MISS CLARENCE.

Et lorsque j'étais demoiselle d'honneur de la reine, je me rappelle que lord Sunderland et miss Réginald, sa sœur, étaient ce qu'on appelait des mécontents, des amis du bien public, qui demandaient toujours quelque chose pour eux.

KETTLY.

Vous voyez bien.

AIR : De sommeiller encor, ma chère. (*Arlequin Joseph.*)

Allons, reprenez confiance.

MISS CLARENCE.

Tu le veux, je suis ton conseil.
Mais c'est bien hardi, quand j'y pense,
D'usurper un poste pareil.

(Elle écrit.)

KETTLY.

Rassurez-vous sur ce chapitre.
Comm' tant de gens qu'on voit placer,
De l'emploi vous n'avez que l' titre,
Vous n'êtes pas forcée d'exercer.

MISS CLARENCE, se levant, et allant à Kettly.

Tiens, puisque, grâce à M. Arthur, tu as la liberté de te promener dans le château, voici d'abord ces deux lignes, (Elle lui donne un papier.) qu'il faut remettre en secret à miss Réginald... et puis le capitaine Coverly... Je ne connais pas...

mais d'après ce que tu m'as dit, on peut toujours... (Elle tire de son portefeuille un papier qu'elle met dans une lettre.) Voici pour lui.

KETTLY, regardant vers le fond, à droite.

C'est lord Sunderland.

MISS CLARENCE.

Tu en es sûre? Le plus redoutable de tous. (A part, et cherchant à se donner du courage.) Allons, allons ; qu'est-ce que c'est donc que de trembler ainsi? Il ne peut rien m'arriver de pire ; prenons courage, et un air de dignité : rappelons-nous comment faisait la reine ; cela ressemblera peut-être à celle qui la remplace.

SCÈNE X.

Les mêmes; SUNDERLAND, entrant par la porte à droite.

SUNDERLAND, à Kettly.

Jeune fille, laissez-nous. (Kettly s'approche de miss Clarence, et lui parle bas.) Laissez-nous.
(Kettly sort. Sunderland s'approche de miss Clarence, qu'il salue plusieurs fois avec respect.)

MISS CLARENCE, cherchant à prendre de l'assurance.

De quel droit, monsieur, s'est-on permis de m'amener en ce château? Et qui êtes-vous?

SUNDERLAND.

Il n'est pas nécessaire que vous le sachiez. Tout ce que je puis vous apprendre, belle lady, c'est que vous n'êtes pas ici parmi vos meilleurs amis.

AIR du vaudeville du *Baiser au porteur.*

Loin de la cour, où chacun nous réclame,
Inaperçus nous vivons, grâce à vous,
Le roi ne voit que par vos yeux, madame ;
　　Vos yeux se détournent de nous,
Oui, vos beaux yeux se détournent de nous.

> Ils étaient, si j'en crois mon zèle,
> Trop dangereux... et, sans rien ménager,
> De mon prince, en sujet fidèle,
> Je dois éloigner le danger.

Aussi le parti en est pris, on vous conduira cette nuit, sous bonne escorte, au port de Whitehaven, de là vous passerez sur le continent, et de là... Mais dans ce moment il est inutile de vous en dire davantage.

MISS CLARENCE.

Ah ! mon Dieu !

SUNDERLAND.

C'était un parent à moi, un jeune homme, qui devait vous conduire, il refuse...

MISS CLARENCE, à part.

Le maladroit !

SUNDERLAND.

Et j'ai choisi pour chef de l'entreprise un homme incorruptible et sévère, que vous essaieriez en vain de séduire.

MISS CLARENCE, hésitant.

Le capitaine Coverly ?

SUNDERLAND, étonné.

Qui vous l'a dit, et comment savez-vous ?...

MISS CLARENCE.

L'habitude que j'ai de deviner. Croyez-vous franchement que j'ignore où je suis, et que je ne connaisse pas mes ennemis, (Le regardant fixement.) à commencer par milord Sunderland ?

SUNDERLAND.

O ciel ! c'est fait de moi !

MISS CLARENCE, à part, l'observant.

Il tremble ! cela me rassure.

SUNDERLAND.

Eh bien ! oui, madame ; puisque les qualités sont connues,

je n'ai plus rien à ménager, et vous savez mieux que personne si, moi, ancien maître des cérémonies, actuellement en retraite, je dois vous en vouloir.

MISS CLARENCE.

Et en quoi, s'il vous plaît?

SUNDERLAND.

J'ai usé mes jours et mes nuits au service de l'État, j'ai passé quarante ans de ma vie au milieu des bals, des concerts, des fêtes de toute espèce; et après une carrière aussi agitée, on me prie de me reposer. C'est indigne!

MISS CLARENCE.

Sans doute; mais est-ce une raison pour vous perdre à jamais?

SUNDERLAND.

Milady...

MISS CLARENCE.

Écoutez-moi, milord, les instants sont précieux. Je suis en votre pouvoir, c'est vrai; mais notre jockey, notre postillon, qui vous est échappé, est déjà arrivé au village voisin, où il aura donné l'alarme. Dans ce moment peut-être on est en marche.

SUNDERLAND.

O ciel!

MISS CLARENCE.

Et vous aurez travaillé, non pour vous, mais pour ceux qui auront l'esprit de me secourir et de me délivrer. Pourquoi voulez-vous leur laisser cet honneur, et leur donner à la reconnaissance du roi des titres qu'il vous est facile d'acquérir vous-même?

SUNDERLAND.

Que dites-vous?

MISS CLARENCE.

Que je vous parle dans votre intérêt, et dans le mien. Je

ne veux pas feindre; j'y mettrai de la franchise. Eh bien !
oui, j'ai le plus grand intérêt à arriver ce soir à Carlisle;
me retenir ne servira en rien vos projets, qui finiront toujours par être découverts; et moi, une heure de retard peut
renverser toutes mes espérances.

SUNDERLAND.

Qu'entends-je !

MISS CLARENCE.

Je vous dis mon secret, j'ai confiance en vous; et si, à
l'insu de vos compagnons, vous voulez me permettre de
repartir à l'instant même...

SUNDERLAND.

Après notre serment, une telle idée...

MISS CLARENCE.

Est moins dangereuse qu'une conspiration, et vous rapportera davantage : c'est vous qui serez mon chevalier;
vous me conduirez, vous ne me quitterez pas, nous arriverons ensemble à Carlisle, au palais, je vous présente à la
reine... non, je veux dire au roi, et je lui dis : « Voilà mon
défenseur, mon libérateur, celui qui, cette nuit, a bravé
tous les dangers pour me soustraire aux complots de mes
ennemis. »

SUNDERLAND.

Je comprends bien qu'un pareil service... et certainement, si ce n'était...

MISS CLARENCE.

Votre serment?

SUNDERLAND.

Du tout, ce n'est pas cela; mais...

COUPLETS.

Premier couplet.

AIR : Le beau Lycas aimait Thémire. (*Les Artistes par occasion.*)

Encor, faut-il des garanties!...

Si, par vous, je redevenais
Grand-maître des cérémonies...

MISS CLARENCE.

J'en parlerai... je le promets.

SUNDERLAND.

Un traitement en conséquence,
Un peu plus fort qu'il ne l'était,
Le double de ce qu'il était...

MISS CLARENCE.

Comptez-y... l'on vous le promet.
(A part.)
Ce n'est pas cela, je le pense,
Qui peut augmenter le budget.

Deuxième couplet.

SUNDERLAND.

Pour être sûr qu'on me pardonne,
Je voudrais bien, outre cela,
L'ordre du Bain...

MISS CLARENCE.

   Je vous le donne.
(A part.)
Je donne tout ce qu'il voudra...

SUNDERLAND.

De plus... en signe d'alliance,
Et si milady le permet...

      (Il lui prend la main.)

MISS CLARENCE, la retirant d'abord.

Que faites-vous ?
  (A part, et se laissant baiser la main.)
    Mais en effet,
Ce n'est pas cela, je le pense,
Qui peut augmenter le budget.

(Haut et vivement.) Mais partons, de grâce; faites qu'on me rende ma voiture, mes chevaux, ma fille de chambre, et qu'avant une demi-heure, nous soyons tous en route.

SUNDERLAND.

C'est tout ce que je demande; mais comment tromper la surveillance des autres personnes qui habitent ce château? Et ils ne sont pas les seuls à redouter; nous pouvons rencontrer dans notre fuite sir Robert, qui revient ce soir de Carlisle.

MISS CLARENCE, effrayée.

Sir Robert!...

SUNDERLAND.

Un de nos voisins, homme dangereux, animé des plus mauvaises intentions, non seulement contre vous, mais contre le roi lui-même.

MISS CLARENCE.

En êtes-vous bien sûr?

SUNDERLAND.

Je n'étais pour rien là-dedans; je vous le prouverai par des lettres mêmes qu'il m'écrivait pour me gagner. Silence! c'est miss Réginald, ma sœur; rentrez là, dans cet appartement.

(Lui indiquant la chambre à gauche.)

MISS CLARENCE.

Oui, monsieur, oui.

SUNDERLAND.

Fidélité à toute épreuve; et dès qu'il en sera temps, j'irai vous chercher pour vous conduire moi-même; moi-même, entendez-vous?

MISS CLARENCE, à part.

Lui-même. Allons, il me semble que ce n'est pas mal, et que la véritable n'aurait pas fait mieux. (Haut.) Adieu!

(Elle entre dans la chambre à gauche en faisant un signe d'intelligence à Sunderland, qui met la main droite sur son cœur, et étend l'autre en guise de serment.)

SCÈNE XI.

MISS RÉGINALD, entrant par la porte à droite, en rêvant et tenant un papier, qu'elle cache aussitôt, **SUNDERLAND.**

MISS RÉGINALD.

Rien que deux lignes, mais elles sont claires et positives : « La place de première dame d'atours, si, d'ici à une heure, « et à l'insu de tout le monde, je suis délivrée par vous. » (Réfléchissant.) C'est une femme d'esprit et de tête, qui a calculé sa position, ses adversaires, et qui ne voit, dans ce château, que moi de femme avec qui elle puisse s'entendre. Mais comment?... (Apercevant Sunderland.) Dieu! c'est mon frère!

SUNDERLAND, à part.

Qu'elle a l'air sombre et rêveur! (Haut.) Eh bien! ma sœur, toujours dans vos idées de vengeance?

MISS RÉGINALD.

Certainement.

SUNDERLAND, à part.

Caractère inflexible!... J'en étais sûr; rien à faire de ce côté, et il faut aviser à d'autres moyens.

(Miss Réginald est à droite du théâtre, Sunderland au milieu, et ils réfléchissent tous les deux séparément et sans se parler.)

SCÈNE XII.

Les mêmes; COVERLY, entrant par le fond, à gauche.

COVERLY, réfléchissant aussi.

Une place de capitaine, une gratification; et pour commencer, un billet de cent livres sterling; je l'ai vu, il est là. Je ne tiens pas plus à celle-là qu'à une autre, mais les autres promettent, et celle-là paie d'avance; principes qui cadrent avec les miens, et quand on s'entend sur un principe, c'est tout.

SUNDERLAND, à part.

C'est cet infâme Coverly!

MISS RÉGINALD, de même.

Cet enragé patriote!

COVERLY.

Eh bien! mes voisins, me voici prêt à partir avec notre prisonnière, comme nous en sommes convenus. Où est-elle?

SUNDERLAND et MISS RÉGINALD, à part.

O ciel!

COVERLY.

Mais dépêchons; car je suis pressé, et je n'ai pas de temps à perdre.

MISS RÉGINALD, bas à son frère.

Ne la laissez pas partir avec cet homme féroce.

SUNDERLAND.

C'est bien mon intention.

COVERLY.

Eh bien! corbleu! qu'avez-vous à vous consulter? est-ce que vous hésitez? est-ce que vous reculeriez, par hasard? si je le savais!...

SUNDERLAND.

Au contraire, je suis décidé! et plus que jamais invariable dans mon opinion; seulement j'ai changé d'idée.

COVERLY et MISS RÉGINALD.

Comment cela?

SUNDERLAND.

C'est une entreprise trop périlleuse et trop importante pour que je ne m'en charge pas moi-même. Je conduirai miss Arabelle, et je supporterai seul les dangers.

COVERLY.

C'est-à-dire qu'on se défie de moi!... du capitaine Coverly!... J'en suis fâché, corbleu!... mais c'était une affaire convenue, décidée; et quand je devrais être pendu, je me suis arrangé pour cela, j'y compte; et par ma bonne épée! c'est moi qui emmène la prisonnière.

SUNDERLAND.

Du tout, c'est moi.

COVERLY.

C'est ce que nous verrons.

SUNDERLAND.

C'est moi qui suis le maître.

MISS RÉGINALD, passant entre eux deux.

Eh! messieurs, pour vous mettre d'accord, n'est-il pas plus convenable que ce soit moi, une femme, qui parte avec elle? Un domestique armé nous suivra; deux femmes qui voyagent excitent moins de soupçons; et puis les mœurs, la décence...

COVERLY.

Est-ce que j'y tiens?

MISS RÉGINALD.

Il n'y tient pas!

SUNDERLAND.

Eh! ma sœur, il s'agit bien de mœurs dans une conspiration! Il s'agit que c'est à moi de commander, car c'est moi qui paie.

AIR de Cendrillon.

Oui : du complot je suis le chef réel,
Par mon argent; sinon je le retire.

COVERLY.

Ça m'est égal... moi gratis je conspire.

MISS RÉGINALD.

Ne prendre rien, ce n'est pas naturel.

SUNDERLAND.
Lui qui vendait ses services si cher!

COVERLY.
Pour conspirer rien ne m'effraie;
Pour conspirer j'irais jusqu'en enfer.

SUNDERLAND, à part.
Il faut donc que l'enfer le paie!

TOUS.
C'est moi, c'est moi, j'en atteste le ciel,
Qui dois ici l'enlever pour mon compte;
Je l'ai juré, je le veux, et j'y compte,
Ou pour moi c'est un affront personnel.

SUNDERLAND.
Silence! c'est mon neveu! qu'il ne puisse soupçonner que le désordre est dans nos rangs.

SCÈNE XIII.

Les mêmes; ARTHUR.

ARTHUR, vivement.
Mon oncle, j'ai à vous parler.

SUNDERLAND.
Parle tout haut, nous n'avons rien de caché les uns pour les autres; la franchise avant tout.

ARTHUR.
Eh bien! j'ai refusé d'abord la proposition que vous m'avez faite d'enlever miss Arabelle; mais depuis, j'ai réfléchi, et ne fût-ce que pour me venger d'elle, je suis du complot, je partage votre ressentiment, et je suis prêt à partir à l'instant même. Disposez de moi, me voilà.

SUNDERLAND et MISS RÉGINALD, à part.
lui aussi!

####### COVERLY, de même.

C'est comme un fait exprès.

####### SUNDERLAND, de même.

Tout le monde veut l'enlever.

####### ARTHUR.

Vous pouvez vous en rapporter à moi du soin de la surveiller. Je ne la quitte plus, ni le jour, ni la... et l'on m'ôtera plutôt la vie, que de l'arracher de mes mains.

####### SUNDERLAND, à part.

Est-ce que mon neveu se douterait de quelque chose? et voudrait-il aussi faire son chemin? (Haut à Arthur.) Il suffit, monsieur, il suffit. (A part.) Les jeunes gens sont d'une ambition... (Haut.) On n'a pas besoin de votre aide.

####### MISS RÉGINALD.

Ni de vos conseils.

####### ARTHUR.

Que voulez-vous dire?

####### SUNDERLAND.

Que nous avons sur notre prisonnière d'autres idées.

####### MISS RÉGINALD.

Plus certaines.

####### COVERLY.

Plus expéditives; et c'est moi qui me charge de les mettre à exécution.

####### SUNDERLAND, lui imposant silence.

Capitaine!

####### ARTHUR.

O ciel! vous voulez attenter à ses jours?

####### MISS RÉGINALD, SUNDERLAND et COVERLY.

Nous!

####### ARTHUR, à Sunderland et à miss Réginald.

Oui, je devine vos intentions, vos projets; mais je vous

déclare, moi, quoique je sois celui de tous qui aie le plus à me plaindre d'elle, que je ne souffrirai pas qu'il lui soit fait le moindre mal, le moindre outrage. Vous m'entendez, capitaine ?

COVERLY.

Eh ! qui vous parle de cela ?

SUNDERLAND.

De quoi vous inquiétez-vous ?

ARTHUR.

Eh bien ! s'il faut vous le dire...

AIR du vaudeville de Turenne.

Eh bien ! je l'aime, je l'adore,
Et sans espoir...

SUNDERLAND.

C'est une fausseté,
Car vous avez d'autres projets encore.

ARTHUR.

Que dites-vous ?

SUNDERLAND.

La vérité.
(Passant auprès de miss Réginald.)
Sans respect pour la royauté,
Pour se pousser, pour se produire,
Il est capable...

ARTHUR.

Êtes-vous fou ?

SUNDERLAND.

Oui, j'en suis sûr... Voyez jusqu'où
L'ambition peut vous conduire !

Mais, par bonheur, j'ai une idée.

MISS RÉGINALD.

J'en ai une.

COVERLY.

Moi aussi.

SUNDERLAND.

Trois idées qui, en les combinant, pourraient bien n'en faire qu'une. (A demi-voix aux deux autres, montrant la porte à gauche.) Miss Arabelle est là.

MISS RÉGINALD et COVERLY.

Elle est là!

SUNDERLAND.

Attendez-moi. (A part, et s'avançant sur le bord du théâtre.) Mieux vaut partager l'honneur que de le laisser tout entier à un jeune homme, à un étourdi. (Haut à Arthur, avec dignité.) Restez ici, monsieur, restez, je vous l'ordonne, par toute l'autorité d'un oncle et d'un propriétaire qui veut être maître chez lui. C'est à nous de décider du sort de notre captive... c'est ce que nous allons faire : et après cela, vous recevrez nos ordres. (Pendant cette dernière phrase, Coverly d'abord, ensuite miss Réginald, sont entrés dans l'appartement à gauche; Sunderland continue à part en regardant Arthur.) Ah! tu as de l'ambition!... ah! tu veux te pousser même aux dépens de ton oncle et de ton souverain légitime... Eh bien! je te pousserai... et de façon à te faire tomber... (Haut.) Attends mes ordres, ce ne sera pas long.

(Il entre aussi dans l'appartement à gauche.)

SCÈNE XIV.

ARTHUR seul.

Ses ordres!... peu m'importe... je n'en recevrai que de moi et de ma conscience... non que je soupçonne mon oncle... il n'est que faible; mais sa faiblesse même le met dans la dépendance de ce Coverly qui est capable de tout. Par bonheur, je suis là, et s'il tente d'exécuter son projet, s'il menace seulement miss Arabelle... une femme sans défense... une femme que j'aime!... Non, non, je ne veux plus aimer, et elle est bien heureuse d'être en danger;

sans cela!... Mais je dois avant tout la défendre, la protéger, la rendre à la liberté... et puis, après cela, je la détesterai à mon aise, et sans crainte; car dans ce moment, je tremble pour elle. On parle dans cet appartement... (Désignant celui où miss Clarence est entrée.) j'ai cru distinguer sa voix; oui, je la connais trop bien pour m'y tromper. Courons à son secours. (La porte s'ouvre, miss Clarence paraît.) Dieu! c'est elle!

SCÈNE XV.

ARTHUR, MISS CLARENCE.

MISS CLARENCE, sortant de l'appartement à gauche.

Je respire, nous sommes tous d'accord, la paix est signée.... (Montrant une lettre qu'elle tient.) un peu aux dépens de sir Robert, mon tuteur. Malheur aux absents! Et de tout le château, il n'y a plus maintenant que sir Arthur à gagner. (Elle aperçoit Arthur qui va regarder au fond, et ferme la porte à gauche.) et je ne crois pas que ce soit bien difficile.

ARTHUR, revenant près d'elle, et à voix basse.

Ce matin, madame, quand j'ai refusé de vous servir, j'ignorais les dangers qui vous menaçaient. Je les connais, ils sont très grands.

MISS CLARENCE, souriant.

Vous croyez?

ARTHUR.

On a juré votre perte, mais vous avez des défenseurs... vous en aurez, du moins, tant que j'existerai... Venez...

AIR : Restez, restez, troupe jolie. (*Les Gardes-Marine.*)

Votre aspect double mon courage,
Je réponds de votre destin;
Je saurai m'ouvrir un passage,
Fût-ce les armes à la main!

MISS CLARENCE.

Quoi! braver un péril certain!

ARTHUR.

Qu'importe si je vous délivre !...
Oui, désormais je dois vous fuir ;
Et si pour vous je ne peux vivre,
Pour vous du moins je peux mourir !

MISS CLARENCE.

Le ciel m'est témoin que je ne vous en demande pas tant... et vous pouvez compter sur ma reconnaissance, si vous consentez seulement à me ramener à Carlisle.

ARTHUR.

Moi ! vous y laisser retourner !... ne l'espérez pas.

MISS CLARENCE.

Et pourquoi donc ?

ARTHUR.

N'est-ce pas là qu'est la cour ?... n'est-ce pas là qu'un rival vous attend ?... Jamais, jamais !... vous n'irez pas, je m'y oppose.

MISS CLARENCE, à part.

Il est le seul maintenant !... (Avec joie, et prête à s'oublier.) Monsieur Arthur... (Se reprenant.) Monsieur, vous êtes un bon et honnête jeune homme. Vous n'êtes pas avide, ambitieux, comme tant d'autres, et c'est rare, je vous en estime davantage ; mais je ne perds pas l'espérance de vous ranger de mon parti.

ARTHUR.

Je vous le répète, je repousse toutes vos offres.

MISS CLARENCE, souriant.

Quoi ! toutes ?

ARTHUR.

Oui, madame.

MISS CLARENCE.

J'ai bien envie d'essayer. Et si je vous disais : « Je suis jeune, je suis riche, j'espère bientôt être libre et maîtresse de ma main, la voulez-vous ? »

ARTHUR.

O ciel!

MISS CLARENCE, riant.

C'est une supposition; mais si je parlais ainsi, que répondriez-vous?

ARTHUR.

Ne me le demandez pas.

MISS CLARENCE.

Vous hésitez?

ARTHUR.

Non, je n'hésiterais pas un instant... j'en mourrais peut-être, mais je refuserais.

MISS CLARENCE, avec joie.

Ah! que je vous remercie!

ARTHUR, étonné.

Que voulez-vous dire?

MISS CLARENCE.

Que je ne vous en aurais jamais cru capable... et c'est une action qui me touche, qui m'émeut jusqu'aux larmes. Vous en serez récompensé, je vous le promets, et pour commencer, je veux vous donner un bon conseil. Ne vous mêlez jamais d'aucun complot, surtout avec de vieux courtisans, qui ont conspiré sous tous les régimes.

ARTHUR.

Et pourquoi?

MISS CLARENCE.

Vous seriez toujours dupe de votre franchise, de votre générosité; et ces dangers que vous aurez cru partager avec eux... ils sauront s'en retirer, en vous y laissant exposé.

ARTHUR, avec impatience.

Eh! madame... (On entend un bruit de musique en dehors.) Écou tez... entendez-vous ces pas... ce bruit confus?... Ils viennent... ils viennent pour vous immoler peut-être.

MISS CLARENCE.

Je ne crois pas.

ARTHUR.

Vous avez négligé mes avis, mais je saurai du moins mourir en vous défendant... Venez... venez !

(Il la prend par la main, tire son épée et se met devant elle.)

SCÈNE XVI.

LES MÊMES. Les trois portes du fond s'ouvrent à la fois, et l'on aperçoit la galerie extérieure richement illuminée. En même temps SUNDERLAND entre par la porte du milieu, suivi d'une partie des GENS DU CHATEAU; MISS RÉGINALD et KETTLY, par la droite, suivies de TOUTES LES FEMMES, et COVERLY, par la gauche, avec D'AUTRES HOMMES. Ils tiennent tous des bouquets à la main.

LE CHOEUR.

AIR du Dieu et la Bayadère.

Rendons hommage à la plus belle,
    Et, soumis à sa loi,
    Amis, célébrons celle
    Qu'adore notre roi !

(A un signal donné par Sunderland, on élève une couronne de fleurs sur la tête de miss Clarence. Miss Réginald, à sa gauche, et une jeune fille, à sa droite, lui présentent une corbeille de fleurs, tandis que toutes les jeunes filles s'avancent pour lui offrir leurs bouquets.)

MISS CLARENCE, remerciant tout le monde.

C'est bien, c'est bien... (A part.) Mais n'oublions pas le danger qui nous menace, et, avant le retour de mon tuteur, hâtons-nous de partir.

SUNDERLAND.

Je ne doute pas, belle milady, que le bruit de votre disparition ne soit déjà parvenu jusqu'à la cour ; mais quand on saura que nous avons arrêté votre voiture, et dételé vos chevaux... pourquoi ?... pour vous conduire en ce château, où, à l'impromptu, une petite fête vous était préparée, je ne doute pas que le roi lui-même ne rende justice à l'imagination de son premier maître des cérémonies...

MISS CLARENCE, voulant partir.

Certainement... mais...

SUNDERLAND, la retenant.

Et si, avant le repas que nous avons fait préparer, milady voulait entendre une cantate nouvelle que je viens de composer en son honneur...

MISS CLARENCE, effrayée.

Ah ! mon Dieu !

SUNDERLAND, prenant un cahier de musique, et chantant.

« D'où partent ces cris d'allégresse ?...
« Où court ce peuple qui s'empresse ?... »

ARTHUR, à part.

Encore celle-là... Il n'en a donc qu'une ?

SUNDERLAND, continuant.

« Où court ce peuple qui s'empresse ?... »

MISS CLARENCE, l'interrompant.

Pardon de vous interrompre ; mais quelque plaisir que me promette la fête que vous avez bien voulu improviser en mon honneur, il faut que je parte à l'instant.

MISS RÉGINALD et COVERLY.

Quoi ! madame...

MISS CLARENCE.

Je vous l'ai dit... Il faut que je sois aujourd'hui même à Carlisle... Les plus grands intérêts m'y appellent.

SUNDERLAND.

C'est inutile. J'ai voulu prévenir vos vœux.

MISS CLARENCE.

Que dit-il ?

SUNDERLAND.

Vous vouliez aller retrouver le roi, et c'est lui-même qui viendra.

MISS CLARENCE, KETTLY et ARTHUR.

Grand Dieu !

SUNDERLAND.

Un homme à cheval, expédié par moi... doit avoir annoncé à Sa Majesté que la beauté qu'il aime a daigné accepter l'hospitalité dans mon domaine, et je ne doute point que demain, de grand matin, ou peut-être même cette nuit... Et quel honneur pour mon château, si...

MISS CLARENCE, à Kettly.

C'est fait de nous !

ARTHUR, passant auprès de Sunderland.

Et vous croyez que je souffrirai...

SUNDERLAND, à Arthur et à mi-voix.

Taisez-vous, monsieur, taisez-vous, et craignez la colère du roi... Oser aimer sa maîtresse !

AIR : N'en demandez pas davantage.

Oser attaquer un rival
Qui porte, par droit d'héritage,
Et couronne et bandeau royal !...
Apprenez, monsieur, c'est l'usage,
   Qu'un front qui déjà
   Porte tout cela
N'en veut pas avoir davantage,
N'en demande pas davantage.

ARTHUR.

Qu'il le veuille ou non, cela m'est bien égal. Je mettrai plutôt le feu au château.

MISS CLARENCE, vivement à Arthur.

Rassurez-vous, je pars. (A Sunderland.) Oui, monsieur, partons à l'instant. Je l'exige, je le veux.

SUNDERLAND.

C'est différent. (A part.) Mais c'est absurde. Ils vont se croiser en route. Tandis que, comme je l'avais arrangé, ils étaient sûrs de se rencontrer. (Prenant la main de miss Clarence.) Partons, belle dame, partons.

(Ils vont pour sortir ; sir Robert paraît à la porte du fond.)

MISS CLARENCE, avec effroi.

Sir Robert, mon tuteur ! Il est trop tard.

(Elle revient sur le devant du théâtre.)

SCÈNE XVII.

LES MÊMES ; SIR ROBERT.

ROBERT.

Me voici, me voici, mes amis... J'arrive de Carlisle, où j'ai terminé toutes les affaires relatives à mon mariage... Et de plus je vous apporte des nouvelles, de bonnes nouvelles.

SUNDERLAND.

Nous en avons, je crois, de meilleures encore.

ROBERT.

J'en doute, car je viens d'apprendre d'une source certaine que notre ennemie mortelle... que la favorite...

TOUS.

Eh bien ?

ROBERT, avec joie.

Est décidément disgraciée...

MISS RÉGINALD, COVERLY et SUNDERLAND,
avec effroi.

O ciel !

ARTHUR, regardant miss Clarence qui reste immobile.

C'est étonnant, cela ne lui fait rien.

ROBERT, continuant avec joie.

C'est la reine, notre auguste reine qui l'emporte... Et miss Arabelle doit avoir en ce moment reçu l'ordre d'exil, qui l'éloigne à jamais de la cour.

MISS RÉGINALD.

Quelle indignité !

COVERLY.

Quelle injustice !

SUNDERLAND.

Quel pouvoir arbitraire! disgracier une femme pareille, une femme charmante !

COVERLY.

Toutes les qualités !

MISS RÉGINALD.

Toutes les vertus !

SUNDERLAND.

Mais la partie n'est pas perdue, nous le jurons.

COVERLY et MISS RÉGINALD.

Nous le jurons tous.

ROBERT.

Sont-ils étonnants !... Et à qui donc ?

SUNDERLAND.

A miss Arabelle... à la favorite... (Se reprenant.) à l'ex-favorite, qui est dans ce château... et que voici là devant vos yeux.

(Lui montrant miss Clarence.)

ROBERT, la regardant.

Miss Clarence, ma pupille !

TOUS, avec étonnement.

Sa pupille !

ARTHUR, hors de lui.

Serait-il vrai !... (A Robert.) En êtes-vous bien sûr ?

ROBERT.

Si j'en suis sûr! Qu'est-ce qu'il a donc, ce jeune homme?... (A miss Clarence.) Et vous, mademoiselle, que je croyais renfermée dans mon château... où alliez-vous ainsi, à une heure pareille?

MISS CLARENCE, passant auprès de sir Robert.

Me jeter aux pieds de la reine, mon ancienne compagne, mon amie... et réclamer sa protection contre une tyrannie que je redoutais et que je ne crains plus maintenant, car je suis au fait de la conspiration, j'en étais... et vous aviez, vous particulièrement, mon cher tuteur, des projets que la cour n'approuverait guère, et dont lord Sunderland m'a fourni les preuves.

ROBERT, à Sunderland.

Vous, mon voisin!

MISS CLARENCE.

Rassurez-vous, je ne les garderai pas. (Les donnant à Arthur.) Tenez, Arthur, je vous les confie. Et, en échange, demandez à sir Robert, mon oncle et mon tuteur, ce que vous voudrez... ce qui vous conviendra.

ARTHUR.

Quoi! vous daigneriez m'offrir...

MISS CLARENCE.

Je n'offre rien, vous me refuseriez... Mais je ne vous empêche pas de demander.

ROBERT, brusquement.

Est-ce que j'ai jamais eu l'idée de la contraindre? Qu'elle retourne à la cour, près de la reine, sa protectrice. Et puisque maintenant, dit-on, c'est elle qui est toute-puissante...

(Il passe à la gauche de Coverly.)

SUNDERLAND, passant entre sir Robert et miss Clarence.

Qu'elle continue auprès de sa souveraine le brillant emploi que nous lui supposions auprès du souverain; cela reviendra exactement au même, si miss Clarence se souvient de ses promesses, et n'oublie pas ses amis.

MISS CLARENCE.

Je n'oublierai pas que je vous aurai dû ma liberté, mon bonheur... et pour que vous ne conspiriez plus, s'il ne tient qu'à moi, je vous le jure, vous serez nommés, dès demain, (A Coverly.) vous, capitaine ; (A miss Réginald.) vous, dame d'atours ; (A Sunderland.) vous, grand-maître des cérémonies... (Se retournant vers Arthur.) Et vous, monsieur, que vous donnerai-je ?

ARTHUR.

Ah ! je n'ose rien demander.

MISS CLARENCE.

Vous êtes le seul, et comme je vous l'ai dit, cela mérite récompense. (Lui tendant la main.) La voulez-vous ?
(Arthur, sans lui répondre, tombe à ses genoux et saisit la main qu'il presse contre ses lèvres.)

LE CHŒUR.

AIR du Hussard de Felsheim.

Rendons hommage à la plus belle,
Et que l'hymen, charmant leurs jours,
De ce couple heureux et fidèle
Couronne à la fin les amours !

SUNDERLAND.

D'où partent ces cris d'allégresse
Qui font retentir ce séjour ?
Où court ce peuple qui s'empresse ?
Il chante l'hymen et l'amour.

MISS CLARENCE, au public.

AIR : Ainsi que vous, je veux, mademoiselle.

Dans ce séjour, que d'aujourd'hui j'habite,
Une étrangère a besoin de soutien ;
S'il ne fallait, pour être favorite,
Former qu'un vœu, je dirais bien le mien :

De ce public, notre suprême arbitre,
Je voudrais l'être, et soumise à ses lois,
Lorsqu'aujourd'hui je n'en ai que le titre,
Puissé-je un jour en acquérir les droits...
Vous seuls, messieurs, pouvez m'en donner tous les droits.

LE

COMTE DE Sᵀ-RONAN

ou

L'ÉCOLE ET LE CHATEAU

COMÉDIE EN DEUX ACTES MÊLÉE DE VAUDEVILLES

EN SOCIÉTÉ AVEC M. H. DUPIN

Théatre du Palais-Royal. — 24 Juin 1831.

| PERSONNAGES. | ACTEURS. |

LORD CHARLES, comte de Saint-Ronan . . MM. Auguste Roland.
DICKSON, maître d'école . . . . Samson.
JACQUES, charpentier. . . . . Lepeintre aîné.
THOMAS. Allard.
TRIM. . . . . Beau.

Mme PATRICE. . . . . Mmes Tory.
MARIE, sa nièce . . . . Pernon.

Écoliers. — Un Constable. — Paysans.

LE
COMTE DE St-RONAN
ou
L'ÉCOLE ET LE CHATEAU

ACTE PREMIER

La maison du maître d'école. — Au lever du rideau, il est au milieu du théâtre, devant une petite table. A droite et à gauche des bancs, sur lesquels sont assis, des gens du village.

SCÈNE PREMIÈRE.

DICKSON, THOMAS, JACQUES, TRIM, Écoliers.

DICKSON.

Mes compatriotes et mes élèves, vous pouvez me croire, car je sais lire, et vous ne le savez pas. Jamais vous n'avez eu la tête plus dure : depuis une heure que je parle, vous n'y comprenez rien, et je recommencerais, que ce serait exactement la même chose. A ces causes, nous avons décidé, qu'à dater d'aujourd'hui, l'esprit et l'instruction, que je vous vendais à raison de deux schellings par tête, seraient portés à trois schellings par mois.

TOUS.

Ah! monsieur Dickson!...

DICKSON.

Ce n'est pas pour moi... c'est pour vous!... Ainsi Thomas, toi qui es un des fermiers de M. le comte de Saint-Ronan, tu sais bien que quand le terrain est mauvais, il faut redoubler d'engrais... ce qui est plus cher... à moins que vous n'aimiez mieux que je n'en mette pas... c'est comme vous voudrez... ça m'est égal... parce que j'ai de la science à tout prix, et ça me restera en magasin.

THOMAS.

Non, monsieur Dickson. Mais je paie déjà le matin et le soir une classe pour moi... et puis les impôts sont si chers, et les fermages si élevés...

DICKSON.

Voilà le mal.

AIR du vaudeville de *la Robe et les Bottes.*

De la fortune les caprices
Devraient tomber sur chacun tour à tour,
Elle commet d'horribles injustices;
Et nous serions, avant la fin du jour.
Si l'on suivait mes plans philosophiques,
Tous grands seigneurs, égaux en dignité.

JACQUES.
Et l's anciens maîtr'...

DICKSON.
Seraient nos domestiques;
Car, avant tout, j'aime l'égalité.

TRIM.

Il a raison... c'est un homme de tête... Tout va mal... car enfin, je ne gagne que cinq schellings par jour. M. Tyne, le manufacturier, ne donne que ça à moi, et à deux cents ouvriers qu'il fait vivre.

JACQUES.

C'est plus qu'ailleurs.

TRIM.

La belle avance! auprès de lui, qui a trois ou quatre mille guinées de rente pour lui tout seul... c'est une injustice!

DICKSON.

C'est votre faute... Si on faisait augmenter les journées, si on diminuait les fermages, tout irait mieux ; et les maîtres d'école se feraient payer une demi-guinée par mois.

JACQUES.

Et que diable vas-tu nous chanter! Tu es ici pour nous apprendre à lire et à écrire, et tu ne nous en dis jamais un mot.

DICKSON.

Tais-toi, Jacques, tais-toi... tu ne seras jamais qu'un bon charpentier, et pas autre chose... Moi, vois-tu bien, je lis les journaux de Londres... je suis un radical.

JACQUES.

Tu es un maître d'école.

DICKSON.

C'est justement ça.

AIR de la Chanson.

Ici j'ai le monopole
De l'esprit et des talents,
Et, comme maître d'école,
A mes élèves j'apprends
A crier, à ne rien faire,
Surtout à ne payer rien...
En un mot je les éclaire
Sur leurs droits de citoyen.

TOUS.

Il a raison... Vive Dickson!

DICKSON.

Mes chers écoliers, je suis sensible à cet enthousiasme populaire, à ces acclamations aussi franches que désintéressées... Je ne crois pas pouvoir mieux les reconnaître, qu'en vous disant que la classe est finie; car c'est l'heure où madame Patrice, cette honnête veuve chez laquelle je suis logé, m'apprête, d'habitude, mon déjeuner. A ce soir sept heures! et n'oubliez pas ce que je vous ai appris... c'est-à-dire, qu'à dater de demain, ce sera sur le pied de trois schellings... c'est convenu.

TRIM.

Oui, monsieur Dickson.

DICKSON.

Quant à toi, Trim, mon garçon, qui es un de mes meilleurs élèves, voilà deux mois que tu me dois... Tu ne le sais peut-être pas?

TRIM.

Si, monsieur Dickson, je le sais bien; mais je n'ai pas intention d'y penser.

DICKSON.

Et pourquoi?

TRIM.

Puisque vous dites qu'il ne faut payer personne... autant commencer par vous.

DICKSON.

AIR : Ces postillons sont d'une maladresse.

Qu'entends-je! ô ciel! et quelle est ma surprise...
Ah! c'est trop fort; parbleu! tu me paîras !

TRIM.

Non, non, ma résolution est prise,
Monsieur Dickson, je ne vous paîrai pas.

TOUS.

Ni moi non plus.

DICKSON.

Voyez donc les ingrats...
Ah! quel chagrin en ce moment j'éprouve,
Après le mal que chacun m'a coûté!
Et mes leçons...

JACQUES.

Au moins cela te prouve
Qu'ils en ont profité.

TOUS.

C'est juste, nous ne paierons rien.

DICKSON.

AIR de *la Muette de Portici.*

C'est une horreur... on me pille, on me vole,
Je vous fais tous arrêter en ces lieux.
Quoi! la révolte est donc dans mon école?
On ne voit plus que des séditieux.

LE CHOEUR, en le menaçant.

C'est décidé, monsieur le maîtr' d'école,
Ne pas payer, nous paraît beaucoup mieux;
Mais il n' faut pas élever la parole,
Ou nous tapons en vrais séditieux!

(On entend un roulement de tambour au dehors. Tout le monde écoute.)

SCÈNE II.

LES MÊMES; Mme PATRICE, MARIE.

Mme PATRICE.

Comment, vous n'entendez pas?

DICKSON.

Qu'y a-t-il donc, madame Patrice?

Mme PATRICE.

Ma nièce, Marie, dit que tous les jeunes gens sont rassemblés sur la place, et que c'est ce matin qu'on tire à la milice.

JACQUES.

Eh bien! vous qui vouliez tous vous battre... voilà une occasion.

MARIE.

Ils sont là... les sergents, les tambours... ça m'a toute effrayée.

DICKSON.

Qu'est-ce que ça vous fait?... Les femmes n'en sont pas.

MARIE.

Mais vous et monsieur Jacques, votre ami?

DICKSON.

Jacques a fait son temps, c'est un ancien matelot; et moi, comme élève externe de l'Université de Cambridge, comme professeur de belles-lettres, ça ne me regarde pas... (Aux paysans.) Vous autres, c'est différent.

JACQUES.

AIR : Entendez-vous? (La Fiancée.)

Entendez-vous? c'est le tambour
 Qui vous appelle,
 Doublez de zèle;
D'être soldat c'est votre tour.

DICKSON.

Pour moi, je reste en ce séjour.
Pour la milice, allons partez,
Je ne crains rien.

MARIE.

   Pourquoi? de grâce.

DICKSON.

Les gens d'esprit sont exemptés.

MARIE.

Moi, j'aurais peur à votre place.

LE CHOEUR.

Entendez-vous? c'est le tambour; etc.

(Tous les écoliers sortent, excepté Jacques.)

SCÈNE III.

DICKSON, JACQUES, MARIE et Mme PATRICE, qui s'occupent du ménage.

DICKSON.

Pourvu qu'ils n'aillent pas tous tomber au sort!... La milice! la milice! encore une belle invention!... Je vous demande à quoi ça sert? A m'enlever des écoliers... et voilà tout.

JACQUES.

Vas-tu encore recommencer?... Écoute, Dickson, tu es un brave garçon... mais tu as un défaut... c'est que tu n'es jamais content de rien.

DICKSON.

Et toi, Jacques, tu en as un autre... c'est que tu es content de tout.

JACQUES.

C'est le moyen d'être heureux... Si, comme tu le demandais tout-à-l'heure, tout le monde était grands seigneurs, il n'y aurait plus de charpentiers, et ce serait dommage, car c'est un bel état.

DICKSON.

Qui te donne à peine de quoi vivre.

JACQUES.

Chaque jour amène son pain... Après cela, je ne gagne pas tant que toi, je le sais bien... Qu'importe! il y en a de plus pauvres.

DICKSON.

Tu n'as rien.

JACQUES.

J'ai mes deux bras, et tout le monde ne les a pas... Témoin mon pauvre père, qui autrefois en a perdu un à l'abordage, et qu'il faut nourrir... Enfin, j'en suis venu à bout jusqu'à présent, et tant que j'aurai de la santé, des amis, et rien à me reprocher, je dirai chaque soir : Dieu soit loué ! il y en a de plus à plaindre que moi.

Mme PATRICE.

Il n'y en a pas, du moins, qui soit plus aimé dans le village... et vous rendez service à tous... A commencer par monsieur Dickson lui-même, à qui vous avez sauvé assez de coups de poing.

JACQUES.

Ça, c'est vrai... Pour un homme de talent, il boxe assez mal... de plus, il est hargneux... et s'il n'avait souvent que son mérite pour se défendre...

DICKSON.

Je le crois bien... des imbéciles qui ne savent pas manier une plume, qui ne distingueraient pas leur droite d'avec leur gauche... (Faisant le geste de boxer.) et qui y vont des deux mains... Eh bien ! madame Patrice, ce déjeuner arrive-t-il ?

Mme PATRICE, au fond du théâtre, et qui a déjà mis une nappe sur une petite table.

Ne vous impatientez pas, monsieur Dickson, cela sera prêt dans l'instant... Vite, Marie, descends à la laiterie.

MARIE.

Oui, ma tante... Monsieur Jacques déjeunera-t-il avec M. Dickson?

JACQUES.

Merci, mademoiselle... J'ai deux mots à lui dire, et puis je retourne à l'ouvrage. (Marie sort.) D'ailleurs, il me faut à moi, du solide; et non pas comme à lui des friandises... car madame Patrice te gâte... toujours du thé, ou des pouddings.

Mme PATRICE.

Hélas ! je fais de mon mieux... j'ai peur seulement que ce lui d'aujourd'hui ne soit trop saisi.

DICKSON.

Parce que vous ne faites attention à rien... que vous pensez à autre chose.

Mme PATRICE, avec tendresse.

C'est possible!... Mais est-ce à vous, Dickson, à me le reprocher ?

(Elle s'éloigne.)

JACQUES.

Elle a raison, tu es un ingrat... Elle t'aime tant, cette chère madame Patrice.

DICKSON.

Elle m'aime trop... non pas que cela m'étonne : car étant le seul de ce village qui ait de l'esprit, sans compter les qualités extérieures, dont tout le monde peut juger... il est tout simple que j'aie fixé les inclinations d'une veuve qui s'y connaît... et quoiqu'elle soit d'une beauté douteuse, et d'un âge certain...

JACQUES.

Trente-six ans, pas davantage.

DICKSON.

C'est possible... J'avoue que d'abord cela m'avait flatté ; parce qu'il y a du charme à se laisser aimer.

JACQUES.

S'il n'y avait que cela... Mais tu oublies qu'elle t'a été utile, qu'elle t'a logé chez elle...

DICKSON.

Je ne dis pas non.

JACQUES.

Le peu d'argent qu'elle avait, elle te l'a prêté pour établir ton école.

DICKSON.

C'est vrai.

AIR de *Préville et Taconnet.*

Je n'ai jamais prétendu m'en défendre.

JACQUES.

Tu le lui dois même encor aujourd'hui,
Et cet argent, ne pouvant pas le rendre,
Tu lui promis de d'venir son mari...

DICKSON.

Pour m'acquitter, unir nos deux personnes,
Et me donner moi-même... En vérité
C'est bien payé...

JACQUES.

J'en ai toujours douté;
Car p't-être ben, sur ce que tu lui donnes,
Elle n'pourrait pas trouver c'qu'elle a prêté.

DICKSON.

Je conviens que c'est la meilleure femme du monde... honnête, vertueuse, faisant les pouddings et les confitures de cerises dans la perfection... Enfin, il y a mille et une raisons pour que j'aie de l'amour pour elle... Eh bien! je n'en ai pas.

JACQUES.

Et pourquoi?

DICKSON.

D'abord... j'avais toujours rêvé une grande fortune... une alliance brillante, digne de ma famille.

JACQUES.

Tu n'en as pas... Tu es un enfant trouvé, que la paroisse a élevé.

DICKSON.

Qu'est-ce que cela fait?... Absents ou non, j'ai toujours eu des parents.

JACQUES.

Tu ne les connais pas.

DICKSON.

Raison de plus... c'est ce qui fait mon avantage... Ne les connaissant pas, ça peut être des princes, des ducs, ou des marquis... et j'ai toujours dans l'esprit qu'il m'arrivera quelque titre et quelque fortune.

JACQUES.

Eh bien! tant mieux; tu en feras profiter tes amis... et comme tu n'en as pas de meilleur que madame Patrice...

DICKSON.

Peut-être... Et j'ai idée, au contraire, qu'il y a une autre personne que j'aimerais mieux qu'elle.

JACQUES.

Mauvaise idée... qu'il faut chasser... un honnête homme n'a que sa parole... Tu as promis qu'elle serait ta femme, il faut qu'elle le soit.

DICKSON.

Il en parle à son aise! il croit qu'on se marie comme cela... Je voudrais bien t'y voir!

JACQUES.

Il ne tient qu'à toi... car il y a justement à ce sujet un service qu'il faut que tu me rendes... Il y a une jeune fille que j'aime depuis longtemps...

AIR : Amis, voici la riante semaine. (*Le Carnaval.*)

C'n'est pas assez pour faire un mariage ;
Mais j'étais jeune, et dans le fond du cœur
Je me promis, pour entrer en ménage,
D'attendr' d'abord, et fortune et bonheur;
Mais la fortune à nos vœux est rebelle;
A forc' d'attendre on deviendrait trop vieux,
Ell' s'pass' de nous, ma foi! passons-nous d'elle
Et commençons d'abord par être heureux.

DICKSON, froidement.

Comme tu voudras, c'est au choix des personnes.

JACQUES.

Eh bien... alors... et plus tôt que plus tard, fais-moi le plaisir de la demander, pour moi, en mariage à sa tante.

DICKSON.

A qui donc?

JACQUES.

A madame Patrice.

DICKSON.

Comment ce serait...

JACQUES.

La petite Marie...

DICKSON.

Eh bien!... par exemple...

JACQUES.

Qu'est-ce que tu as donc?

DICKSON.

Rien... Mais cette idée, à laquelle je ne m'attendais pas...

JACQUES.

C'te idée de devenir mon oncle?...

DICKSON.

Justement.

JACQUES.

Ça se trouvera au contraire à merveille... Nous ferons les deux noces ensemble, ça fera une économie.

DICKSON, à part.

Oui... une économie de bonheur; car il n'y en aura guère.

JACQUES.

Voilà madame Patrice, qui rentre avec ton déjeuner... Je retourne à l'ouvrage... Arrange ça pour le mieux... Je reviendrai sur le midi, savoir sa réponse... Adieu, mon garçon... en te remerciant.

(Il sort.)

SCÈNE IV.

Mme PATRICE, qui est entrée, et qui a approché la table, DICKSON.

DICKSON, à part.

C'est commode!... C'est à moi de faire ses affaires... comme s'il ne pouvait pas s'en charger lui-même... Aussi, je suis d'une humeur...

Mme PATRICE.

Asseyez-vous là, voici votre déjeuner.

DICKSON.

C'est bien heureux.

Mme PATRICE.

Pourvu que vous le trouviez bon.

DICKSON.

Que ça ne vous inquiète pas... Vaquez à vos occupations.

Mme PATRICE, prenant une chaise.

J'aime mieux rester là, près de vous... à vous regarder manger; ça me fait plaisir.

DICKSON, à part.

Est-ce ennuyeux d'être aimé à ce point-là! (Voyant madame Patrice qui prend du pain et du beurre.) Voilà qu'elle me fait des tartines, à présent !

Mme PATRICE, tout en étalant du beurre sur du pain.

Je vous trouve, ce matin, un air gentil, un air aimable.

DICKSON, mangeant, à part.

Elle me trouve aimable... O aveuglement de l'amour !... Qu'est-ce que ce serait donc alors, si je déployais tous mes moyens... Je m'en garderai bien, ce serait à n'y pas tenir...

Mme PATRICE, voyant qu'il cherche quelque chose.

Vous voulez quelque chose?

DICKSON.

Eh! oui, sans doute... Je meurs de soif.

Mme PATRICE, s'empressant.

Je vais vous verser le thé.

DICKSON.

Et de la crème... il n'y en a pas... On ne songe à rien.

SCÈNE V.

LES MÊMES; MARIE, avec un pot de crème.

Mme PATRICE.

Arrivez donc, petite fille, arrivez donc! voilà M. Dickson qui s'impatiente.

MARIE.

Eh! quand M. Dickson attendrait, où est le mal? Vous êtes trop bonne avec lui, et si j'étais à votre place...

Mme PATRICE.

Eh bien?

MARIE.

Au lieu d'être à ses ordres, c'est lui qui serait aux vôtres.

DICKSON, la regardant avec plaisir.

Est-elle gentille!... Voilà celle qu'il me faudrait, pour mon bonheur... et si Jacques n'était pas mon ami...

(Il continue à déjeuner.)

Mme PATRICE, de l'autre côté, à Marie.

Pourquoi, je te le demande, as-tu été si longtemps?

MARIE.

C'est que monseigneur sortait du château... Il escortait

à cheval une calèche superbe, où étaient des ladies, avec de beaux chapeaux à plumes.

DICKSON.

Ces gens-là sont-ils heureux!... Aller en calèche, quand nous allons à pied !

MARIE.

Ah! dame... le comte de Saint-Ronan est un jeune seigneur qui s'en donne, et qui n'épargne rien.

AIR des Maris ont tort.

Dans le pays, le bonheur date
D'son arrivée, c'est constant.
Jacques, qui l'a vu sur un' frégate,
Assure qu'il est très-vaillant ;
D'autres dis'nt qu'il est d'un haut rang,
Que sa fortune est considérable...
Je l'ignore, et n'peux jurer de rien ;
Mais on prétend qu'il est aimable,
Et pour cela je le sais bien.

DICKSON.

Comment cela?

MARIE.

Il y a un mois, quand nos vaches s'étaient échappées dans le parc, où elles avaient tout dévasté, et que le régisseur les avait retenues pour avoir des dommages-intérêts...

DICKSON.

Quel abus de pouvoir!

MARIE.

J'ai été au château les redemander, c'est monseigneur qui me les a fait rendre... et cela avec tant de bonté...

DICKSON, se levant.

Elle n'en finit pas, avec ses récits.

MARIE.

Chaque fois que je rencontre milord, il me fait des saluts

gracieux ; et tout à l'heure encore, quand j'étais sur le pas de la porte, à les regarder passer, il m'a dit : « Bonjour, la petite Marie. Qu'est-ce que tu tiens là, mon enfant?... — C'est de la crème, monseigneur. — Est-elle bonne? — Certainement, c'est bon. — Tantôt, en revenant de la promenade, je viendrai en prendre chez toi. »

DICKSON.

Et qu'est-ce que vous avez répondu?

MARIE.

J'ai fait la révérence.

DICKSON.

Vous n'avez pas de cœur... Il ne vous aurait plus manqué que de lui donner sur-le-champ mon déjeuner.

MARIE.

Je n'y ai pas pensé... car, dans ce moment, le percepteur m'a abordée, pour me remettre ce papier, qui vous regarde, ainsi que ma tante.

Mme PATRICE.

Qu'est-ce que c'est?... Je m'en doutais : les impôts, et le loyer de l'année... et on va saisir nos meubles.

DICKSON.

Comment, ça n'est pas payé !

Mme PATRICE.

Et avec quoi?... Toutes nos épargnes y ont passé, lors de votre dernière maladie.

DICKSON.

Dites plutôt que vous n'avez pas d'ordre, d'économie... Si l'on croit que j'épouserai une femme comme ça...

Mme PATRICE.

Il renonce à ma main... Ah! que je suis malheureuse !

DICKSON.

Allons, la voilà qui pleure... Quand l'amour a cet âge-là, il n'y a pas moyen de lui faire entendre raison.

SCÈNE VI.

Les mêmes; JACQUES.

JACQUES.

Eh bien! qu'y a-t-il donc?... Des cris, des larmes... Je vois que vous savez la nouvelle... et je croyais être le premier à vous l'apprendre.

DICKSON.

Tu arrives à propos... Je ne sais où donner de la tête.

JACQUES.

Et pourquoi donc se désoler? J'en suis bien revenu... il en reviendra... Il n'y a pas des coups de fusil pour tout le monde.

DICKSON.

Qu'est-ce qu'il dit celui-là?... Est-ce qu'on va percevoir les loyers à coups de fusil? Il ne manquerait plus que cela.

JACQUES.

Qu'est-ce qui te parle de loyers?... Je te parle de la milice, où tu viens de tomber.

DICKSON, effrayé.

Hein! qu'est-ce que c'est?

Mme PATRICE et MARIE, de même.

Bonté de Dieu!

JACQUES.

Eh bien! ça vous reprend... Je vous croyais déjà résignées...

Mme PATRICE.

Dickson est tombé à la milice!

JACQUES.

A l'instant même... Le sergent recruteur a tiré pour lui... numéro quatre... rien que cela!

MARIE.

Lui qui se croyait exempté, comme adjoint du shérif!

Mme PATRICE.

Et comme maître d'école!

JACQUES.

Ça n'y fait rien... Les petits et les grands, les riches et les pauvres... il n'y a d'exception pour personne.

DICKSON.

Quelle horrible injustice!... Et qu'est-ce que je vais devenir?... Il faudra donc que je parte, que je vous quitte, ma pauvre madame Patrice... moi qui étais si heureux avec vous... qui me trouvais si bien ici.

Mme PATRICE.

Vous rendez donc enfin justice à mon attachement?

DICKSON.

Est-ce que j'en ai jamais douté? est-ce que je désirais autre chose que de vivre ici, de vous épouser, d'amasser une petite fortune pour vous, et une dot pour mademoiselle Marie?

JACQUES.

Il serait possible!

DICKSON.

Oui, mon ami... j'allais lui parler de tes projets de mariage.

MARIE, avec émotion.

Que dites-vous?... Quoi! monsieur Jacques...

JACQUES.

C'est une idée que j'avais depuis longtemps.

DICKSON.

Il me l'avait confiée... C'était arrangé entre nous... et nous pouvions faire si bon ménage! être si heureux tous les quatre!

MARIE.

Cet honnête monsieur Dickson!... Je ne m'en consolerai jamais.

DICKSON.

Ni moi non plus!... d'autant qu'il faut renoncer à tout cela... me voilà soldat.

Mme PATRICE.

Je partirai avec vous.

DICKSON.

Ce n'est pas la peine.

Mme PATRICE.

Je préviendrai le danger.

DICKSON.

Bonne madame Patrice! je vous promets de penser à vous, et de ne point m'exposer... ce n'est pas cela qui m'inquiète...

JACQUES.

Croyez-vous que je vous laisse dans la peine, quand je peux vous en retirer?

Mme PATRICE et MARIE.

Que dites-vous?

JACQUES.

Qu'il vous est plus utile que moi!... que je ne suis qu'un ouvrier, un artisan, qui gagne quatre ou cinq schellings par jour, quand il en gagne cinq ou six fois davantage.

AIR de l'Anonyme.

Oui, son appui vous s'ra plus nécessaire,
Rassurez-vous, je partirai pour lui.

Mme PATRICE.

Quoi! vous voulez...

JACQUES.

　　　　　Au servic' d'l'Angleterre,
Me fair' tuer à la plac' d'un ami;
　(A Dickson.)
J' te recommand' seulement mon vieux père,
Me v'là soldat, sois son fils, son soutien.

12.

MARIE.

Que dites-vous ?...

JACQUES.

C'est tout simple, ma chère,
J'fais son devoir, il faut qu'il fasse l'mien.

DICKSON, se jetant dans ses bras.

O amitié! voilà ton triomphe!...

MARIE.

Et moi, je ne le souffrirai pas.

JACQUES.

Si, mademoiselle Marie, il le faut pour notre bonheur à tous... Dans cinq ans je reviendrai... si vous voulez m'attendre jusque-là.

MARIE.

Oh! toujours! toute la vie!

JACQUES.

Lui, pendant ce temps-là, par son travail, par ses talents, aura fait fortune... et alors, nous partagerons en amis et en frères.

DICKSON, attendri, et avec chaleur.

Oui, sans doute : et si j'oubliais jamais ce que tu fais aujourd'hui pour moi... si tout ce que je posséderai un jour ne t'appartenait pas... je veux que vous disiez tous que Dickson n'est pas digne de...

JACQUES, l'interrompant.

Assez, assez... pas un mot de plus... Est-ce que je doute de toi? est-ce que je ne te connais pas?...

DICKSON, avec chaleur.

Non, vous ne me connaissez pas... et j'ai envers vous tous des torts que je veux avouer...

JACQUES, lui imposant silence.

C'est dit... tu as tes défauts... chacun a les siens... le meilleur est celui qui en a le moins. Ne parlons plus de ça, et occupons-nous de nos affaires.

Mme PATRICE.

Elles ne sont pas belles... voilà notre loyer qui est échu.

MARIE.

Voilà nos impôts qu'on nous demande.

DICKSON.

Des impôts! toujours des impôts!... A quoi ça sert-y?

JACQUES.

A payer des soldats!... et comme je vais l'être, je veux qu'on me paie.

DICKSON.

Toi, je ne dis pas non... mais les autres?

JACQUES.

Les autres, c'est de même... Si jamais tu es nommé shérif, est-ce que tu exerceras pour rien?... Soldats et magistrats veillent pour nous... travaillons pour eux... ils font leur ouvrage, faisons le nôtre, et tout ira bien... Dieu sauve le roi et le pays!

CHARLES, en dehors.

C'est bon! c'est bon!... je m'annoncerai moi-même.

MARIE, pendant la ritournelle.

Ah! mon Dieu! si j'osais... Laissez-moi, Jacques... laissez-moi avec lui.

Ensemble.

MARIE.

C'est monseigneur, ô sort prospère!
Mes amis, il se rend ici;
Éloignez-vous. Bientôt, j'espère,
Nous obtiendrons son noble appui.

JACQUES.

C'est un seigneur que l'on révère, etc.

DICKSON.

Dans la maison, que vient-il faire? etc.

(Dickson, Jacques et madame Patrice sont entrés dans l'appartement à gauche.)

SCÈNE VII.

MARIE, CHARLES, qui est entré par la porte à droite.

CHARLES.

Eh bien! Marie, tu vois que je suis de parole... mais je te dérange... tu n'étais pas seule?

MARIE.

Je causais avec M. Jacques, le charpentier.

CHARLES.

Un brave garçon que j'estime et que j'aime... un bon soldat que j'ai vu autrefois sauter gaiement à l'abordage et maintenant un excellent ouvrier... aussi, tant que je serai ici, celui-là ne manquera jamais d'ouvrage. Mais qu'as-tu donc?

MARIE.

Rien, monseigneur... c'est que nous avons eu tant d'événements depuis ce matin...

CHARLES.

Et lesquels?

MARIE.

De bien tristes, qui me donnent bien du chagrin.

CHARLES.

Puis-je y porter remède?

MARIE.

Peut-être, si vous le vouliez... car si j'osais... J'aurais un grand service à vous demander... mais quand vous aurez bu votre lait.

CHARLES.

Laisse-moi donc tranquille... je n'en veux plus... je n'ai plus soif. Un service à rendre à une jolie fille! c'est bien autrement agréable, car, tu ne sais pas, Marie, que tu es très-jolie.

MARIE, baissant les yeux.

Vous trouvez, monseigneur?

CHARLES.

Et il y a d'autant plus de mérite à moi, à ne pas te l'avoir dit, qu'il y a longtemps que je m'en suis aperçu... mais il ne s'agit pas de cela... il s'agit d'un service et, jolie ou laide, il faut obliger les gens les yeux fermés... je t'écoute.

MARIE.

Vous saurez donc que ce matin on a tiré à la milice, et que M. Dickson, un jeune homme qui loge ici, chez ma tante, est tombé au sort.

CHARLES.

Ah! Dickson... un imbécile et un ignorant.

MARIE.

C'est le maître d'école du village!

CHARLES.

Cela n'empêche pas... Un réformateur qui pérore toujours... cela lui apprendra à parler... il n'y a pas de mal.

MARIE.

Si vraiment... il y en a beaucoup, à cause de différentes choses, trop longues à vous expliquer, et qui font que ma tante et moi nous ne voudrions pas qu'il partît pour l'armée.

CHARLES, la regardant.

Je comprends.

MARIE.

Et si vous étiez assez bon pour nous avancer cinquante guinées, que Dickson, ma tante et moi, nous vous rendrons avec notre travail... on pourrait acheter pour lui un remplaçant.

CHARLES, la regardant.

Et M. Dickson resterait ici... Ce gaillard-là est bien heureux !... N'importe, je prête les cinquante guinées.

MARIE.

Ah ! que je vous remercie !

CHARLES.

A condition... que tantôt, tu viendras les chercher toi-même au château.

MARIE.

Avec ma tante.

CHARLES.

C'est une excellente femme, que j'aurai toujours grand plaisir à voir... mais elle a sans doute des occupations dont je serais désolé de la déranger.

MARIE.

J'irai avec M. Dickson pour qu'il vous remercie.

CHARLES.

Je ne tiens pas à ses remercîments... mais aux tiens... voyons, parlons franchement... Tu l'aimes donc bien, ton M. Dickson ?

MARIE.

Moi ! du tout.

CHARLES.

C'est charmant! Alors, il n'y a plus d'inconvénients, et il faut bien que son bonheur lui coûte quelque chose.

MARIE.

AIR du vaudeville du Baiser au Porteur.

Encore une fois, si je vous intéresse,
Daignez m'entendre...

CHARLES.

Tu viendras, mon enfant;
Mais pour croire à cette promesse,
Je veux des arrhes à l'instant.

MARIE.

Y pensez-vous, monseigneur?...

CHARLES.

Oui, vraiment...
Allons, ne sois pas trop sévère.
(A part, voyant entrer Dickson.)
C'est le futur... moi qui le croyais loin !
(Haut.)
Un seul baiser ; c'est sans danger, ma chère,
Tu le vois, c'est devant témoin.

(Il l'embrasse et sort.)

SCÈNE VIII.

MARIE, DICKSON.

DICKSON, qui est entré et qui a croisé les bras.

Les voilà donc, ces grands seigneurs !... quelle immoralité, quel oubli de tous les principes... Séduire la femme de mon ami !

MARIE.

Eh ! du tout, le mal n'est pas si grand que vous le faites... D'abord, il croyait que j'étais votre prétendue.

DICKSON.

Eh bien ! c'te raison... C'est-à-dire qu'avec moi, on peut tout se permettre... Encore si c'était madame Patrice ..

SCÈNE IX.

LES MÊMES ; Mme PATRICE, JACQUES, THOMAS, TRIM LES AUTRES ÉCOLIERS.

LE CHOEUR.

AIR du *Dieu et la Bayadère.*

Nous nous rendons à not' devoir ;
Car de la classe voici l'heure,

Et nous venons dans votr' demeure
Pour la leçon qu'on donn' ce soir.

Mme PATRICE.

Vous le voyez, ce sont vos écoliers qui arrivent pour la classe de sept heures.

DICKSON.

Qu'ils aillent au diable... Je suis bien en train de leur en remontrer !

Mme PATRICE.

Et puis, il y a là bas un inconnu qui demande monsieur le shérif?

DICKSON, avec humeur.

Il est absent, et ne revient que demain.

Mme PATRICE.

Il apporte pour lui cette lettre, qui est, dit-il, très-pressée...

DICKSON.

Qu'est-ce que ça me fait ?

Mme PATRICE.

Il ne veut pas s'en retourner sans la réponse.

DICKSON.

Comme il voudra... Est-ce que cela me regarde?

Mme PATRICE.

Oui, sans doute... Puisque, pendant ces deux jours d'absence, M. le shérif vous a chargé... comme étant à peu près le seul qui sût lire, d'ouvrir les lettres à son adresse.

DICKSON, prenant la lettre avec humeur, et tout en la décachetant.

Dieu! que l'instruction et les lumières sont souvent à charge... (Lisant tout bas et grommelant.) hum! hum! hum!... Ah! mon Dieu!

TOUS.

Qu'a-t-il donc?

DICKSON, se frottant les yeux.

Je crains de me tromper. (Il lit de nouveau.) Ah! mes amis!...

Madame Patrice... Donnez-moi une chaise, je sens que je vais me trouver mal.

JACQUES, courant à lui, pendant que madame Patrice approche une chaise derrière lui.

C'est ma foi vrai, il pâlit.

DICKSON.

Je le crois bien... Une nouvelle comme celle-là, qui vous arrive sans préparation... J'en ferai une maladie... de joie et de saisissement.

Mme PATRICE et MARIE.

C'est donc de bonnes nouvelles !

DICKSON.

De bonnes nouvelles... c'en est d'excellentes... d'étonnantes... d'étourdissantes !... Avez-vous là votre flacon ?

Mme PATRICE, le lui donnant.

Le voici.

DICKSON, respirant à peine.

Il me fallait ça... pour m'aider à faire passer le bonheur qui vient de me tomber là... comme une masse sur l'estomac... Dieu ! que ça fait mal !

JACQUES.

Eh ! allons donc, du courage... et sois homme une fois en ta vie !... Ça ne sait supporter ni la joie ni le chagrin... Il est là comme un imbécile...

DICKSON, fièrement.

Un imbécile !... Sais-tu à qui tu parles ?... Si je te disais... si tu savais... (A madame Patrice.) Tenez, lisez-lui seulement cette lettre.

Mme PATRICE, regardant la signature.

Le docteur Akton, pasteur à Édimbourg. Je ne connais pas.

JACQUES.

Ni moi non plus, mais c'est égal.

Mme PATRICE, lisant.

« Monsieur le shérif, j'ai à vous confier un grand et
« important secret, et je dois commencer avant tout par ré-
« clamer de vous une inviolable discrétion... »

JACQUES, l'interrompant.

Eh bien! et qu'est-ce que tu fais?... tu vas me raconter cela, à moi, à tout le monde...

DICKSON.

C'est vrai... mais c'est entre nous tous.

Mme PATRICE.

Et puisque nous avons commencé...

TOUS.

Elle a raison!

Mme PATRICE.

« Vous savez, comme tout le monde, que le feu comte
« de Saint-Ronan avait contracté à New-York un pre-
« mier mariage, qui lui donna un fils... Cet enfant, que sa
« mère ramenait en Angleterre, périt avec elle dans la tra-
« versée, et quelques années plus tard, le comte se remaria
« dans son pays, et eut un autre fils, lord Charles, votre
« seigneur actuel... Mais ce que personne ne sait, pas même
« lui : c'est que je viens de découvrir, à ne pouvoir en dou-
« ter, que son frère aîné a échappé au naufrage, et qu'il
« existe encore... C'est qu'ignorant lui-même son nom et sa
« naissance, recueilli et élevé par charité, il habite près
« de vous le bourg de Saint-Ronan. Je vous remettrai de-
« main moi-même tous les titres. »

MARIE, à Dickson.

Ah! mon Dieu! vous à qui on ne connaît ni père ni mère!...

DICKSON.

Est-ce heureux! je suis le seul du village.

Mme PATRICE.

Quelle aventure !

TRIM.

Quel bonheur !

JACQUES.

Mais attendez donc.

THOMAS.

Il n'y a pas à attendre. Vive notre nouveau seigneur !

TOUS.

Vive Dickson pour toujours !

LE CHŒUR.

AIR : Buvons à plein verre. (*Fra Diavolo.*)

Que dans le village
On lui rende hommage !
Répétons en chœur :
Viv' notr' bon seigneur !
Que cet homme habile
Soit heureux, tranquille !

JACQUES.

V'là donc le pays sans instituteur,
Nous aurons en r'vanche un surcroît d'seigneur.

LE CHŒUR.

Que dans le village, etc.

THOMAS, pendant la ritournelle.

Permettez que je sois le premier à vous offrir ce bouquet.

DICKSON.

Je l'accepte... (Voyant que Thomas a l'air d'attendre.) Il m'est impossible de vous donner pour boire... en argent, pour d'anciennes raisons... mais je vous le donnerai en nature.

Venez avec moi au château, où les caves sont bien garnies... et nous boirons tous à ma santé.

LE CHŒUR.
Que dans le village, etc.

ACTE DEUXIÈME

Un appartement du château. Au lever du rideau, on entend, à gauche, un chœur de buveurs.

SCÈNE PREMIÈRE.

JACQUES, MARIE.

LE CHŒUR, en dehors.
AIR des Deux Nuits.

Mes amis, qu'on est heureux d'être
Seigneur d'un domaine aussi beau!
Vive, vive notr' nouveau maître,
Et surtout vive son château!

(Jacques et Marie entrent par le fond.)

MARIE.

Quel bruit! quel tapage!... S'en donnent-ils!

JACQUES.

Quoi! depuis hier qu'ils y étaient, ça n'a pas cessé?

MARIE.

Non vraiment... Ils ont passé toute la nuit à boire avec leur nouveau seigneur... Et tenez, les voyez-vous d'ici, dans cette grande salle à manger... une cinquantaine qui sont encore à table.

JACQUES.

A table! vous êtes bien bonne; il y en a au moins la moitié dessous.

MARIE.

Et ce pauvre milord Charles, l'ancien seigneur, qu'est-ce qu'il a dit, quand vous êtes venu hier lui annoncer cette nouvelle ; il a dû être bien étonné ?

JACQUES.

Du tout. Il m'a répondu froidement : « Si ce qu'on m'annonce est vrai, je sais quel est mon devoir, je suis prêt à le remplir ; mais on me permettra du moins de m'informer par moi-même, et de savoir à quoi m'en tenir. » Il a sonné. Un domestique a paru. « Qu'on me selle un cheval ; j'irai à la ville, et ne reviendrai pas avant demain. »

MARIE.

Ce qui est aujourd'hui.

JACQUES.

Et pendant ce temps, Dickson s'est tout de suite installé ici ; ça me paraît un peu prompt, et c'est là-dessus que je voulais lui parler, mais je reviendrai.

MARIE.

Où allez-vous donc ?

JACQUES.

A mon ouvrage... Faut bien que je le fasse.

MARIE.

Quoi ! vous y pensez encore, quand Dickson est devenu grand seigneur... quand il va épouser ma tante... Est-ce que vous ne comptez pas sur son amitié ?

JACQUES.

Si vraiment.

MARIE.

Et vous ne voulez rien lui demander ?

JACQUES.

Si fait... Je lui demanderai de l'ouvrage, c'est ce qu'il y a de plus sûr.

AIR : Amis, voici la riante semaine. (*Le Carnaval.*)

Content d'gagner un honnête salaire,
J'vis plus heureux qu'un riche potentat,
Et l'charpentier, avec les grands d' la terre
Ne voudrait pas encor troquer d'état.
L'vulgair' souvent, qu'un vain luxe captive,
Croit l'grand seigneur ben au-d'ssus de l'ouvrier;
Mais d'la fortune, hélas! qu'un r'vers arrive,
L'un n'est plus rien, et l'autre est charpentier.

MARIE.

Du tout; il vous fera avoir quelque belle place, ça lui est si aisé!

JACQUES.

C'est possible, mais le difficile est de la remplir... Parce qu'on dirait à quelqu'un : je te nomme charpentier, ça ne suffit pas pour qu'il le soit; faut connaître la partie, faut savoir le métier... Pour celui-là, je le sais, et j'ose dire que j'y passe pour un homme de talent... Mais dans un autre, peut-être, je ne serais qu'une bête. Et Dickson lui-même, qui était un bon magister... il ne faut pas croire déjà qu'il entende si bien l'état de seigneur.

MARIE.

Ma tante dit qu'il s'en tire à merveille.

JACQUES.

Laissez donc! il est gauche, emprunté; et dans ces beaux salons, il a l'air d'un meuble de trop... J'ai vu hier les laquais qui se moquaient de lui, et si je ne m'étais retenu...

MARIE.

Soyez tranquille, ça viendra; le tout est de commencer.

JACQUES.

Joli commencement!... se griser avec ses vassaux... est-ce que c'est décent? est-ce que c'est convenable?... si c'était un ouvrier, je ne dis pas... ils ont des prérogatives, mais un milord, un seigneur, n'a plus cet avantage-là... ça

ne peut pas boire un coup de trop. Et quand je lui ai dit :
« Allons, en voilà assez, viens te coucher... » et qu'il m'a
allongé un coup de poing, je lui en ai rendu deux, qui l'ont
envoyé rouler sous la table. Ce n'est pas pour la chose,
parce qu'entre amis, ça se fait... mais c'est pour le respect
dû à la qualité... ce n'est pas comme ça qu'on se maintient...
Aussi, tantôt, dès qu'il sera seul, et à jeun, je lui dirai ce
que j'en pense.

MARIE.

Et si ça le fâchait?

JACQUES.

Qu'est-ce que cela me fait?... on est ami, ou on ne l'est
pas.

MARIE.

Justement... S'il allait moins vous aimer?

JACQUES.

Tant pis pour lui... Et pourvu que vous, mam'selle Marie,
vous ne changiez pas...

MARIE.

Jamais, je vous l'ai dit.

JACQUES.

Songez que madame Patrice, votre tante, va être comtesse, qu'elle sera milady.

MARIE.

Eh bien?

JACQUES.

Eh bien! ça me fait peur... Déjà ici, dans ce riche appartement, je ne suis pas à mon aise, comme autrefois... il me semble que je n'ose pas vous aimer.

MARIE.

Et pourquoi donc, monsieur Jacques? moi j'ose bien !

JACQUES.

Serait-il vrai?

MARIE.

Par ainsi, osez toujours.

JACQUES, l'embrassant.

Ah! que vous êtes bonne! (On entend en dehors le chœur qui reprend.) Allons, ce sont les autres. Adieu, mam'selle. C'est ennuyeux, les châteaux, on y est toujours dérangé.

(Il sort.)

SCÈNE II.

MARIE, DICKSON, TRIM, THOMAS, Gens du peuple.

LE CHŒUR.

Mes amis qu'on est heureux d'être, etc.

(Même chœur qu'au commencement.)

DICKSON, avec un habit brodé, et la culotte, le gilet et les bas qu'il avait au commencement.

Je me sens la tête encore un peu lourde... Ces diables de vins de France... C'est bien, mes amis, il est midi, vous pouvez vous retirer.

TRIM, s'appuyant sur son épaule.

Dis-moi, Dickson...

DICKSON, lui ôtant la main.

Qu'est-ce que c'est que ces façons-là?... Et puis il me semble que toi, à qui j'ai appris autrefois à parler, tu pourrais bien t'exprimer autrement.

TRIM.

Comment cela?

DICKSON.

Tu m'appellerais milord, ou tout uniment monseigneur, que ça ne ferait pas mal.

TRIM.

Je veux bien... Dis donc, milord, à quelle heure qu'on dîne?

13.

DICKSON.

Qu'est-ce qu'il dit encore?

TRIM.

Je demande à quelle heure nous reviendrons dîner?

DICKSON.

Eh bien! par exemple... Est-ce que tu te crois établi dans mon château?

TRIM.

Dame! je compte du moins sur une bonne place... ça m'est dû... j'ai des droits.

TOUS.

Moi aussi!

TRIM.

Je demande celle de sommelier!

UN AUTRE.

Moi, celle de majordome!

UN AUTRE.

Celle d'intendant!

UN AUTRE.

De palefrenier!

THOMAS.

Moi, celle de trésorier!

MARIE.

Et Jacques, monsieur Dickson, Jacques?

DICKSON.

Jacques... c'est juste... on verra... lui d'abord...

TOUS.

Il n'est pas là! et nous y sommes... Nous voilà!

DICKSON.

sont étonnants! il faut tous les placer... Et qu'est-ce que vous avez fait pour ça?

TRIM.

C'est moi qui, le premier, ai crié : vive monseigneur !

UN AUTRE.

Je l'ai crié plus fort que toi !

UN AUTRE.

C'est moi qui ai ouvert la grille du château !

UN AUTRE.

J'y suis entré avec lui le premier !

THOMAS.

Et moi, qui, depuis hier, n'ai fait que boire avec lui !

MARIE.

Et Jacques, qui est votre ami ?

TRIM.

Joliment... C'est lui qui, hier, vous a donné deux coups de poing.

THOMAS.

Et vous a roulé par terre.

MARIE.

Voilà qu'on le dénonce, à présent !

DICKSON, se frottant l'épaule.

Il est de fait que je crois me souvenir...

TRIM.

A telles enseignes, que c'est moi qui vous ai ramassé.

TOUS.

AIR du vaudeville de la Chaumière moscovite.

C'est moi. (*4 fois*)
De mon zèle
Qu'on se rappelle !
C'est moi, (*Bis.*)
Choisissez-moi,
Tout vous en fait la loi.

DICKSON.

Laissez-moi tranquille!... à présent que je suis sur mes jambes, ils veulent tous m'avoir relevé. Allez vous-en... (A Thomas.) Toi, à ta ferme... (A Trim.) Et toi, à la fabrique... à ma filature... car elle est à moi, maintenant.

TRIM.

Y retourner!... et pourquoi faire?

DICKSON.

C'te question!... Pour travailler.

TRIM.

Pas si bête!... Tu nous disais hier que nous étions trop bons enfants de travailler pour les autres, qu'il fallait ne rien faire, ou augmenter nos journées... c'est une idée ; et si je n'ai pas une bonne place, qui me permette de me reposer, je me ferai payer désormais, à la fabrique, autant de guinées que j'avais autrefois de schellings... sinon la filature ira toute seule.

UN AUTRE.

Il a raison.

TOUS.

J'en ferai autant.

DICKSON.

Sont-ils bêtes!... et qu'est-ce qui leur prend?

THOMAS.

Et quant à mes fermages... que je sois placé ou non, j'espère bien que tu n'iras pas, comme l'autre, me les demander tous les ans... Si je laboure tes champs, si je me donne du mal, il est juste que ça soit pour moi.

DICKSON.

Est-il possible de voir des intelligences plus dures!... Et moi, avec quoi vivrai-je?... où seront mes revenus?... Dans vos poches!

THOMAS.

Chacun à son tour, tu nous l'as dit cent fois.

DICKSON.

Ce n'est pas vrai.

THOMAS.

Hier encore...

DICKSON.

Je l'ai dit... je l'ai dit... On dit ça quand on n'est rien ; mais maintenant que je suis propriétaire... que je suis un milord...

TRIM.

Et pourquoi es-tu un milord?

DICKSON, avec impatience et s'échauffant.

Pourquoi?... pourquoi?... Allez le demander à tous ceux qui, comme moi... car, en vérité, ils ne savent rien de rien... ce n'est pas ma faute... c'est un malheur si vous voulez... un malheur de naissance... mais ça est comme ça ; et je suis bien bon de discuter avec des imbéciles qui ne peuvent pas me comprendre.

TOUS.

Des imbéciles!...

DICKSON.

Oui, je répète l'épithète... des imbéciles, qui ont été mes élèves, et qui sont mes vassaux.

AIR du *Mal du pays.*

Vous me donnez une leçon,
Oui, je le vois, j'étais trop bon.

LE CHOEUR, le menaçant.

Mes amis, suivons ses leçons,
Avec lui nous sommes trop bons !

DICKSON.

Plus de phrase suspecte,
Je veux qu'on me respecte ;
Qu'en tous lieux on s'écrie :
Vive sa seigneurie!

Et qu'on m'aime, ou sinon
Vous irez en prison.

LE CHOEUR.

Mes amis, suivons ses leçons, etc.

(Ils sortent tous en le menaçant.)

SCÈNE III.

MARIE, DICKSON, s'asseyant dans un fauteuil.

DICKSON.

Jacques avait raison... c'est un tort de s'encanailler, et d'être honnête avec tout le monde.

MARIE.

Vous voyez bien, si vous suiviez ses avis...

DICKSON.

C'est ce que je ferai... je ne dirai plus un mot à personne. (Prenant son chapeau qu'il enfonce sur sa tête.) Et quant à mon chapeau, je ne l'ôterai plus... que le soir pour me coucher, et puis pour mes égaux, les marquis et les barons qui, désormais, seront ma seule société. Comme ça, du moins, ça sera agréable d'être seigneur; car, jusqu'à présent...

MARIE.

Et le dîner que vous avez fait?

DICKSON.

Tu as raison... et si ce n'était cette indigestion que j'ai eue, faute d'habitude, j'aimerais assez cela... Mais on ne peut pas toujours boire et manger; et il faut croire que les seigneurs ont d'autres plaisirs que ceux-là. Dis-moi, Marie, qu'est-ce que je m'en vais faire?

MARIE.

Demandez à Jacques, qui est de bon conseil, et qui, de plus, est votre ami véritable.

DICKSON.

Ça, je le sais.

MARIE.

Aussi, faut faire quelque chose pour lui... ça dépend de vous... vous êtes le maître.

DICKSON.

C'est vrai.

MARIE.

Tout ce qui est ici, dans vos domaines, tout ça vous appartient... vous pouvez en disposer.

DICKSON, réfléchissant.

Elle a, ma foi, raison!... Bêtes et gens, tout ça est à moi... et les vassaux et les vassales donc!... Je n'y pensais pas, et tous les seigneurs y pensent. Sans cela, ils seraient comme moi, ils ne sauraient comment passer leur temps... avec ça, que je suis connu sur l'article... j'ai toujours aimé la beauté, de quelque rang qu'elle puisse être, et à coup sûr... (Regardant Marie.) il n'y en a pas, dans mes domaines, qui soit plus...

MARIE, de loin, et timidement.

Eh bien! monsieur Dickson, songez-vous à ce que je vous ai dit?

DICKSON.

Certainement, je m'en occupe... (A part.) parce que les plus jolies doivent être pour le seigneur, c'est de droit; et je suis bien sûr que maintenant que je suis un milord, Marie elle-même... (Haut.) Écoute donc ici, que je te parle.

MARIE, venant tout près de lui.

Me voilà.

DICKSON.

Est-elle gentille!... Je vous demande si elle n'a pas une tournure et une figure de milady... C'est là exactement ce qu'il me faut... Dieu! madame Patrice!

SCÈNE IV.

Les mêmes ; Mme PATRICE.

Mme PATRICE, avec un gros trousseau de clefs à la ceinture.

Marie! Marie!... Mais allez donc, petite fille; on vous demande de tous les côtés, et je ne peux pas être partout. J'ai déjà eu assez de mal à arranger ma lingerie.

DICKSON, à part.

Sa lingerie!...

MARIE.

J'y vais, ma tante. (Bas à Dickson.) N'oubliez pas ce que vous alliez me dire.

DICKSON.

Soyez tranquille.

Mme PATRICE.

Ah! dam'! on a un peu plus de peine ici que dans notre ancienne maison... mais c'est égal; je ne m'en plains pas, et je veux, mon cher Dickson, que notre château soit toujours si bien tenu... J'ai déjà tout visité, du haut en bas. Ah! que c'est beau! mon Dieu, que c'est beau!... Partout de l'or et de la soie... Je me suis assise sur tous les fauteuils et les canapés.

DICKSON.

Eh bien! par exemple!...

Mme PATRICE.

AIR du vaudeville de *Catinat à Saint-Gratien*.

Ce sont des étoffes vraiment,
Qui valent plus d'un' guinée l'aune;
J' viens d'en voir de tendues en blanc,
D'autr' s'en cramoisi, d'autr's en jaune...
Des chambr's à coucher y en a!
Laquelle faut-il que je prenne?...

DICKSON, à part.

Mon Dieu! tout's celles qu'ell' voudra,
Pourvu que ce n'soit pas la mienne.

Mme PATRICE.

Et puis une autre découverte que j'ai faite...

DICKSON.

Est-elle bavarde!

Mme PATRICE.

En ouvrant une porte du rez-de-chaussée, je me suis trouvée dans une chapelle... celle du château... tout ce qu'il y a de plus riche et de plus élégant... et j'ai soupiré, parce que je me suis dit : C'est là que moi et mon cher Dickson nous allons être unis... et déjà, dans ma tête, j'ai réglé l'ordre de la cérémonie. J'ai bien pensé à nos voisines; mais elles sont toutes si communes, qu'en vérité, je ne sais pas si nous devons les inviter... Qu'en dites-vous?

DICKSON.

Je dis, madame Patrice, que vous pensez très-juste, et que, dans la nouvelle position où je suis, je ne peux pas être comme autrefois.

Mme PATRICE.

N'est-ce pas?

DICKSON.

On a des amis, on les aime... ça n'empêche pas...

Mme PATRICE.

Certainement.

DICKSON.

Mais il faut qu'ils se fassent une raison, qu'ils se disent : Dickson est un grand seigneur, il se doit à lui-même, et à son rang, des sacrifices qui lui coûtent plus qu'à tout autre.

Mme PATRICE.

Ça, j'en suis sûre; car vous avez si bon cœur!... Mais quand il le faut, il n'y a rien à répondre.

DICKSON.

Voilà!... Aussi, ça me fait plaisir de voir que vous le preniez ainsi... J'avais peur, ma chère madame Patrice, que ça ne vous fît plus de peine.

Mme PATRICE.

Eh! quoi donc?

DICKSON.

La nécessité où me met ma nouvelle fortune de ne plus songer à nos anciennes idées.

Mme PATRICE.

Qu'est-ce que vous m'apprenez là?... Vous, monsieur Dickson, vous pourriez?...

DICKSON.

Ce n'est pas moi... c'est mon rang, c'est ce coquin de rang qui est cause de tout... Sans cela vous savez bien que j'étais tout résigné... je vous le disais encore hier... je le disais à Jacques.

Mme PATRICE.

Et vous pourriez manquer à vos promesses!... moi qui vous aimais tant!... Car je ne tiens pas à vos richesses... je ne tiens pas à être dame de château; mais je tiens à être madame Dickson.

DICKSON.

Certainement, si ça se pouvait, ce serait avec plaisir... Quand je dis avec plaisir, ça serait avec reconnaissance, avec affection...

AIR du vaudeville du *Premier Prix*.

Que l'espoir rentre dans votre âme,
Pour adoucir votre douleur,
Vous aurez un mari, madame,
Car je le veux, je suis seigneur.
Oui, je prétends, sans qu'on raisonne,
Qu'on vous épouse, c'est ma loi...

Et mes vassaux, quand je l'ordonne,
Doivent se dévouer pour moi.

Mme PATRICE, avec colère, le prenant par le bras.

J'ai votre parole... vous la tiendrez, ou nous verrons

DICKSON.

Madame Patrice! madame Patrice!...

« C'est Vénus tout entière à sa proie attachée... »

SCÈNE V.

Les mêmes; JACQUES.

Mme PATRICE, courant à lui.

Ah! monsieur Jacques! ah! mon ami, venez à mon aide! voilà ce traître, ce perfide, cet infidèle...

DICKSON.

Pas d'épithètes passionnées, je vous en prie.

Mme PATRICE.

Eh bien! ce scélérat...

DICKSON, froidement.

A la bonne heure!

Mme PATRICE, sanglotant.

Qui méconnaît tous ses serments, qui est sourd à la voix de l'amour et de l'honneur... il refuse de m'épouser.

JACQUES.

Laissez donc... ce n'est pas possible.

Mme PATRICE, se cachant dans son mouchoir.

Ce n'est que trop vrai!

JACQUES, s'approchant de Dickson.

Comment, tu te tais? J'espère pourtant bien qu'elle ne sait ce qu'elle dit.

Mme PATRICE, lui prenant la main.

Bon monsieur Jacques!

JACQUES.

Eh bien! Dickson, tu ne réponds pas?

DICKSON, gravement.

Quelques affaires qu'il y ait entre moi et madame Patrice, cela ne regarde que nous... cela ne te regarde pas.

JACQUES.

Si, morbleu!

AIR du vaudeville de *l'Homme vert.*

Avec mépris, avec colère,
On parle du nouveau seigneur,
Et ça doit m'regarder, j'espère,
Puisqu'il s'agit de ton honneur.
Veux-tu qu'chacun dise à voix haute,
En s'rapp'lant ton premier état :
S'il est seigneur, c'n'est pas d'sa faute;
Mais c'est d'la sienn's'il est ingrat.

Oui, v'là c' qu'ils disent, et qu'est-ce que je pourrai leur répondre?

DICKSON.

Tu leur répondras qu'ils aient à se mêler de leurs affaires; et je te conseille de faire comme eux.

JACQUES.

Qu'est-ce que ça veut dire?

DICKSON.

Ça veut dire que je ne suis pas déjà si content de toi... que je me rappelle confusément, il est vrai, ce qui s'est passé hier soir, et si tu appelles cela me défendre... de lever la main sur ton seigneur...

JACQUES.

C'était pour ton bien, pour ton intérêt... et tu n'es pas digne d'avoir un ami... si tu n'as pas été sensible à l'intention.

DICKSON.

Je n'ai été sensible qu'au coup de poing, et je te prie de ne pas recommencer, sinon je te montrerai que je suis le maître... et c'est parce que je suis le maître, que je n'épouserai pas madame Patrice.

Mme PATRICE, avec désespoir.

Vous l'entendez !

DICKSON.

Voilà ce que c'est que de m'obstiner; et pour mieux lui apprendre, j'en épouserai une autre, qui me convenait mieux, et qui ne lui convient pas.

JACQUES.

Et laquelle ?

DICKSON.

La petite Marie.

Mme PATRICE.

Ma nièce ?

JACQUES, le menaçant.

Il serait possible !... (Se modérant.) Écoute, Dickson, ne nous fâchons pas, et parlons raison... j'ai mal entendu, ou la colère t'aveugle. Ce n'est pas là ton intention ?

AIR : Connaissez mieux le grand Eugène. (*Les Amants sans amour.*)

A ce propos-là je n'ajoute
Aucune foi... j'attends tout de ton cœur.
Tu n'as pas oublié, sans doute,
Et tes serments et nos projets d'bonheur.
Nous nous jurions une amitié constante,
Et nous devions, c'étaient là tes discours,
Fair' quatre heureux...

DICKSON.

Eh bien ! épous' la tante,
Et l' compte y sera toujours.

JACQUES, indigné.

Et tu oses me faire une proposition pareille !

DICKSON.

Et pourquoi pas? tu me la faisais bien... Il est bon enfant, il m'engageait à l'épouser, et lui, il ne le veut pas... Voilà de ces donneurs d'avis, de ces gens qui conseillent aux autres ce qu'ils ne feraient pas eux-mêmes... Tu te dis mon ami, tu n'es qu'un égoïste.

JACQUES.

Moi!

DICKSON.

Oui, un égoïste, envers moi, et envers Marie; car si tu l'aimais pour elle-même, tu serais le premier à te réjouir de la fortune qui lui arrive. Tu dirais : il vaut mieux qu'elle soit la femme d'un milord que celle d'un charpentier... Et ni toi, ni sa tante, n'avez le droit de vous opposer à son bonheur.

JACQUES.

Son bonheur!... Tu as raison, et si elle le trouve ainsi, si elle pense comme toi, je n'ai rien à dire... Propose-lui ta main, si elle accepte, je ne crois plus à rien au monde, je me retire... mais si, comme je l'espère, elle te refuse, ne t'avise plus d'y penser jamais, et de jeter les yeux sur elle... ou sinon...

DICKSON, avec hauteur.

Qu'est-ce que c'est?

JACQUES.

Tiens, la voilà.

SCÈNE VI.

Les mêmes; MARIE.

MARIE, accourant.

Monsieur Jacques! monsieur Jacques!... Eh! mais, qu'avez-vous donc?

JACQUES.

Rien...

MARIE.

C'est singulier, ils ont tous un air... Je venais vous dire que monsieur le shériff et le docteur Akton viennent d'arriver avec un étranger.

DICKSON.

Je sais ce que c'est... je les attendais.

MARIE.

Ils ont aussi avec eux lord Charles, l'ancien seigneur, et puis des constables, des gens de justice !

DICKSON.

C'est pour m'installer officiellement dans le château.

JACQUES.

Il est donc vrai !... nous devons les remercier pour le nouveau seigneur qu'ils nous ont donné.

MARIE.

Qu'est-ce donc ?

JACQUES.

Rien... C'est monseigneur, c'est milord qui voulait vous parler.

DICKSON.

Plus tard... Il faut d'abord que j'aille recevoir... et puis après, si tout le monde ici ne fait pas mes volontés, je vous prouverai bien que je suis le seigneur.

JACQUES.

Et moi, prends-y garde ; je rapprocherai les distances.

MARIE.

Jacques, y pensez-vous ?

JACQUES, furieux.

Oui, vouloir vous enlever...

Mme PATRICE.

Vouloir t'épouser...

MARIE.

Moi! Jamais!

JACQUES, à Dickson.

Tu l'entends!... et si tu y penses encore, tu ne mourras que de ma main.

DICKSON.

C'est ce que nous verrons... Et si elle pouvait balancer entre moi et un misérable ouvrier...

JACQUES.

Insolent!

(Il lui donne un soufflet.)

DICKSON.

Le second depuis hier... A moi! mes gens, mes laquais!... Tu es bien heureux qu'on m'attende... mais je reviens avec le constable.

(Il sort.)

SCÈNE VII.

Les mêmes, excepté Dickson.

MARIE, arrêtant Jacques.

Jacques, calmez-vous.

JACQUES, voulant le suivre.

Non, il faut décidément que j'aille l'assommer; il faut que je tue un seigneur, ça me fera plaisir.

MARIE, le retenant toujours.

Plus tard, je ne dis pas... mais dans ce moment, c'est impossible... car notre ancien maître, lord Charles, veut vous parler... à vous, en particulier.

JACQUES.

A moi?

MARIE.

Il me l'a dit, du moins... Et tenez, le voici!

JACQUES.

Quel brave homme !

MARIE.

Quel digne seigneur !

JACQUES.

C'est celui-là, qui aurait mérité de l'être toujours.

MARIE.

Il était si aimable !

Mme PATRICE.

Il faisait tant de bien dans le pays !

SCÈNE VIII.

Les mêmes; CHARLES, qui est entré en rêvant.

CHARLES, levant les yeux, et les apercevant.

Ah! c'est vous, mes amis.

MARIE.

Oui, monseigneur... et qui sommes bien tristes.

JACQUES.

Bien affligés de perdre un si bon maître.

CHARLES.

Le mal n'est peut-être pas aussi grand que vous croyez, et c'est à ce sujet-là qu'il faut que je cause avec Jacques... Laissez-moi, mes amis, laissez-moi, de grâce... Nous nous reverrons encore avant mon départ.

(Marie et madame Patrice sortent.)

SCÈNE IX.

JACQUES, CHARLES.

CHARLES.

Approchez, Jacques, et écoutez-moi. Je viens de voir le docteur Akton... un brave et honnête pasteur, qui mérite toute confiance; et il vient de m'apprendre quelques circonstances dont il faut que vous soyez instruit.

JACQUES.

Moi, monseigneur?

CHARLES.

Il paraît, comme vous me l'aviez dit ce matin, que le fils aîné du comte de Saint-Ronan a réellement échappé au naufrage.

JACQUES.

C'est donc bien vrai?... Et c'est ce faquin de Dickson...

CHARLES.

Un matelot de l'équipage l'avait sauvé, ainsi que plusieurs effets précieux appartenant à la comtesse : de l'or, des bijoux, des papiers, *et cætera*.

JACQUES.

Voyez-vous ça!

CHARLES.

Ces effets, il se les était appropriés.

JACQUES.

C'était donc un coquin?

CHARLES.

Oui, jusqu'au jour de sa mort... où il a fait appeler un pasteur d'Édimbourg, le docteur Akton... Il lui a tout avoué lui a remis ces papiers...

JACQUES.

Ce que c'est que la conscience!

CHARLES.

Et a déclaré de plus, que l'enfant qu'il avait sauvé, avait été donné par lui, comme un enfant abandonné... à un pauvre diable de charpentier, qui l'avait emmené, qui l'avait élevé comme son fils, et qui depuis plus de vingt-cinq ans était établi dans le bourg de Saint-Ronan.

JACQUES, étonné.

Un charpentier!... Il n'y en a qu'un ici.

CHARLES.

Péters Attrik.

JACQUES.

Mon père!

CHARLES.

Non, il ne l'est point... Tiens, lis.

JACQUES.

C'est tout au plus... si je peux lire. (Regardant les papiers.) Est-il possible... moi, monseigneur!... moi, le fils aîné du comte de Saint-Ronan!... (Avec joie, et mettant la main sur son cœur, puis à sa tête.) Ah! mon Dieu!... qu'est-ce que j'éprouve là?... c'est comme des vertiges qui me montent... qui me montent... (Se reprenant, et avec sang-froid.) Allons, allons, Jacques; qu'est-ce que c'est que d'être ainsi!

CHARLES.

Eh bien! qu'en dis-tu?

JACQUES.

Je dis... que quand tout cela serait vrai, l'héritage est en bonnes mains... qu'il y reste.

CHARLES.

Y penses-tu?... Moi, usurper un rang, un titre...

JACQUES.

Qui vous parle d'usurper! S'il est vrai que ce soit à moi, ce que je ne sais pas encore... je vous le donne. (Charles fait un geste de refus.) ça s'ra comme ça! car si vous êtes assez généreux pour refuser, moi je ne suis pas assez bête pour accepter! Si je devenais duc et pair d'Angleterre, j'ai des amis, gens du peuple comme moi, dont il faudrait rougir; j'ai une maîtresse que je vais épouser, et à laquelle il faudrait renoncer. Je me verrais comme Dickson, tout à l'heure, le mépris de vos égaux, le jouet de mes laquais, qui diraient, en me montrant du doigt : « Regardez donc, dans ce fauteuil doré, ce milord qui ne sait pas lire! » Tandis que Jacques le charpentier est estimé comme le meilleur ouvrier du pays... Et voyez-vous, milord, c'est peut-être un tort; mais moi, je suis fier, et je tiens, avant tout, à la considération.

CHARLES.

Et tu renonces à un pareil titre?

JACQUES.

Ce n'est pas un titre qui la donne... Il y a des grands seigneurs qu'on méprise, il y en a qu'on respecte, et vous êtes de ceux-là... non pas que je croie votre état plus difficile qu'un autre; mais encore, il faut y être fait, il faut l'apprendre de naissance, et surtout ne pas faire honte à sa famille... C'est pour cela que je me retire, que je m'efface... Si je suis l'aîné par la naissance, vous l'êtes par le mérite, par l'éducation... Notre nom appartient à celui qui saura mieux le porter... et à ce titre, ce n'est pas moi qui en suis digne... c'est vous, milord.

CHARLES.

Milord!... dis plutôt : mon ami, mon frère.

JACQUES.

Je le dis, si vous acceptez.

CHARLES.

Soit, si nous partageons.

JACQUES.

Point de partage... Vous avez votre rang à soutenir, et

j'entends que notre maison brille par-dessus toutes les autres.

CHARLES.

Comment, Jacques... comment, mon frère, je ne ferai rien pour toi ?

JACQUES.

Je ne dis pas cela, et je ne me gênerai pas pour vous demander... Vous avez cinq fermes qui entourent le domaine... Vous me donnerez celle de Lauderdale.

CHARLES.

Que cela ?

JACQUES.

C'est la plus jolie... et puis, c'est la plus près du château... je m'y établirai... j'y vivrai le plus heureux des hommes, avec mademoiselle Marie, que j'épouse dès demain... et qui ne connaîtra jamais notre secret... parce que les femmes... ça vous a souvent des idées d'ambition, qui font que... Je la rendrai heureuse malgré elle, en ne lui disant rien... Quant à vous, frère... de temps en temps, en vous promenant, en allant à la chasse... vous vous arrêterez à la ferme .. vous viendrez, sans qu'il y paraisse, voir votre belle-sœur, et embrasser incognito vos neveux et vos nièces... car je vous en ferai... beaucoup... je l'espère... Maintenant surtout que me voilà riche. (Voyant Charles qui fait un geste.) Soyez tranquille, ce n'est pas tout... j'ai encore à vous demander...

CHARLES.

A la bonne heure... Et c'est...

JACQUES.

C'est de me permettre, quand je le voudrai, de venir ici au château... vous voir et vous embrasser.. On n'en saura rien, on ne me verra pas... Je viendrai par cette porte secrète, ce petit escalier dérobé que je vous ai fait l'année dernière, et qui conduit à votre cabinet.

CHARLES.

Ah! toujours! toute la vie!

JACQUES.

Ça me fera plaisir.

AIR d'Aristippe.

Peut-être aussi ça vous s'ra nécessaire;
Sur bien des chos's j' pourrai vous éclairer;
J' vous indiqu'rai le bien que l'on peut faire,
   Et le mal qu'on peut réparer.
Vous autres, seigneurs, vous êtes peut-être
   Trop loin pour voir les malheureux.
J'en s'rai plus près, j' dois les connaître,
   Hier encor j'étais comme eux.

CHARLES, se jetant dans ses bras.

Ah! mon frère!

JACQUES.

Oui, oui, mon frère, je le dis maintenant... car je vo que vous cédez... que vous consentez.

CHARLES.

Si tu le veux, si tu m'assures que c'est bien ton bonheur. Mais au moindre regret, souviens-toi que tu es toujours le maître.

JACQUES.

Soyez tranquille.

(Il prend les papiers qu'il déchire.)

CHARLES, voulant l'arrêter.

Que fais-tu?

JACQUES.

J'ôte à moi et à mes enfants l'envie et les moyens de faire une sottise... Vous savez que je suis votre frère... ça suffit... Il n'est pas besoin que d'autres le sachent.

CHARLES, le serrant dans ses bras.

Jacques, c'en est trop!

JACQUES, ému.

Allons donc, pas d'enfantillage, et ne m'embrassez pas ainsi... Frère, frère, je t'en prie... (S'arrachant de ses bras.) On vient, milord, prenez garde.

(Il reprend son chapeau à la main, et reste dans une attitude respectueuse.)

SCÈNE X.

Les mêmes; Mme PATRICE, MARIE, DICKSON, LE CONSTABLE, Gardes-chasse, Paysans.

Mme PATRICE.

Ah! mon Dieu! quel malheur! voilà le constable et les gens de justice qui ont saisi M. Dickson, et qui l'emmènent, pour lui apprendre, disent-ils, à s'emparer d'une propriété qui ne lui appartient pas, et à signer un nom qui n'est pas le sien.

CHARLES.

Vraiment?

Mme PATRICE.

Et ils disent tous qu'il va être pendu!

DICKSON.

Pendu!

Mme PATRICE.

Grâce, monseigneur!

MARIE, à Charles.

Il n'a plus d'espoir qu'en vous... c'est de vous que dépend son sort.

CHARLES, souriant.

De moi!... Pas tout à fait. Eh bien! Jacques, qu'est-ce que tu en penses? qu'est-ce que nous ferons?

JACQUES.

Si j'étais de vous, monseigneur, j'oublierais ses extravagances, et je lui ferais grâce.

CHARLES, à Dickson.

Puisque c'est l'avis de Jacques, sois libre !

TOUS.

Est-il possible !

CHARLES, se retournant vers l'officier.

Monsieur le constable, je retire ma plainte, et ne donnerai pas de suite à cette affaire.

DICKSON.

Quoi ! mon ami Jacques, c'est à tes instances que je dois la liberté, et peut-être plus encore... car il paraît que réellement ça pouvait finir par... (Faisant le geste d'être pendu.) par un grand mal de gorge.

JACQUES.

C'est possible... Tu vois qu'il y a quelque inconvénient à être grand seigneur, même pour un jour.

DICKSON.

Aussi, je suis dégoûté de l'état... (Montrant les paysans.) depuis surtout que j'ai vu l'ingratitude des hommes... il y a de quoi vous rendre misanthrope ; et si je pouvais seulement redevenir maître d'école comme devant...

CHARLES.

Qui t'en empêche ?

Mme PATRICE.

La milice... Maintenant qu'il n'est plus seigneur, il retombe soldat ; et à moins que monseigneur dans sa bonté...

MARIE, le priant.

Ah ! oui, monseigneur...

CHARLES.

Jacques, qu'est-ce que tu en dis ?

JACQUES.

Il ne faut pas s'en rapporter à moi, milord ; car j'ai été son ami... Il m'a offensé... et si j'étais le maître de me venger, je le ferais exempter... je paierais ses dettes, à lui et à Mme Patrice...

Mme PATRICE, lui faisant signe de se taire.

C'est trop, Jacques, c'est trop...

CHARLES.

Non pas... Jacques est de bon conseil ; je suivrai le sien.

DICKSON.

Qu'entends-je !

CHARLES.

Et, pour l'en remercier, je veux qu'il épouse Marie avec la dot qu'il sait bien.

MARIE.

Est-il possible !... Qu'est-ce donc ?

JACQUES.

Rien. La ferme de Lauderdale que monseigneur nous donne.

Mme PATRICE.

Une ferme comme celle-là !

CHARLES, à Marie.

Et de plus, j'entends me charger de la noce, ainsi que des présents et de la toilette de la mariée.

JACQUES, bas à Charles d'un air de reproche.

La noce... les présents... ce n'en était pas.

DICKSON.

Ah ! monsieur Jacques ! ah ! madame Patrice ! mademoiselle Marie ! je suis bien coupable ; mais si vous saviez ce que c'est que l'ivresse du pouvoir !... ça vous monte... ça vous monte au cerveau comme une bouteille de vin de Champagne... Alors, la tête vous tourne, les yeux se troublent... on ne reconnaît plus personne... pas même ses amis... jusqu'au moment où on se dégrise !... Alors, on reconnaît tout le monde, on se retrouve soi-même, avec les bêtises qu'on a aites!... Aussi, c'est fini, je renonce aux idées ambitieuses qui m'ont perdu, et qui m'ont rendu coupable... je me les reprocherai toujours, et je m'en punirai. Madame Patrice, je vous épouse, si vous voulez encore de moi.

Mme PATRICE.

Eh! oui, sans doute.

JACQUES.

Elle est trop bonne, et tu ne peux t'acquitter envers elle qu'en faisant son bonheur.

DICKSON.

J'y tâcherai.

JACQUES.

Et désormais, Dickson, de l'indulgence pour tout le monde... même pour les princes et les grands de la terre... et disons-nous, que souvent, si nous étions à leur place, nous ne ferions pas mieux qu'eux.

LE CHOEUR.

AIR : Le plaisir nous convie. (*Le Comte Ory*.)

Puisqu'un destin prospère
Vient d'mettr' Jacques en faveur,
Près d'un maître qu'on révère,
Il s'ra notr' protecteur.

JACQUES, au public.

AIR de la *Sentinelle* (BLANCHARD.)

Lorsqu'en faveur d'un frère vertueux
De ma fortune je dispose,
Pour être tout à fait heureux,
Il ne me faut plus qu'une chose.
Je veux en joyeux visiteurs
Que ma petite ferme abonde;
Car si, dédaignant les honneurs,

Messieurs, je renonce aux grandeurs,
Je ne renonce pas au monde.

LE CHŒUR.

Puisqu'un destin prospère, etc.

LE
SUISSE DE L'HOTEL

ANECDOTE DE 1816

VAUDEVILLE EN UN ACTE

EN SOCIÉTÉ AVEC M. DE ROUGEMONT

Théatre du Gymnase. — 14 Novembre 1831.

PERSONNAGES.	ACTEURS.
LE MARQUIS DE MONTLUÇON	MM. Léon Monval.
BLANGY	Bercour.
SIMON, suisse de l'Hôtel	Gontier.
CHARLOT	Bordier.
M. DURMONT, notaire.	Brienne.
LOUISE, } filles du marquis	{ Mmes Élisa Forgeot.
EUGÉNIE,	Habeneck.

Amis et Parents. — Dames. — Domestiques.

A Paris, dans l'hôtel du marquis de Montluçon.

LE
SUISSE DE L'HOTEL

ANECDOTE DE 1816.

Un salon de l'hôtel Montluçon. Porte au fond; portes latérales; une psyché auprès de la porte de l'appartement à droite de l'acteur.

SCÈNE PREMIÈRE.

CHARLOT.

(Il s'occupe à regarder les apprêts de la noce dans la salle à droite.)

Dieu! qu'il sera beau le dîner des fiançailles de Mlle de Montluçon!... Quelle ribambelle de marmitons! ça n'en finit plus... Allons, à présent c'est le tour de la pâtisserie... v'là les biscuits, les meringues qui filent ... et les babas qui ferment la marche. Ça fait plaisir à voir; ça m'ouvre l'appétit... C'est-y chagrinant, pour nous autres hommes de peine, de voir passer comme ça sous notre nez des perdreaux rôtis, des chapons, des poulardes truffées... Dieu! que c'est heureux les gens riches!...

SCÈNE II.

CHARLOT, SIMON.

SIMON, entrant par le fond.

Eh bien ! qu'est-ce que tu fais là, grand paresseux ?

CHARLOT.

Paresseux !... parce qu'on se repose... Vous êtes aussi injuste que les maîtres.

SIMON.

Va sur-le-champ savoir si la corbeille de mariage commandée par M. le comte de Saint-Vallier est terminée... Eh bien ! est-ce que tu ne m'entends pas ?

CHARLOT.

Si fait, monsieur Simon... Mais c'est que je regardais la sœur de notre mariée... Mlle Eugénie... qui vient de ce côté.

SIMON.

Allons, va-t'en... et reviens promptement.

(Charlot sort.)

SCÈNE III.

EUGÉNIE, SIMON.

SIMON, à part.

Quel ange que celle-là ! quel trésor de bonté, de douceur ! Si tous les grands seigneurs qui habitent le premier étage étaient comme elle... on ne serait pas si souvent humilié d'être au rez-de-chaussée. (Eugénie s'avance sans le voir, et s'assied près de la psyché. — Simon la salue.) Tiens ! je l'ai saluée, et elle ne me répond pas... Il y a de l'extraordinaire... car elle n'est pas fière, celle-là !... elle n'est pas comme sa sœur. (Eugénie se cache la tête dans son mouchoir, et se met à pleurer.) Est-il possible ! elle a du chagrin...

EUGÉNIE, se levant brusquement.

Hein!... qui vient là?... Ah! c'est vous, Simon?

SIMON.

Pardon, mademoiselle... vous voir pleurer me fait tant de mal...

EUGÉNIE, se hâtant d'essuyer ses yeux.

Moi! je ne pleure pas.

SIMON.

Comme vous voudrez, mam'selle!... Mais avec moi, avec le pauvre Simon, qui vous est tout dévoué... il ne faut pas vous gêner.

EUGÉNIE.

Ah! tu as raison! Oui, Simon, oui, j'ai du chagrin... je vais quitter cet hôtel.

SIMON.

Nous quitter! Vous allez faire comme Mlle Louise, votre sœur... vous allez vous marier aussi!

EUGÉNIE.

Ah! mon pauvre Simon!

SIMON.

Puisse celui qui vous épouse vous rendre aussi heureuse que vous le méritez... S'il savait, comme moi, tout ce que vous valez... Oui, mademoiselle, quand on se marie, on va prendre des informations dans le grand monde, dans les salons... (Désignant sa loge.) c'est par là qu'il faudrait aller.

AIR du vaudeville de la Somnambule.

L'amoureux d'une jeun' demoiselle
Avec qui l'hymen va l'engager,
Quand il veut savoir ce qu'on pens' d'elle,
Doit s' borner à nous interroger.
De tout l'hôtel notre loge est le centre:
D' la vérité dont son cœur a besoin

C'est là l' séjour... c'est là qu'elle entre,
Et souvent ell' n' va pas plus loin.

EUGÉNIE, *cherchant à cacher ses pleurs.*

Simon, je ne me marie pas... et pourtant je vais vous quitter.

SIMON.

Et comment cela?

EUGÉNIE.

A quoi bon te le cacher?... tu le sauras bientôt comme tout le monde... et puis, ici... de tout l'hôtel... tu es la seule personne devant qui j'ose avoir du chagrin.

SIMON.

Ah! c'est que je sais ce que c'est, et si jamais le pauvre Simon pouvait vous être bon à quelque chose...

EUGÉNIE.

Hélas! il n'y a rien à faire qu'à se soumettre... Ce matin, mon père m'a fait appeler, et m'a dit : « Mon enfant, avec la Restauration sont revenus les bons principes et les anciennes institutions... on va rétablir les couvents. »

SIMON.

Ah! mon Dieu!... il aurait une pareille idée!... et pour mieux établir sa fille aînée, il sacrifierait sa seconde!

EUGÉNIE.

Mon père prétend que c'était ainsi autrefois... que c'est aux premières maisons du royaume à donner l'exemple du retour aux anciens usages.

SIMON.

Quelle indignité! M. le marquis... lui qui à chaque instant défend nos droits et nos libertés!

EUGÉNIE.

Aussi, ne prétend-il pas enchaîner la mienne. Il n'ordonne pas; mais il voudrait que cela vînt de moi-même... et par vocation.

SIMON.

Et vous y consentiriez...

EUGÉNIE.

Et le moyen de faire autrement!... puis-je désobéir à mon père? puis-je renverser tous ses projets?... M. de Saint-Vallier, le prétendu de Louise, va obtenir du roi le titre de duc... il faut de grands biens pour soutenir un pareil titre, et j'aurais l'air d'être jalouse du bonheur de ma sœur, et de vouloir m'y opposer.

SIMON.

Enrichir des ingrats qui vont sacrifier votre avenir, votre jeunesse, vos espérances peut-être!... car, si jolie, si aimable... il est impossible que des hommages ne vous aient pas été adressés, et qu'il ne se soit pas présenté quelques personnes d'une perspective plus attrayante que celle du couvent.

EUGÉNIE.

Simon!...

SIMON.

Ce que j'en dis, mademoiselle, ce n'est pas par indiscrétion... c'est votre secret, cela ne me regarde pas... Mais ce qui me regarde, c'est que vous ne soyez point sacrifiée, enterrée vivante!... Et dire qu'il n'y a ici personne qui puisse nous donner un conseil... qui puisse venir à notre aide!

EUGÉNIE.

Personne... Et le plus grand secret, Simon, car mon père ne me pardonnerait pas d'avoir l'air d'en être malheureuse.

SIMON.

Ne pas même oser se plaindre... c'est trop fort... Eh bien! mademoiselle, ce ne sera pas ainsi... Je ne suis pas une puissance, j'en conviens, car c'est peu de chose qu'un suisse d'hôtel, quoiqu'on parle de nous rendre la hallebarde et le baudrier... mais morbleu! on verra... N'ai-je pas, comme un autre, voix au chapitre?... Ne suis-je pas presque de la

famille? N'est-ce pas moi qui, dans la Terreur, ai sauvé
M. le marquis, votre père?... N'ai-je pas reçu chez moi,
et élevé comme ma fille, mademoiselle Louise, votre sœur?

EUGÉNIE.

Ah!... nous le savons tous.

SIMON.

Oui... mais vous seule vous en ressouvenez... vous, pour
qui je n'ai rien fait. Et votre sœur!... votre sœur, surtout,
voilà ce qui m'a blessé, et ce que je n'oublierai jamais... Je
l'aimais, mademoiselle, oui, je l'aimais, malgré moi, plus
que mes propres enfants... Ma femme l'avait nourrie de son
lait... je l'avais portée dans mes bras... et dès que M. le
marquis est revenu, et la fortune aussi, comment a-t-elle
répondu à ma tendresse?... Elle croyait nous payer, ma
femme et moi, quand, à sa fête ou au jour de l'an, elle nous
envoyait de l'or... mais jamais elle ne serait descendue à la
loge pour nous voir, ou du moins pour nous laisser la voir
et l'aimer... Et je n'en demandais pas tant... Quand elle
passait dans sa belle voiture... un mot, un coup d'œil, un
sourire d'amitié m'aurait suffi... « Bonjour, Simon... comment
cela va-t-il? » Mais au lieu de cela, elle ne me regardait
même pas; et souvent, quand je venais d'ouvrir la porte-
cochère, elle a manqué m'écraser pour arriver deux minutes
plus tôt au bal ou aux Italiens.

EUGÉNIE.

Ah! pouvez-vous l'accuser!...

SIMON.

Et dernièrement, quand j'ai été malade... Ça, c'est vrai...
elle m'a envoyé le médecin de la maison, M. Alibert... mais
vous, mademoiselle Eugénie, vous que je n'avais pas élevée,
vous êtes venue vous-même... vous avez daigné apporter
des soins et des consolations à un vieux serviteur
à qui vous ne devez rien... Aussi, depuis ce moment-là, ça
été fini... ce n'est plus Louison, c'est vous qui êtes ma fille...

Pardon, mam'selle, pardon ; je veux dire seulement que je donnerais pour vous mon sang et ma vie, et que je ne mourrai pas sans m'acquitter... je vous le jure, parce que Simon n'est pas ingrat, et Simon tiendra parole.

EUGÉNIE.

C'est bien... calmez-vous... mon ami, mon cher Simon... On vient... c'est ma sœur.

SIMON, essuyant une larme.

Mon ami... mon cher Simon... je la sauverai... ou je ne suis plus capable de tirer un cordon de ma vie.

SCÈNE IV.

LOUISE, EUGÉNIE, SIMON.

LOUISE, sortant de l'appartement à droite.

Enfin voici le grand jour arrivé... c'est donc ce soir que je vais m'enchaîner pour la vie. (Apercevant le suisse.) Ah ! c'est vous, Simon !

SIMON.

Oui, mam'selle.

LOUISE, à Eugénie.

Comment me trouves-tu dans ma nouvelle parure ?

EUGÉNIE.

A merveille.

SIMON.

Ah ! pour ce qui est de la gentillesse et de la beauté, il n'y a rien à dire ; (Soupirant.) et de ce côté-là, je suis fier de mon ouvrage.

LOUISE, avec dédain.

Votre ouvrage, Simon !... l'expression...

SIMON.

Que voulez-vous, mademoiselle, des expressions et moi ça

15.

ne va pas ensemble, je le sais bien... Si j'avais eu l'éducation que je vous ai fait donner, j'en saurais davantage... (Regardant Eugénie.) Je parle comme je pense, et avec moi, on est sûr que la parole vaut le jeu.

LOUISE, se radoucissant un peu.

A la bonne heure.

SIMON.

Aussi, ça me fait de la peine quand vous me reprenez... ah! presqu'autant que le jour où vous m'avez ordonné de ne plus vous tutoyer... Je sens bien que cela aurait dû venir de moi-même, parce qu'une demoiselle de votre rang, de votre naissance... mais que voulez-vous? une habitude de dix-huit ans... (Prenant une prise de tabac.) J'aurais mieux aimé me passer de tabac toute ma vie.

LOUISE.

Simon, soyez persuadé que je n'ai point oublié que vous m'avez élevée.

SIMON.

Ce n'est pas moi, mademoiselle... c'est ma femme... Elle en a encore élevé un autre qui est bien venu, je m'en vante... un autre nourrisson, qui est grand maintenant.... je dis grand... c'est-à-dire bien au-dessus de nous... et qui n'en est pas plus fier pour cela... et qui vient voir son père nourricier.

EUGÉNIE.

C'est bien, c'est bien, Simon... nous savons tous ici que nous vous devons beaucoup.

SIMON.

Ah! mam'selle, j'voudrais bien que vous puissiez me devoir davantage... vous, du moins, vous ne l'oublieriez pas.

LOUISE.

Simon, a-t-on apporté la corbeille?

SIMON.

Charlot y est allé... et moi je vais à la mairie pour l'acte de naissance. (Il passe au milieu. Regardant Louise.) Des gazes, des fleurs, des apprêts de noces... (A Eugénie.) Voilà, mademoiselle, comme je voudrais vous voir... ça viendra...

(Il sort par le fond.)

SCÈNE V.

LOUISE, EUGÉNIE.

LOUISE.

Eh bien ! Eugénie, tu ne me dis rien ?

EUGÉNIE.

Moi ! je suis enchantée de ton bonheur.

LOUISE, riant.

Eh ! mon Dieu ! quel soupir ! est-ce qu'il te fait envie ?... est-ce que tu penses encore à ton héros de roman... à ce pauvre officier du génie que tu as rencontré à Metz ?

EUGÉNIE.

Moi ! ma sœur... oh ! du tout.

LOUISE.

Et tu as raison... un homme de rien.

EUGÉNIE, piquée.

De rien !... Je n'ai aucun intérêt à le défendre... mais enfin, il était sorti le premier de l'École Polytechnique.

LOUISE.

Qu'est-ce que cela prouve ?... qu'il n'a pas assez de fortune pour se passer de talent... Ma pauvre petite sœur, nous sommes en 1846... et ces amours-là ne réussissent pas aujourd'hui.

EUGÉNIE.

Je n'ai aucune des idées que tu me supposes... bientôt tu en verras la preuve.

LOUISE.

A la bonne heure... Dans peu tu feras un mariage comme moi.

EUGÉNIE.

Comme toi!... je ne le crois pas.

LOUISE.

Pourquoi donc pas?... Crois-moi, il n'y a de véritable amour dans le monde que celui de deux personnes bien nées... à qui leur position permet une sympathie de fortune, de titres, de dignités!... Voilà comme nous sommes, Saint-Vallier et moi... Il m'apporte un beau titre... duchesse!... présentation à la cour... et moi, de mon côté, je lui apporte une grande fortune... Nous trouvons tous deux, dans cette alliance, ce que nous aimons, ce que nous désirons... voilà les seuls mariages d'inclination qui soient véritablement heureux.

EUGÉNIE.

C'est singulier, je me faisais de l'amour une tout autre idée... et tu es bien sûre que tu aimes ton prétendu?

LOUISE, allant se regarder à la psyché.

Certainement... Il me semble que mes plumes ne sont pas bien posées... Il ne pense qu'à moi, et moi à lui... Est-ce que ces blondes-là sont bien?

EUGÉNIE.

Très-bien.

LOUISE.

Et mon collier... quelle étourderie!... je ne l'ai pas mis... Dis encore que l'amour ne me fait pas tout oublier... je l'aurai laissé sur ma toilette... Suzanne!... où est-elle donc?... c'est insupportable... elle n'est jamais là.

EUGÉNIE.

Ne te dérange pas... je vais le chercher...

(Elle sort.)

LOUISE.

Eh mais! quel bruit... c'est mon père qui rentre... et avec un monsieur que je ne connais pas.

SCÈNE VI.

Les mêmes; LE MARQUIS, BLANGY.

LE MARQUIS, à Blangy.

En vérité, monsieur, je vous dois la vie...

BLANGY.

C'est attacher trop d'importance à un faible service.

LOUISE.

Vous avez donc couru un danger?

LE MARQUIS.

Un danger réel... Comtois, qui n'entend pas raillerie sur les convenances, a voulu couper le landau de notre voisin l'agent de change... les deux voitures se sont heurtées... la commotion et surtout les cris des cochers ont effrayé les chevaux... les miens s'emportaient... monsieur s'est fort heureusement trouvé là.

BLANGY.

Ce que j'ai fait est tout simple..... mille autres à ma place auraient agi de même.

LE MARQUIS.

Non, vraiment... L'événement avait attiré autour de nous un assez grand nombre de spectateurs, et vous êtes le seul qui vous soyez exposé.

AIR : L'amour qu'Edmond a su me taire.

Ils se disaient tous l'un à l'autre :
Mais allez donc à son secours;
Et nul secours, hormis le vôtre,
Ne m'est venu... c'est ainsi tous les jours.
En parole on a de l'audace;
Et combien voit-on à présent
De braves qui restent en place
Et poussent d'autres en avant!

Permettez, monsieur, que je vous présente ma fille aînée. (Louise salue.) J'en ai encore une autre... je l'entends... c'est là toute ma famille.

(Eugénie entre.)

SCÈNE VII.

LOUISE, EUGÉNIE, LE MARQUIS, BLANGY.

LE MARQUIS.

Viens, mon Eugénie... je te présente un de mes nouveaux amis.

EUGÉNIE.

Monsieur... (Le reconnaissant.) Ah!...

BLANGY.

Ciel!...

LE MARQUIS.

Comment! tu connais monsieur?

EUGÉNIE.

J'ai vu monsieur à Metz pendant les six mois que j'y ai passés.

LOUISE, bas à sa sœur.

Est-ce que ce serait?

EUGÉNIE, de même.

N'est-ce pas qu'il est bien?

LE MARQUIS.

Je suis charmé, monsieur, que vous soyez déjà connu dans ma famille... j'espère que cette dernière circonstance établira entre elle et vous des rapports durables... Nous signons ce soir le contrat de mariage d'une de mes filles.

BLANGY.

Comment?...

EUGÉNIE, vivement.

C'est ma sœur qui se marie.

LE MARQUIS.

Elle se trouvera fort honorée d'avoir pour témoin de son bonheur une personne à laquelle nous devons déjà tant de reconnaissance.

EUGÉNIE, étonnée,

De la reconnaissance!... vraiment?

LE MARQUIS.

Mes enfants, le temps s'écoule... Louise, tu ferais bien d'envoyer chez le notaire... Eugénie, va terminer ta toilette... pendant ces graves occupations, j'achèverai de faire connaissance avec mon sauveur.

EUGÉNIE.

Comment! mon père, il vous a sauvé?... Ah! monsieur Blangy!

LOUISE, à sa sœur.

Viens, je te conterai tout cela.

(Louise et Eugénie sortent, Blangy les salue, et les reconduit jusqu'à la porte de l'appartement.)

SCÈNE VIII.

BLANGY, LE MARQUIS.

LE MARQUIS.

Blangy!... Quoi, monsieur, vous êtes ce jeune officier du génie dont ma sœur m'a fait un si grand éloge?... éloge d'autant plus flatteur, qu'elle ne prodigue pas la louange.

BLANGY.

Madame de Verneuil a été fort indulgente pour moi... Pendant mon séjour à Metz, elle a bien voulu m'admettre chez elle... me témoigner une bienveillance...

LE MARQUIS.

Vous le devez à votre conduite, à vos manières... mais c'est dans le sang... Monsieur votre père était militaire?

BLANGY.

Oui, monsieur... soldat, il avait conquis tous ses grades sur nos champs de bataille... il est mort général de brigade.

LE MARQUIS.

Maréchal de camp.

BLANGY.

C'était sous l'empereur.

LE MARQUIS.

Oui... sous Bonaparte... Et vous avez embrassé la même carrière?

BLANGY.

Sorti le premier de l'École, je suis entré dans le génie.

LE MARQUIS.

Si j'étais assez heureux pour vous être bon à quelque chose, disposez de moi.

BLANGY.

Monsieur le marquis, vous êtes trop bon.

LE MARQUIS.

A votre âge, on a de l'ambition.

BLANGY.

La mienne est bien modeste.

LE MARQUIS.

Tant pis... avec du mérite on arrive à tout maintenant.

AIR du vaudeville de *Voltaire chez Ninon.*

J'ai quelque crédit au château,
Je puis... je n'ai qu'un mot à dire,
Obtenir un emploi nouveau...

BLANGY, à part.

S'il savait ce que je désire !

LE MARQUIS.

Allons, parlez-moi sans détour;
Car je voudrais... j'ai l'âme franche,
Pouvoir vous servir à mon tour...
(Mouvement de Blangy.)
Vous me devez une revanche.

BLANGY.

Eh bien! monsieur... je ne sais comment m'y prendre... j'aurais un conseil à vous demander... Je suis amoureux.

LE MARQUIS.

Fort bien... c'est de votre âge.

BLANGY.

Mais celle qui m'a inspiré l'amour le plus vrai... appartient à une famille qui a un nom... un rang...

LE MARQUIS.

Eh! monsieur, qui est-ce qui a un nom aujourd'hui?... Ne sommes-nous pas tous égaux?

BLANGY.

La noblesse de sa famille est fort ancienne.

LE MARQUIS.

Quand elle remonterait au déluge...

BLANGY.

Et moi, je suis plébéien.

LE MARQUIS, souriant.

C'est un avantage dont il ne faut pas trop abuser... Dans un pays où toutes les capacités sont appréciées, il n'y a plus de mésalliance possible.

BLANGY, enchanté.

Vraiment, monsieur!...

LE MARQUIS.

A quoi nous auraient servi les trente ans qui viennent

de s'écouler, s'ils ne nous avaient pas appris à préférer les qualités, les talents aux frivoles avantages de la naissance?

BLANGY.

Quoi! monsieur, vous pensez ainsi?

LE MARQUIS.

Je suis de mon siècle... ma réputation constitutionnelle est faite... j'ai toujours été de l'opposition... dans mes discours.

BLANGY.

Ah! monsieur... tant de franchise... de bonté triomphent de mes scrupules, et je n'hésite plus à vous faire l'aveu de mes sentiments pour mademoiselle Eugénie.

LE MARQUIS.

Pour ma fille?

BLANGY.

Elle les ignore, monsieur, et sans les encouragements que vous avez daigné me prodiguer, avec une bonté toute paternelle,.. je n'aurais jamais osé vous les révéler à vous-même... peut-être cet aveu vous offense-t-il?

LE MARQUIS.

M'offenser!... ah! ah! monsieur Blangy!... non; mais il m'afflige.

BLANGY.

Comment?

LE MARQUIS.

J'aurais eu beaucoup de plaisir à vous accorder la main de ma fille... mais il y a un obstacle... des engagements antérieurs...

BLANGY.

Quoi! monsieur, vous avez promis la main de mademoiselle Eugénie, et elle consent à ce mariage?

LE MARQUIS.

Ma fille connaît ses devoirs... elle n'a d'autres volontés

que celles de son père... Je suis désolé... J'espère qu'il se présentera une autre occasion de vous être agréable, et je la saisirai avec empressement.

BLANGY, à part.

Plus d'espoir!

SCÈNE IX.

Les mêmes; SIMON.

SIMON.

Monsieur le marquis, voici vos journaux.

LE MARQUIS.

Vous avez été au Palais, pour l'acte de naissance de Louise?

SIMON.

Oui, monsieur... on va vous l'apporter tout à l'heure... Eh mais! je ne me trompe pas... c'est M. Blangy.

BLANGY.

Bonjour, mon cher Simon.

SIMON.

Encore un que ma femme a nourri...

BLANGY.

Excellent homme!

SIMON.

Ça vous a reçu une éducation... et ça n'en est pas plus orgueilleux... Quand il était à Paris, il ne passait pas quinze jours sans venir voir ma pauvre défunte!... et pendant les deux ans qu'il a séjourné à Metz... une lettre tous les trois mois : il n'y a jamais manqué.

LE MARQUIS.

C'est très-bien... la reconnaissance est une vertu.

SIMON.

Du tout, monsieur... c'est un devoir... dans mon idée, du moins... (A Blangy.) Mon garçon, à présent j'habite l'hôtel de M. le marquis... la première porte en entrant à droite, au rez-de-chaussée.

LE MARQUIS.

Monsieur Blangy, pardon si je vous laisse... j'ai quelques ordres à donner pour ce soir... Vous ne m'en voulez pas?... Vous nous restez à dîner?... oui... nous nous mettrons à table à sept heures, aussitôt après la signature du contrat.

(Il entre dans l'appartement à droite.)

SCÈNE X.

BLANGY, SIMON.

SIMON.

Eh bien! qu'as-tu donc? est-ce que cette invitation-là te contrarie?... D'abord, je te préviens qu'on dîne très-bien ici... M. le marquis fait honneur à sa fortune... Mais tu ne m'avais pas dit que tu le connaissais... et lorsqu'il nous est quelquefois arrivé de parler de lui, son nom te semblait inconnu.

BLANGY.

Pendant mon séjour à Metz... j'ai été reçu chez un de ses parents, où j'ai vu mademoiselle Eugénie.

SIMON.

Charmante personne... C'est une fille du second lit... Je ne l'ai pas élevée, celle-là; mais elle a pour moi plus d'amitié que sa sœur... Ah! tu l'as vue à Metz! Eh! eh! mon garçon... ce serait là une jolie petite femme de ménage.

BLANGY.

Je le pensais comme vous, tout à l'heure, trompé par les

manières engageantes, le langage affectueux de M. le marquis.

SIMON.

Oh! d'abord il a la langue dorée.

BLANGY.

Je me suis hasardé à lui témoigner le désir d'entrer dans sa famille... Et Dieu m'est témoin que je n'aurais pas osé lui faire un semblable aveu, s'il ne m'avait le premier vanté son mépris des préjugés, ses principes d'égalité.

SIMON.

Il veut aller de pair avec tout ce qui est au-dessus de lui... Voilà son égalité... Et que t'a-t-il répondu?

BLANGY.

Il m'a dit qu'il avait des engagements antérieurs.

SIMON.

C'est, comme ils disent, de la diplomatie.

BLANGY.

Qu'est-ce que cela signifie?

SIMON.

Ce sont des mensonges... il veut la faire entrer dans un couvent.

BLANGY.

Est-il possible!... la sacrifier!...

SIMON.

Oui, pour que sa sœur ait toute la fortune à elle seule, deux cent mille livres de rente... comme si ce n'était pas assez de la moitié!... Voilà de ces idées paternelles qu'on ne trouve que chez les grands seigneurs... Mais sois tranquille... nous ne le souffrirons pas... Dis-moi, mon garçon, mam'selle Eugénie connaît-elle ton amour?

BLANGY.

Je n'ai pas été maître de cacher ce que j'éprouvais, et je pense qu'elle l'a deviné.

SIMON.

Eh bien! il ne faut pas encore désespérer... Je verrai... je parlerai à M. le marquis.

BLANGY.

Y pensez-vous? Je le sens bien, trop de motifs parlent contre moi : sans fortune, sans titres...

SIMON.

On vous en fera.

BLANGY.

Et puis, dans ce temps-ci, ancien soldat de l'empereur...

SIMON.

Eh morbleu! qui ne l'a pas servi?... des imbéciles dont il n'a pas voulu!... Va faire un peu de toilette, et reviens.

BLANGY.

Non; vous avez beau dire... j'ai eu tort de m'abuser ainsi... Moi prétendre à une alliance aussi brillante!

SIMON.

Est-ce qu'un garçon de mérite et d'honneur comme toi, n'est pas fait pour prétendre à tout? Est-ce qu'il faut se décourager pour un premier échec? Va donc faire ta toilette..... (Il le pousse dehors.) Qu'est-ce que ça te coûte d'aller faire un peu de toilette?

(Blangy sort.)

SCÈNE XI.

SIMON, seul.

Refuser un brave jeune homme dont la conduite a toujours été digne des plus grands éloges, que tous les pères s'honoreraient de nommer leur gendre... Oh! je saurai bien le forcer à rendre sa fille heureuse.

AIR : T'en souviens-tu?

Il faudra bien que la raison l'emporte,
Et qu'il consente à combler leur espoir;
Je ne suis rien qu'un concierge... n'importe...
J'sais ma consigne, et j'connais mon devoir.
Des importuns quand s' présent' la cohorte,
J'dois, tant qu'je l'peux, l'empêcher d' pénétrer...
Mais quand l' bonheur vient frapper à la porte,
Suiss' de l'hôtel, je dois le faire entrer!

SCÈNE XII.

LE MARQUIS, SIMON.

LE MARQUIS, avec impatience.

Le notaire se fait bien attendre.

SIMON.

Je n'en suis pas trop fâché pour mon compte... Son absence va me donner le temps de causer avec vous.

LE MARQUIS.

Tu as à me parler?

SIMON.

Oui, monsieur le marquis.

LE MARQUIS.

Parle, je t'écoute... mais ne sois pas long.

SIMON, à part.

Du courage... (Haut.) Depuis votre retour de l'émigration... vous m'avez dit souvent : « Mon cher Simon, je te dois ma fortune, ma vie. »

LE MARQUIS.

C'est vrai... et je te le répète encore.

SIMON.

Quand vous êtes revenu des États-Unis, j'ai remis dans vos bras mademoiselle Louise, votre fille, que nous avions élevée comme notre enfant chérie... et ce jour-là, vous étiez si content... vous avez eu la bonté de me dire, en me prenant la main... ça, voyez-vous, monsieur, c'est une action que je n'oublierai de ma vie... ce serrement de main... c'est une récompense à laquelle je n'aurais jamais osé prétendre... Vous m'avez dit : « Simon, demande-moi ce que tu voudras. »

LE MARQUIS.

Et tu ne m'as rien demandé.

SIMON.

C'est l'occasion qui m'a manqué.

LE MARQUIS.

Eh bien! Simon, parle... me voilà disposé à t'accorder tout ce que tu désireras, car je n'ai rien oublié de ce que je te dois.

SIMON.

Eh bien! monsieur le marquis, puisque vous daignez vous en souvenir... permettez-moi de profiter du jour où vous signez le contrat de mariage de mademoiselle Louise, vous demander le bonheur de votre seconde fille... afin que j'aie contribué à celui de toute la famille.

LE MARQUIS.

Comment! M. Blangy a eu l'indiscrétion...

SIMON.

Monsieur, je lui ai servi de père, il n'a jamais eu de secret pour moi... c'est un si brave jeune homme!... il appartient à une honnête famille... son père était général... il avait des croix, des cordons, tout ce qui peut honorer un militaire... il était couvert de blessures... Napoléon l'a plus d'une fois appelé l'exemple de l'armée ; et des paroles comme celles-là, dans la bouche de l'empereur, ça vaut un fameux parchemin.

LE MARQUIS.

Servir l'empereur... c'est là une singulière recommandation pour moi.

SIMON.

Eh mon Dieu! monsieur!

<small>AIR du vaudeville des *Scythes et les Amazones*.</small>

Vous r'cevez ben, et soit dit sans reproche,
Maint sénateur, magistrat, maréchal,
Qui, prudemment, ont porté dans leur poche
La fleur de lys et l'aigle impérial,
Et tour à tour rouge ou blanc... c'est égal,
Je les ai vus... du portier c'est l'office,
Car dans c't'hôtel, aux Tuil'ri's, comme ailleurs,
Vous sentez bien qu'on doit, quand on est suisse,
En voir passer de toutes les couleurs,
  On en voit de toutes les couleurs!

LE MARQUIS.

Quelle que soit son opinion... cette alliance n'est pas convenable.

SIMON.

Pas convenable! Un jeune homme de vingt-six ans, sur le compte duquel il n'y a pas le plus petit mot à redire... qui a du talent, du mérite... de la conduite... qui aime votre fille... qui en est aimé...

LE MARQUIS.

Simon!...

SIMON.

Je ne vous ai jamais tourmenté pour moi ni pour les miens... ce que je vous demande en ce moment, c'est encore dans votre intérêt... c'est le bonheur de votre fille.

LE MARQUIS.

Je sais ce que j'ai à faire... et je vous prie de cesser de vous mêler de ma famille... ne me parlez plus de ce mariage.

SIMON.

Oh! je sais pourquoi... mais je vous en parlerai aujourd'hui, demain... après-demain, tous les jours, jusqu'à ce que vous ayez cédé à mes prières.

LE MARQUIS.
Faudra-t-il vous le défendre?

SIMON.
Ça sera inutile... j'enfreindrai la défense.

LE MARQUIS.
Ceci passe toutes les bornes... Simon, vous oubliez...

SIMON.
J'oublie... j'oublie... c'est vous qui oubliez vos belles promesses... « Ma fortune, ma vie, je te dois tout... demande... demande... » Voilà ce que vous disiez, quand le danger et le service étaient encore présents à votre mémoire... mais maintenant, ce n'est plus cela... Vos enfants sont près de vous... vous n'avez plus à trembler, ni pour vos jours, ni pour vos richesses... vous ne craignez plus rien... pas même d'être ingrat.

LE MARQUIS.
Simon... un pareil langage...

SIMON.
Je ne blesse que vos oreilles; et vous... vous me blessez là... au cœur.

LE MARQUIS.
Songez que je suis le maître chez moi.

SIMON.
A qui le devez-vous?

LE MARQUIS.
Insolent!... sortez.

SIMON, en s'en allant.
Je sors. (A part.) Pauvre mam'selle Eugénie!

(Il sort par la porte à gauche.)

SCÈNE XIII.

EUGÉNIE, LOUISE, LE MARQUIS, CHARLOT, LE NOTAIRE, Parents et Amis.

LE CHOEUR.

AIR du Dieu et la Bayadère.

Nous accourons avec plaisir
Pour célébrer cette alliance ;
C'est la beauté, c'est la naissance
Qu'ici l'amour va réunir.

CHARLOT, remettant un papier au marquis.

Monsieur le marquis, voici ce qu'on apporte du Palais.

LE MARQUIS, au notaire.

Monsieur Durmont, avant de passer au salon, où Saint-Vallier et sa famille nous attendent, voyez s'il ne vous manque aucun papier.

LE NOTAIRE, parcourant les papiers.

Voici l'acte de naissance de M. le comte de Saint-Vallier... le consentement de son père... la note des biens qui composent la dot de la future... (Au marquis.) Ah ! son acte de naissance, à elle ?

LE MARQUIS, le lui donnant.

Le voici... Dans l'instant on vient de me l'apporter.

LE NOTAIRE, lisant.

« Section Brutus... Quartidi, 14 prairial an II, est née la
« citoyenne Marie-Louise, fille du citoyen Louis Simon, et
« de la citoyenne Jeanne Gaborit... »

TOUS, riant.

Citoyenne Simon !... section Brutus.

LE NOTAIRE.

On s'est trompé... ce n'est point là l'acte de naissance qu'il nous faut.

LE MARQUIS.

Vous avez raison : ce n'est point l'acte qu'il faut, et pourtant c'est bien l'acte de naissance de ma Louise.

(Étonnement général.)

LOUISE, alarmée.

Que dites-vous, mon père?

LE MARQUIS.

Rien de plus simple... Forcé de fuir en 1793, la marquise, qui était près d'accoucher, ne put me suivre, et je la confiai aux soins de Simon et de sa femme.

LOUISE, à la société.

Le suisse de l'hôtel.

LE MARQUIS.

En mon absence, madame de Montluçon donna le jour à ma Louise... et Simon pensant, peut-être avec raison, qu'en déclarant à la municipalité d'alors le véritable nom de ma fille, il exposait les jours de sa mère, l'a fait inscrire, sur les registres de l'état civil, comme son enfant... c'est un acte de prudence... dont il faut lui savoir gré.

LE NOTAIRE.

C'est une rectification à faire faire par les tribunaux... La déclaration de M. Simon suffira... mais elle est indispensable.

LOUISE, à son père.

Il faut vous la faire donner sur-le-champ.

LE NOTAIRE.

Nous la ferons homologuer ensuite.

LE MARQUIS, à un laquais.

Dites à Simon de venir me parler... (Le laquais sort. — A la société.) Veuillez passer au salon, je vous y rejoindrai dans l'instant. (Embrassant Louise.) Rassure-toi, mon enfant, ce n'est rien... c'est la chose la plus facile à arranger.

LE CHOEUR.

Nous accourons avec plaisir, etc.

(Louise, Eugénie et toute la société entrent dans le salon à droite.)

SCÈNE XIV.

LE MARQUIS, seul.

Je suis fâché maintenant de ma vivacité avec Simon... Mais je le connais : c'est un brave homme... et d'ailleurs, avec les gens de sa condition, un mot flatteur... une politesse suffit pour les ramener.

SCÈNE XV.

SIMON, LE MARQUIS.

SIMON.

On m'a dit qu'avant mon départ, vous me demandiez, monsieur le marquis?

LE MARQUIS.

Avant ton départ!... Est-ce que vraiment tu songeais à me quitter?

SIMON.

Quand on me renvoie, je m'en vais.

LE MARQUIS.

Allons, mon ancien camarade... mon vieil ami... nous avons eu tort tous les deux... mais il ne faut pas qu'un mouvement de vivacité... de colère même, fasse oublier des services et un attachement réels.

SIMON.

Que dites-vous?

LE MARQUIS.

Voyons... c'est moi qui te tends la main... la refuseras-tu ?

SIMON.

Ah ! monsieur le marquis... c'est trop mille fois... c'est trop ; et puisque vous avez tant de bontés, mettez-y le comble, en m'accordant... vous savez bien...

LE MARQUIS, avec douceur.

Tais-toi, tais-toi... ne parlons pas de cela... Dans ce moment, il ne faut pas recommencer à nous fâcher... il s'agit d'ailleurs d'une chose plus importante.

SIMON.

Plus importante que le bonheur de votre fille ?

LE MARQUIS.

Celui de sa sœur aînée... Cet acte de naissance où elle est inscrite sous ton nom... il faut le faire rectifier.

SIMON.

Ah ! ah !

LE MARQUIS.

Et nous avons besoin de ta déclaration.

SIMON.

Vous avez besoin... (A part.) Je comprends maintenant la poignée de main.

LE MARQUIS.

Le notaire est là-dedans, et nous allons l'appeler.

SIMON, froidement.

A quoi bon ?

LE MARQUIS, souriant.

A quoi bon ?... mais c'est fort nécessaire, car les actes font foi ; et tant que Louise est inscrite sous ton nom, aux yeux de la loi, ce n'est plus ma fille... c'est la tienne.

SIMON, réfléchissant.

Vraiment !... si je signe ce qui en est, cela vous rendra donc un grand service ?

LE MARQUIS.

Certainement, un service dont ma reconnaissance...

SIMON.

De la reconnaissance !... je ne m'y laisse plus prendre... Vous m'en aviez déjà promis *après*, cette fois il m'en faut *avant*.

LE MARQUIS.

Que veux-tu ? de l'argent... parle...

SIMON.

De l'argent !... à moi !... Ce que je veux, vous le savez bien.

LE MARQUIS.

Encore !...

SIMON.

Consentez au mariage de mademoiselle Eugénie... et dans l'instant, je déclare la vérité devant tout le monde.

LE MARQUIS.

Impossible, mon ami... ce mariage ne peut avoir lieu... Pour moi, je ne demanderais pas mieux... mais quand j'y consentirais, est-ce que ma fille aînée, dont tu connais la fierté... est-ce que son mari, M. le comte de Saint-Vallier, voudraient avoir un pareil beau-frère ?

SIMON.

Eh morbleu ! monsieur...

LE MARQUIS.

Et puis, je ne t'ai pas tout dit... Si Louise fait un si beau mariage... car, dès demain, elle aura le titre de duchesse... c'est d'après l'espoir, bien plus, d'après la promesse que j'ai donnée qu'elle aurait un jour ma fortune entière.

SIMON.

Ah! nous y voilà donc...

AIR d'Aristippe.

C'est pour qu' les aînées soient duchesses,
  Que l'on rétablit les couvens;
J'aurais vingt fils, moi qui suis sans richesses,
Qu' pour les presser sur mon cœur, je le sens,
  Mes bras s'raient toujours assez grands.
Et d'deux enfants dont le ciel vous fit père,
Un seul s'lon vous a le droit d'être heureux;
Et dans vot' cœur, que la fierté resserre,
  Il n'y a pas mêm' plac' pour deux!

LE MARQUIS.

J'aime beaucoup Eugénie... mais quand il y va de l'illustration d'une ancienne maison...

SIMON.

Et vous qui tous les jours, à la Chambre, défendez les droits de chacun...

LE MARQUIS.

La conduite politique et les sentiments de famille n'ont rien de commun.

SIMON.

C'est ça... on parle bien et on se conduit mal... Eh bien! morbleu! je suivrai votre exemple.

LE MARQUIS.

Quoi! tu soutiendrais que tu es le père de Louise?

SIMON.

Je ne dis pas cela.

LE MARQUIS.

Tu conviens donc?...

SIMON.

De tout ce que vous voudrez entre nous deux... Oui, monsieur le marquis, mademoiselle Louise est bien votre fille...

c'est une satisfaction que je vous donnerai toutes les fois que nous ne serons que nous seuls.

LE MARQUIS.

Que veux-tu dire?

SIMON.

Mais quand nous serons trois... et plus... alors ce sera mon tour... ce sera ma fille à moi.

LE MARQUIS.

Tu aurais l'audace d'avancer une telle imposture?

AIR du vaudeville du Baiser au porteur.

SIMON.

Pour vous fléchir, à cette ruse
Je n'pensais guère, j'en convien,
Mais le hasard me l'offre, et moi j'en use.

LE MARQUIS.

Eh quoi! Simon, vous, un homme de bien,
Vous vous servez d'un semblable moyen?

SIMON.

Oui, je fais mal, il faut le reconnaître;
Mais en voyant, ça doit m'déterminer,
Le bien que j'f'rai, Dieu n'aura pas peut-être
    La force de me condamner.
Oui, je l'espèr', Dieu n'aura pas peut-être
    La force de me condamner!

LE MARQUIS.

Morbleu! j'aurai raison d'un pareil entêtement.. et les tribunaux...

SIMON.

Je ne les crains point... Les actes font foi... vous me l'avez dit vous-même.

SCÈNE XVI.

LOUISE, SIMON, LE MARQUIS.

LOUISE.

Mon père... mon père...

SIMON, se retournant.

Qu'est-ce que vous me voulez, Louison ?

LE MARQUIS, avec colère.

Simon !...

SIMON.

Comptez : nous sommes trois, monsieur.

LOUISE.

Qu'est-ce que cela signifie ?

LE MARQUIS, à Louise.

Parle.

LOUISE, au marquis.

On vous demande au salon... on vient de la part du roi... il paraît que Sa Majesté veut aujourd'hui même... ce soir, signer au contrat.

LE MARQUIS, passant au milieu.

Est-il possible !... quel honneur... et quel scandale !

LOUISE.

Est-ce que vous n'avez pas terminé avec Simon, pour cette déclaration ?

LE MARQUIS.

Il refuse de la signer.

LOUISE.

Pour quelle raison ?

LE MARQUIS.

Il lui convient de soutenir que tu es sa fille.

LOUISE, prête à s'évanouir.

Sa fille... ah!...

SIMON.

Quel accès de tendresse filiale!

LE MARQUIS, à Louise.

Reviens à toi... rien n'est désespéré... je vais prévenir Saint-Vallier... gagner du temps, et surtout tâcher que rien ne transpire au dehors. (Il va pour rentrer dans l'appartement à droite, et, au moment de sortir, s'adressant à Simon avec hauteur.) Vous réfléchirez, Simon, sur les conséquences de votre conduite... et si vous avez cru me faire céder... (Bas à Louise.) Parle-lui... je ne veux pas m'abaisser à le prier, mais toi qu'il a toujours aimée... flatte-le... supplie-le... et par tous les moyens possibles, tâche de vaincre une obstination pareille.

(Il sort.)

SCÈNE XVII.

LOUISE, SIMON.[1]

LOUISE, à part.

Le prier! quelle humiliation!

SIMON.

Eh bien! approche... approche, Louison... Qu'est-ce que tu as à me demander?... Qu'est-ce que tu as?... (Avec satisfaction.) Je puis donc encore la tutoyer à mon aise!

LOUISE.

Monsieur Simon, est-il possible que vous vouliez absolument que je sois votre fille ?

SIMON.

Et pourquoi pas?... tu l'as bien été une fois... tu peux bien l'être deux.

LOUISE.

Certainement je n'oublie pas ce que vous et votre femme

avez fait pour moi... mais, malgré moi... il y a une voix intérieure qui me dit...

SIMON.

C'te voix, c'est l'orgueil... je te conseille de ne pas l'écouter... Dis, Louison, est-ce que tu n'étais pas heureuse avec nous?... est-ce que tu ne faisais pas toutes tes volontés?... Je sais bien que ton autre père n'est pas désagréable...

LOUISE.

Mon autre père...

SIMON.

Mais quoiqu'il soit riche et marquis, il ne peut pas t'aimer comme je t'aimais... moi qui t'ai vue naître, grandir, embellir... t'ai-je caressée, dorlotée!... il n'y a pas de princesse qui ait été gâtée comme toi... et j'en porte aujourd'hui la peine... voilà ce qu'on gagne à mal élever les enfants.

LOUISE.

Monsieur Simon!...

SIMON.

Quelle leçon pour les pères et mères!...

LOUISE.

Eh bien! j'en appelle ici à cette tendresse dont vous me parlez... pourquoi voulez-vous me nuire... me faire du tort?

SIMON.

Te faire du tort... morbleu!

LOUISE.

Ce n'est pas cela que je veux dire... mais pourquoi persister dans une pareille résolution... vous qui m'avez toujours aimée?...

SIMON, à part.

Si douce maintenant, et si bonne... et elle aussi... on voit qu'elle a besoin de moi... c'est le même sang... c'est bien la fille de son père... (Haut.) Il n'importe... moi d'abord je suis faible... je ne peux rien refuser, quand on me caresse...

LOUISE, s'appuyant sur lui, d'un ton caressant.

Vous qui ne voulez que mon bonheur... mon cher Simon... mon second père!

SIMON.

Tu peux bien dire mon premier...

LOUISE.

Eh bien! mon premier... mon véritable ami...

SIMON, la tenant dans ses bras.

L'y voilà donc... Voyons, qu'est-ce que tu veux?

LOUISE.

Que vous ne vous opposiez plus à mon mariage... un mariage qui fait que je serai duchesse... que je serai présentée à la cour.

SIMON.

Ce n'est que ça?... eh bien! mon enfant, je te l'accorde... (Petit mouvement de joie de Louise.) à une condition qui dépend de toi.

LOUISE.

Et laquelle?

SIMON.

Tu me le demandes?... le bonheur de ta sœur.

LOUISE.

Ah! pour ce qui est de moi, je consens à tout.

SIMON.

Vraiment!... c'est bien... un obstacle de moins... je ne le croyais pas.

LOUISE.

Mais M. de Saint-Vallier voudra-t-il d'un pareil beau-frère?

SIMON.

C'est à toi de l'y déterminer... s'il aime ta fortune, il sentira qu'il vaut mieux la partager que la perdre tout à fait... et s'il n'aime que toi, il ne pourra te résister.

LOUISE.

Mais mon père...

SIMON.

Ça ne me regarde pas.

LOUISE.

M. Blangy est sans naissance... sans titres...

SIMON.

Ça te regarde... je n'ai pas comme toi, là, au salon, un oncle garde des sceaux, qui m'a promis ce que je voudrais pour mon présent de noces.

LOUISE.

Oui, oui, monsieur Simon... je comprends... vous serez content de moi.

SIMON.

A la bonne heure !... te voilà bonne fille... tu en seras récompensée... viens m'embrasser... (Louise hésite.) Eh bien !... est-ce que tu vas encore faire la grande dame?

(Louise l'embrasse et sort.)

SCÈNE XVIII.

SIMON, seul.

Allons, allons... voilà ma cause à moitié gagnée.

SCÈNE XIX.

SIMON, BLANGY.

BLANGY.

Je viens, monsieur Simon, vous faire mes adieux.

SIMON.

Tes adieux... qu'est-ce que cela signifie?

BLANGY.

Que je ne puis rester dans ce salon, où tous les yeux semblent fixés sur moi... les uns avec mépris... les autres avec colère... et si je ne me retenais !... mais il vaut mieux partir... Adieu, Simon.

SIMON.

Partir !... quand tout nous réussit... quand tout le monde travaille en ta faveur... Reste encore, reste avec nous... ça va mieux que tu ne crois... Je t'ai promis de te marier, et le père Simon tient toujours sa parole.

BLANGY.

C'est impossible...

SIMON.

Tu le verras.

AIR : Connaissez mieux le grand Eugène. (*Les Amants sans amour.*)

> Par tes vertus, ton caractère,
> Tu méritais bien d'être heureux ;
> Tu le seras... c'est mon affaire,
> Ce soir on comblera tes vœux :
> Bonne demoiselle Eugénie,
> Le vieux Simon mourra content ;
> Vos bontés m'ont sauvé la vie,
> Moi, je vous sauve du couvent.

BLANGY.

C'est en vain que vous voulez me retenir, mon cher Simon... je n'ai plus aucun espoir, et voici M. le marquis dont je vais prendre congé.

SIMON.

Pas encore... (*Voyant le marquis qui entre avec Louise.*) Allons, je vois que Louise m'a tenu parole.

SCÈNE XX.

Les mêmes ; LOUISE, LE MARQUIS, et ensuite EUGÉNIE.

LOUISE, à son père.

Oui, mon père, oui je vous le répète... M. de Saint-Vallier ne s'y oppose pas... et quand le mariage d'Eugénie devrait diminuer mes espérances de fortune...

SIMON.

Vous l'entendez... il se contentera de cent mille livres de rente... Brave homme !

LE MARQUIS, embarrassé.

Je n'attendais pas moins de sa générosité.

LOUISE.

Et mon oncle, qui n'a rien à me refuser, accordera... à mon beau-frère... le titre de baron.

SIMON.

Vous le voyez... le voilà baron comme tout le monde.

BLANGY.

Moi !

LE MARQUIS.

Baron, baron !... Une noblesse qui date d'aujourd'hui, de 1816...

SIMON.

Eh ! mon Dieu ! monsieur, 1816 vaut bien 1618.

AIR : Il me faudra quitter l'empire. (*Les Filles à marier.*)

De nos soldats il partagea la gloire,
Aux champs d'honneur il a brillé comme eux ;
C'est l'fils d'un brav', l'enfant de la victoire,
Iéna, Wagram... voilà tous ses aïeux.
En savez-vous qui vaillent beaucoup mieux ?
  Pour fonder une renommée
Et pour noircir des parchemins récents,

Du canon la noble fumée
Vaut bien la poussière du temps!

LE MARQUIS.

Encore!... (A Louise.) Mon enfant, tout cela est fort bien... mais la conduite de Simon à mon égard... ses menaces de tantôt... et je pourrais... moi... Non, non, décidément, je ne lui céderai pas.

SIMON.

Vous nous refusez?

LE MARQUIS.

Oui... et vous, Simon, je vous renvoie, je vous chasse.

SIMON.

Encore!... la seconde fois d'aujourd'hui!... nous chasser, lui et moi, qui tous deux, et à des époques différentes, vous avons sauvé la vie... Vous en serez puni... (Prenant Louise par la main.) Allons, Louison, à la loge, Louison!...

TOUS.

O ciel! que dites-vous?

SIMON.

La loi me permet d'emmener ma fille, et je l'emmène.

LE MARQUIS.

Quelle honte pour ma famille!... (A Simon.) Simon, Simon, que fais-tu?

(Eugénie entre.)

BLANGY.

Arrêtez, Simon; je me reprocherais toute la vie d'avoir porté le trouble et la désunion dans la famille de monsieur... Le sacrifice de mon bonheur suffira pour ramener la paix...

(Il veut sortir.)

EUGÉNIE.

Monsieur Blangy!... Ah! malheureuse!

(Elle tombe sur un fauteuil.)

LOUISE, accourant vers son père.

Ma sœur, ma bonne sœur !... Ah'! je n'y tiens plus... Mon père, je vous le déclare, je ne puis pas être heureuse aux dépens du bonheur de ma sœur.

LE MARQUIS, embarrassé.

Eh bien ! Simon... cela dépend de toi maintenant.

SIMON.

Ah ! vous me rappelez... je devrais à mon tour vous refuser... j'en ai bien envie... mais je n'en ai pas le cœur... mademoiselle Louise, je vous permets d'être duchesse.

LOUISE, courant dans ses bras.

Ah ! ah ! monsieur Simon !

SIMON.

Elle y vient d'elle-même cette fois-ci... c'est bien... et prêt à y renoncer, je sens mon amitié de père qui me revient... Mais je l'ai dit... je signerai, je ferai tout ce qu'on voudra... (A Eugénie.) Mademoiselle Eugénie, vous voilà heureuse, nous sommes quittes... Hé ! hé ! monsieur le baron, je vous l'avais bien dit.

BLANGY.

Mais par quel miracle ?

SIMON.

Par le miracle des protections... Le crédit du suisse de l'hôtel n'est pas toujours à dédaigner... Les grands protégent... les petits obligent.

SIMON, BLANGY, LOUISE et EUGÉNIE.

AIR du *Dieu et la Bayadère*.

Que la gaîté renaisse,
Que les cœurs soient contents,
Désormais sa tendresse
Est toute à ses enfants.

LE MARQUIS.
Que le bonheur renaisse,
Que les cœurs soient contents,
Désormais ma tendresse
Est toute à mes enfants.

LE SOPRANO

COMÉDIE-VAUDEVILLE EN UN ACTE

EN SOCIÉTÉ AVEC M. MÉLESVILLE

Théatre du Gymnase. — 30 Novembre 1831.

PERSONNAGES.   ACTEURS.

LE CARDINAL DE TRIVOGLIO. . . . . . .   MM. Numa.
LE PRINCE DE FORLI, son neveu. . . . . .   Allan.
GUIMBARDINI . . . .   Bouffé.
UN DOMESTIQUE. . . . .   Bordier.

GERTRUDE, femme de charge du cardinal. . . . Mmes Julienne.
GIANINO. . . . .   Despréaux.

DOMESTIQUES.

A Rome, dans le palais du cardinal.

LE SOPRANO

Un superbe appartement orné de peintures, de vases, statues, etc. Sur le devant de la scène, à gauche de l'acteur, une table couverte d'un tapis.

SCÈNE PREMIÈRE.

GUIMBARDINI, seul, tirant sa montre.

Le cardinal ne paraît pas, ni personne de sa maison! c'est que je lui prouverais bien qu'un artiste n'est pas fait pour attendre, si ce n'étaient les deux heures un quart d'antichambre que j'ai déjà faites, et qui seraient tout à fait en pure perte. J'ai déjà regardé tous les tableaux, toutes les gravures, et je vais être obligé de recommencer. Quel beau palais!... quels beaux meubles!... c'est ici qu'habite la richesse; et moi, qui, depuis si longtemps, cours après elle, moi, Guimbardini, musicien distingué, à qui la scélérate tient toujours la dragée si haute qu'il n'y a pas de gamme ascendante qui y puisse arriver!

AIR du vaudeville de *Rien de trop*.

Ut, ré, mi, fa, sol, la, si, ut...
A chaque air, à chaque sonate,
Je crois enfin toucher au but;
Mais la fortune est une ingrate!
J'ai beau la poursuivre en chantant,

A m'éviter elle s'applique,
Et je crois que décidément
Elle n'aime pas la musique.

Et de toutes mes avances, il ne me reste que ma fierté, apanage du véritable artiste qui n'en a pas d'autre. (Regardant vers la droite.) Qu'est-ce que je vois là? une femme! (Saluant plusieurs fois.) C'est par elles qu'on parvient.

SCÈNE II.

GERTRUDE, GUIMBARDINI.

GERTRUDE, à part.

Quel est cet original-là?

GUIMBARDINI.

Je vois que madame est de la maison...

GERTRUDE.

Femme de charge de Son Éminence, rien que cela.

GUIMBARDINI.

On disait bien que le cardinal était un homme de goût, et cela me rassure; qui aime la beauté doit aimer les arts, tout cela se touche, tout cela est de la même famille; c'est à ce titre que je réclamerai la protection de la signora.

GERTRUDE.

Que voulez-vous?

GUIMBARDINI.

Une audience que je lui ai demandée déjà plusieurs fois par écrit, et je venais moi-même chercher une réponse.

GERTRUDE.

Que vous attendez?...

GUIMBARDINI.

Depuis deux heures vingt minutes; et quoique, par état, j'aie l'habitude de compter les pauses, je trouve l'attente un peu longue.

GERTRUDE.

Monsieur est, à ce que je vois...

GUIMBARDINI.

Guimbardini, artiste, organiste, et célèbre compositeur, élève de Pergolèse.

GERTRUDE.

Vraiment !

GUIMBARDINI.

J'ai été élevé, nourri dans sa maison, fils de sa cuisinière, la servante maîtresse, *serva padrona*; j'avais quatre ans quand il est mort, ce grand homme, et chez lui, je tournais déjà la broche en mesure, la mesure à quatre temps. Le sentiment de la musique, tout le monde l'avait dans la maison. Puissant génie ! toi qui fus mon maître, d'autres disent davantage, c'est possible ! je n'en ai jamais été plus fier, ni ma mère non plus; mais cela expliquerait ce sang musical qui coule dans mes veines; et cette fièvre qui ne me quitte pas, voyez plutôt...

(Il lui prend la main.)

GERTRUDE, retirant la sienne.

Monsieur !...

GUIMBARDINI.

N'ayez pas peur, cela ne se gagne pas; bien plus, ça ne fait rien gagner, car voilà où j'en suis, musicien jusqu'au bout des doigts, des chants heureux, un orchestre superbe, vingt partitions dans la tête, et pas un sou dans la poche.

GERTRUDE.

Et comment cela se fait-il ?

GUIMBARDINI.

La fatalité ! J'ai dix opéras, autant de messes... *Te Deum, de profundis, et cœtera,* je n'ai jamais pu en faire entendre une seule note, jamais !

GERTRUDE.

Est-il possible !

GUIMBARDINI, tristement.

Ils n'ont pas voulu. J'ai mis les opéras en messes, les messes en opéras, et il ne s'est pas rencontré un seul directeur de spectacle assez hardi pour les recevoir et pour les jouer.

AIR du vaudeville du Baiser au Porteur.

Et cependant quel orchestre magique !
Bassons, clairons, tamtam... et dans les chœurs,
Quel tintamarre ! Enfin à ma musique
Rien ne manquait, rien que des auditeurs,
Il ne manquait rien que des auditeurs !
Monde ignorant ! insensible aux merveilles !
Je n'ai donc pu, c'est à se dépiter,
Dans ce grand siècle, où l'on voit tant d'oreilles,
En trouver deux pour m'écouter.

GERTRUDE.

Est-ce malheureux !

GUIMBARDINI.

Pour mon siècle ! oui, signora ; aussi, emportant ma gloire en portefeuille, et sachant que monseigneur venait de renvoyer l'organiste attaché à sa maison, j'ose me mettre sur les rangs, en demandant seulement la faveur de vous faire entendre une fugue que j'ai là et que je compte vous dédier.

GERTRUDE.

A moi ?

GUIMBARDINI.

Oui, signora.

GERTRUDE.

Au fait, moi qui voulais apprendre le piano, sans que cela me coûtât rien, voilà une occasion.

GUIMBARDINI.

Admirable ! et si, par votre protection, je puis être admis dans le palais de monseigneur, comptez que mon zèle, mon dévouement... toujours à vos ordres, toujours prêt à vous accompagner au piano, comme ailleurs.

GERTRUDE.

Je ne dis pas non, nous verrons... J'avais autrefois du pouvoir sur monseigneur, il ne faisait rien sans me consulter ; mais depuis que son neveu, le prince de Forli, est venu s'établir dans ce palais, il ne voit que lui, n'aime que lui ; les neveux font toujours du tort aux gouvernantes.

GUIMBARDINI.

Surtout dans le clergé.

Air de Julie.

Raison de plus ; près de Son Éminence,
Un homme à vous ferait très-bien ;
C'est bon d'avoir, en toute circonstance,
Un allié... fût-ce un musicien !...
Oui, vous verriez, par mes soins bénévoles,
Tous vos discours soutenus, approuvés...
La musique, vous le savez,
Fait souvent passer les paroles.

GERTRUDE.

C'est possible ; et si j'étais sûre que vos bonnes mœurs... votre probité...

GUIMBARDINI.

Droit comme une gamme naturelle.

GERTRUDE.

Où étiez-vous dernièrement ?

GUIMBARDINI.

A Velletri, organiste de la paroisse ; dans la semaine, j'enseignais la musique aux jeunes filles et aux enfants de chœur, et je touchais l'orgue le dimanche.

GERTRUDE.

Et pourquoi avez-vous quitté cette ville ?

GUIMBARDINI.

Pour un motif, un motif musical. Il y avait à Velletri un grand jeune homme, beau brun, un serpent de la paroisse, qui était amoureux d'une de mes élèves, une petite femme charmante, que je venais d'épouser!... Je n'ai jamais aimé les serpents...

GERTRUDE.

Comment! vous êtes marié? vous ne savez donc pas qu'on ne reçoit point de femmes au palais-cardinal?

GUIMBARDINI.

Rassurez-vous, je l'ai perdue.

GERTRUDE.

A la bonne heure !

GUIMBARDINI.

Je puis le dire; car je ne sais ce qu'elle est devenue.
(Il chante.)
« J'ai perdu mon Eurydice,
« Rien n'égale ma douleur. »

Mais, si aucune femme n'est admise, comment se fait-il que vous, signora?...

GERTRUDE.

Je dis aucune femme, à moins qu'elle ne soit d'un âge... quarante ans pour le moins.

GUIMBARDINI.

A ce compte, signora, vous qui me parliez de probité, vous avez trompé Son Éminence.

GERTRUDE, souriant.

Vraiment!

GUIMBARDINI.

Je m'y connais à la minute, et à l'heure; et vous avancez de dix bonnes années au moins.

GERTRUDE.

Il est charmant, monsieur l'organiste.

AIR : Quelle douce, aimable folie. (*Un jour à Paris.*)

Mais partez... car je crois entendre
La voix de monseigneur... c'est lui!
Dans ces lieux revenez m'attendre,

Je promets d'être votre appui.

GUIMBARDINI, à part.

L'ouverture n'est pas mauvaise...
Et pourvu, *caro maestro*,
Que l'introduction leur plaise,
Mon succès ira *crescendo*.

Ensemble.

GERTRUDE.

Mais partez... car je crois entendre, etc.

GUIMBARDINI.

Bientôt ici je vais me rendre,
Vous me présenterez à lui...

(A part, montrant Gertrude.)

A quoi ne puis-je pas m'attendre
Avec un si solide appui ?

(Il sort par le fond.)

SCÈNE III.

LE CARDINAL, GERTRUDE, un Domestique.

LE CARDINAL, entrant par la droite.

C'est inimaginable, et je ne sais pas comment je vais sortir de là. (A son domestique, qui le suit.) Qu'on mette mes chevaux.

(Le domestique sort.)

GERTRUDE, à part.

Il a l'air agité.

LE CARDINAL.

Ah! c'est vous, ma chère madame Gertrude?

GERTRUDE.

Est-ce que Votre Éminence va sortir?

LE CARDINAL.

Je vais au Vatican.

GERTRUDE.

De si bonne heure!

LE CARDINAL.

Il le faut bien, les affaires, j'en suis accablé; et puis, cela va mal, je n'ai pas d'appétit.

GERTRUDE.

Monseigneur a si bien dîné hier.

LE CARDINAL.

Je n'ai pas d'appétit ce matin; et le mouvement, le grand air, me disposeront peut-être à déjeuner. On servira à mon retour.

GERTRUDE.

Oui, monseigneur. Mais Votre Éminence est dans un état de préoccupation qui m'inquiète.

LE CARDINAL.

Oui, oui, c'est vrai; je rêve, je pense; je ne suis pas dans mon état naturel; et moi qui aime à digérer tranquillement, et sans que rien me tourmente, je me trouve, grâce au prince de Forli, mon neveu, dans un embarras dont je ne sais comment me tirer.

GERTRUDE.

Ah! qu'arrive-t-il donc?

LE CARDINAL.

Imaginez-vous; car je vous dis tout, ma bonne madame Gertrude, surtout quand ça va mal... imaginez-vous que j'avais médité pour lui, depuis longtemps, un mariage magnifique, la nièce du cardinal Cagliari, qui est si influente au Sacré-Collège; car moi je ne pense qu'à mon neveu, et à son bonheur. Le cardinal me faisait nommer secrétaire d'État, et, au prochain conclave, en réunissant nos votes... que Dieu prolonge les jours de notre souverain actuel!... mais il est bien vieux, bien cassé; on a parlé d'un catarrhe, et même de deux médecins appelés hier près de Sa Sainteté!... enfin, il y a des espérances.

GERTRUDE, avec joie et explosion.

Est-il possible!

LE CARDINAL, la modérant.

Taisez-vous, taisez-vous, mon enfant; il ne faut pas avoir de mauvaises pensées, cela porte malheur. Et pour en revenir à ce mariage, mon neveu m'avait dit : « Faites comme pour vous, mon oncle, cela m'est égal. » Alors j'avais été en avant, tout avait été conclu hier entre nous... le cardinal, sa nièce, et jusqu'à Sa Sainteté qui a donné son agrément... il ne manque qu'un consentement, un seul, celui de mon neveu... et ce matin il refuse, il ne veut plus entendre parler de mariage.

GERTRUDE.

Et qu'est-ce qu'il objecte?

LE CARDINAL.

Que la prétendue est laide! c'est possible ; je ne demande pas qu'il l'adore, mais qu'il l'épouse.

GERTRUDE.

C'est juste, et dès que cela vous rend service... mais ne pourrait-on pas le gagner par la persuasion et la douceur?

LE CARDINAL.

Est-ce que je ne fais pas tout pour lui? est-ce que je lui refuse rien? Il a voulu une meute, des chevaux anglais, il n'a eu qu'à parler ; il a désiré une *villa*, une maison de campagne, une galerie de tableaux, je les lui ai données ; et tout cela, sur les revenus de l'Église.

GERTRUDE.

Quelle bonté! quelle générosité!

LE CARDINAL.

Hier encore, il paraît qu'on a entendu au Vatican, devant le pape, un soprano magnifique, une voix admirable, dont il est revenu ravi, enthousiasmé! Selon lui, il n'y a jamais eu rien de pareil; et dans son amour pour les arts, il m'a persuadé, moi, que je devais les encourager, les protéger, et offrir à ce jeune artiste un logement ici, dans mon propre palais.

GERTRUDE.

Et vous y avez consenti ?

LE CARDINAL.

Il l'a bien fallu. Je fais tout ce qu'il veut, pour être le maître, car je donnerais tout au monde à celui qui le déciderait à ce mariage; mais tout a été inutile, et je ne sais maintenant quel moyen employer.

SCÈNE IV.

Les mêmes; un Domestique.

LE DOMESTIQUE.

Un jeune homme qui a reçu une invitation de monseigneur demande à lui parler, il signor Gianino.

LE CARDINAL.

C'est notre soprano. J'ai bien le temps de le recevoir, moi qui vais au Vatican ! chargez-vous de ce soin, ma chère madame Gertrude.

GERTRUDE.

Moi, monseigneur ? Je ne peux pas souffrir ces gens-là.

LE CARDINAL.

D'où vient ?

GERTRUDE.

Je ne sais... je ne peux pas expliquer à monseigneur.

LE CARDINAL.

Si, si... je vous comprends; mais priez-le seulement de déjeuner ici, avec moi et mon neveu.

GERTRUDE.

Si Votre Éminence l'exige ?

LE CARDINAL.

Sans doute. (Au domestique.) Les chevaux sont mis ?

LE DOMESTIQUE.

Oui, monseigneur.

LE CARDINAL.

Mes gants violets! (Le domestique les donne à Gertrude, qui les présente au cardinal.) Je reviendrai bientôt; un déjeuner léger. (Il fait un pas pour sortir et revient.) Ah! je n'y pensais plus, car mon neveu me fait tout oublier; on servira cette truite, dont je n'ai mangé hier que la moitié; elle était excellente.

GERTRUDE.

Oui, monseigneur.

LE CARDINAL.

Une truite du lac de Genève. Quel dommage que ce soit un canton protestant! De si bon poisson!... Adieu, adieu! Ah! ma pauvre Gertrude, je suis bien tourmenté! (Il va pour sortir. Revenant.) Sauce genevoise, entendez-vous.

(Il sort par le fond; le domestique le suit.)

SCÈNE V.

GERTRUDE, seule.

Faire les honneurs du palais au signor Gianino! Encore un qui vient s'établir chez nous, encore un qui voudra s'emparer de l'esprit de monseigneur, et le gouverner aussi! c'était déjà bien assez de moi et de son majordome. Celui-là est un si honnête homme, qui s'enrichit de son côté, moi du mien... et nous aurions déjà fait une fin, si ce n'était monseigneur qui ne veut pas qu'on se marie chez lui; il tient tant aux mœurs! Ah! voilà notre nouveau commensal, ce beau chérubin.

SCÈNE VI.

GERTRUDE, GIANINO.

GIANINO, timidement.

On m'a dit, madame, que monseigneur le cardinal de Trivoglio était sorti.

GERTRUDE, brusquement.

Oui, signor; il vous prie de l'attendre, et de déjeuner ici avec son neveu. Voilà ma commission faite. Adieu.

(Elle va pour sortir.)

GIANINO, timidement.

Un mot, de grâce, signora.

GERTRUDE, à part.

Quelle voix douce! Que ces gens-là ont un air câlin!

GIANINO.

Je suis si heureux de rencontrer ici une personne telle que vous, une femme!...

GERTRUDE, à part.

Qu'est-ce que cela lui fait, je vous le demande?

GIANINO, de même.

Une personne, enfin, de qui je puisse recevoir des renseignements et des conseils.

GERTRUDE, avec aigreur.

Des conseils! vous n'en avez pas besoin. Protégé par le prince, reçu par son oncle, vous voilà déjà de la maison.

GIANINO.

C'est que justement je voudrais ne pas en être.

GERTRUDE.

Est-il possible!

GIANINO.

Et je ne sais comment refuser.

GERTRUDE, avec affection.

Parlez, mon enfant, parlez sans crainte; car il est vraiment gentil, ce petit signor; et malgré soi, on s'intéresse à lui. Vous disiez donc, mon bel enfant...

GIANINO.

Que seul, sans amis, sans protection dans cette ville, je suis trop heureux d'avoir celle du cardinal de Trivoglio, qui m'arrive je ne sais comment, et que je tiendrais beaucoup à conserver. Mais, d'un autre côté, il m'offre dès aujourd'hui un appartement ici, près de lui, dans son palais ; et il m'est impossible d'accepter.

GERTRUDE.

Et pourquoi donc?

GIANINO.

Faut-il tout vous dire?

GERTRUDE.

Certainement.

GIANINO.

Et vous ne me trahirez pas? Ce serait bien mal.

GERTRUDE.

Je n'ai jamais trahi personne, je vous prie de le croire.

GIANINO.

C'est qu'il y va de mon sort, de mon repos.

GERTRUDE.

Soyez tranquille. Eh bien?

GIANINO.

Eh bien! signora... c'est que je suis une femme.

GERTRUDE.

Bonté de Dieu!

GIANETTA, à mi-voix.

Silence, je vous prie!

GERTRUDE.

Et que signifie un pareil mystère?

GIANETTA.

Oh! je vais tout vous raconter. Pauvre villageoise, orpheline, je n'avais de ressource qu'une assez belle voix, à ce que tout le monde disait. Un musicien, qui m'avait donné des leçons, me proposa de m'épouser; et le matin même de notre mariage, nous quittâmes le pays, et nous partîmes ensemble dans un petit voiturin qu'il avait loué. Nous traversions les campagnes de Naples, le jour tombait, et nous approchions de l'endroit où nous devions coucher; mon mari et le conducteur montaient une côte à pied, et s'entretenaient d'histoires de brigands, lorsque près de nous partent deux coups de fusil : le conducteur se précipite à travers champs; mon mari en fait autant, sans réfléchir, sans penser à moi, qui étais restée dans la voiture!... et le cheval, effrayé par le bruit et surtout par mes cris, m'emporte au grand galop, et sans s'arrêter, à plus d'une demi-lieue.

GERTRUDE.

Dieu! que j'aurais eu peur!

GIANETTA.

Pas plus que moi. Et ce qui redoublait encore mon effroi, c'est que j'entendais derrière la voiture les pas de plusieurs personnes qui me poursuivaient, et qui saisirent enfin la bride du cheval; ils étaient deux, à pied, et armés de fusils...

GERTRUDE.

Ah! les infâmes brigands!

GIANETTA.

Du tout, c'étaient des jeunes gens... de très-jolies figures... des manières très-distinguées; ils furent rejoints un instant après par une meute et par des piqueurs, car c'était en chassant dans la montagne qu'ils avaient tiré ces deux coups de fusil, qui avaient fait prendre le mors aux dents à mon cheval.

GERTRUDE.

Et à votre mari.

GIANETTA.

Précisément! Et jugez de leur surprise, en me voyant la nuit, seule, dans cette voiture, et en habit de mariée. A ma prière, on alluma des flambeaux, on parcourut la montagne, on battit les bois dans tous les sens... point de nouvelles de mon mari! impossible de le retrouver; et l'un de ces jeunes gens qu'on appelait monseigneur, et qui avait l'air de commander aux autres, m'offrit de me conduire jusqu'à la prochaine *villa*. Il était minuit, et dans ce bois, j'avais froid, j'avais peur, et j'acceptai; nous arrivâmes à une maison de campagne délicieuse, c'était la sienne!

GERTRUDE.

Ah! ah!...

GIANETTA.

On me donna l'appartement de sa sœur; des tentures, des tableaux magnifiques!... Moi qui sortais de mon village, je n'avais jamais rien vu de si beau; des femmes s'empressèrent de me servir, de prévenir tous mes vœux; et puis le prince, c'était un prince italien, était pour moi si soumis, si respectueux, que je ne pensais plus à avoir peur, je ne pensais plus à rien.

GERTRUDE.

Qu'à votre mari.

GIANETTA.

Oh! toujours!... Mais le prince devenait si aimable, si galant, que je voulus absolument partir; il ne le voulait pas, et il avait un air si malheureux... il me suppliait avec tant d'instance de rester encore un jour, que cela me faisait de la peine; un pauvre jeune homme qui est à vos pieds, et qui pleure!... si vous saviez comme c'est terrible.

GERTRUDE.

Je le sais, signora. (Se reprenant.) Je l'ai su du moins.

GIANETTA.

Et ne sachant comment faire pour lui résister, craignant de ne pas en avoir le courage, je m'échappai la nuit, et sans l'en prévenir, par une petite porte du parc dont j'avais pris la clef. Mais, en arrivant à Rome, j'avais épuisé ma dernière pièce de monnaie, et je me trouvai seule, sans ressources, et ne connaissant personne.

GERTRUDE.

Pauvre jeune fille!

GIANETTA.

L'hôtesse chez laquelle j'étais entrée, sans savoir comment je la paierais, me demanda ce que je comptais faire. Je lui répondis que j'avais une belle voix, que j'étais musicienne, et qu'en m'adressant au maître de chapelle de Sa Sainteté, peut-être m'admettrait-il dans la musique particulière; mais jugez de mon désespoir! elle m'apprit qu'aucune cantatrice ne pouvait se faire entendre devant le pape et les cardinaux.

GERTRUDE.

C'est vrai.

GIANETTA.

Ce fut alors, et voyant ma misère, qu'il vint une idée à mon hôtesse : elle me conseilla de prendre des habits d'homme, et de me présenter comme soprano. Moi je ne savais pas ce que c'était; et je craignais de ne pas réussir.

GERTRUDE.

Rien de plus facile; il n'y a rien à faire qu'à chanter.

GIANETTA.

C'est ce qu'elle me dit; et je l'ai bien vu, car hier soir, où j'ai été admise pour la première fois à me faire entendre au Vatican, devant la plus brillante société de Rome, j'ai eu un succès fou, des applaudissements, des transports, un enthousiasme... et j'étais tellement émue, que, voulant les remercier, j'ai manqué faire la révérence.

GERTRUDE.

Quelle imprudence!

GIANETTA.

Et les directeurs de Rome et de Naples qui m'offraient chacun dix mille écus!... enfin, le cardinal de Trivoglio qui se déclare mon patron, mon protecteur, et qui veut, qui exige absolument que j'accepte un appartement dans son palais. Voilà où j'en suis; et maintenant que vous savez tout, qu'est-ce qu'il faut faire?

GERTRUDE.

Ce qu'il faut faire? Avant tout, ma chère enfant, gardez avec soin un secret d'où dépend votre fortune, et acceptez d'abord la protection et le déjeuner de monseigneur : cela n'engage à rien.

GIANETTA.

Vous croyez?

GERTRUDE.

Pour le reste, cela me regarde : je vais en causer avec le majordome de monseigneur, le signor Scaramella, qui m'est dévoué.

GIANETTA.

Vous êtes bien sûre de lui?

GERTRUDE.

Comme de moi-même; et quand tous les deux nous voulons quelque chose, monseigneur le veut aussi. Nous le ferons renoncer à cette idée de vous loger au palais, d'autant qu'elle ne vient pas de lui. Mais du silence! car s'il y avait le moindre éclat, tout serait perdu, et l'on ne pourrait plus... Voici Son Éminence et le prince son neveu.

SCÈNE VII.

GIANETTA, GERTRUDE, LE CARDINAL, LE PRINCE DE FORLI.

(Le cardinal et le prince entrent en causant à gauche du théâtre.)

AIR : Mais pour qu'enfin l'hymen couronne. (*Le Philtre.*)

LE CARDINAL, au prince.

Pour repousser cette alliance,
Quels sont donc tes motifs secrets?
Dis-m'en un seul.

LE PRINCE, à son oncle.

Eh mais!
Ma répugnance.

GIANETTA, de l'autre côté, apercevant le prince.

Que vois-je, ô ciel!

GERTRUDE, bas.

Quoi donc?

GIANETTA, de même.

C'est lui.

GERTRUDE, de même.

Comment! le prince de Forli?

GIANETTA, de même.

Oui, ce jeune inconnu qui me reçut chez lui.

GERTRUDE, de même.

Et qui vous adorait?

GIANETTA, de même.

Sans doute.

GERTRUDE, de même.

Taisez-vous.
Un mot nous perdrait tous.

(Haut, et s'adressant au cardinal, qui a toujours causé bas avec son neveu.)

Monseigneur, vous voyez ce jeune soprano
Que vous attendiez.

LE PRINCE, se retournant vivement.
Gianino!
C'est lui qu'hier... oui vraiment... c'est bien lui.
(A part.)
A son aspect mon cœur a tressailli.

Ensemble.

GIANETTA, à part.
Ah! malgré moi, combien sa vue
Vient agiter mon âme émue.
Je sens, hélas! battre mon cœur
D'étonnement et de frayeur.

GERTRUDE, bas à Gianetta.
Je sens combien, à cette vue,
Votre âme, hélas! doit être émue;
Mais avec soin dans votre cœur
Renfermez bien cette frayeur.

LE PRINCE, à part.
Ah! malgré moi, combien sa vue
Vient agiter mon âme émue!
Je sens déjà battre mon cœur
D'étonnement et de bonheur.

LE CARDINAL, à part.
Mais de son trouble, à cette vue,
Vraiment mon âme est confondue;
Je n'entends rien, sur mon honneur,
A sa surprise, à son bonheur.

LE CARDINAL, à son neveu.
Eh bien! eh bien!
Qu'as-tu donc?

LE PRINCE, regardant toujours Gianetta.
Rien.

GERTRUDE, bas à Gianetta.
Tenez-vous bien.

GIANETTA, à part.
Cachons-nous bien.

18.

LE PRINCE, avec émotion, et regardant toujours Gianetta.
Je suis ému de souvenir,
Car à l'entendre hier, j'éprouvai un plaisir...

Ensemble.

GIANETTA.
Je sens, hélas! battre mon cœur,
D'étonnement et de frayeur.

GERTRUDE.
Mais avec soin dans votre cœur
Renfermez bien cette frayeur.

LE PRINCE.
Je sens déjà battre mon cœur
D'étonnement et de bonheur.

LE CARDINAL.
Je n'entends rien, sur mon honneur,
A sa surprise, à son bonheur.

(Pendant la fin de cet ensemble, deux domestiques ont apporté une table servie qu'ils ont placée à droite du théâtre.)

GIANETTA, au prince.

Quoi! monseigneur était hier à mon début?

LE PRINCE, à part.

Et la voix aussi!... c'est inconcevable, ou plutôt je cherche moi-même à m'abuser, car je la vois partout. (Haut, et passant auprès de Gianetta.) Oui, Gianino, oui, j'étais à votre début, et ce cri involontaire que je n'ai pu retenir à votre première apparition...

GIANETTA.

C'était vous?

LE CARDINAL.

Avant même qu'il n'eût chanté... Voilà le vrai dilettante!

LE PRINCE.

Et si vous saviez, mon oncle, quel talent! quelle expression! quelle voix suave et légère! Il a été sublime. Je n'en ai pas dormi de la nuit. Gianino, votre main... Vous avez en moi un admirateur, un ami, je vous le jure. Eh mais ! vous tremblez !

GIANETTA.

Non, mon prince.

LE PRINCE.

Quand vous me connaîtrez mieux, vous ne serez pas étonné de l'intérêt que je vous porte... J'aime les arts, comme tout ce que j'aime... et avec ardeur, avec passion... Vous logerez dans ce palais, chez mon oncle...

GIANETTA.

Permettez...

LE PRINCE.

C'est convenu, vous ne sortirez pas d'ici ; et en échange de notre amitié, tout ce que nous vous demandons, c'est une cavatine par jour. Moi, d'abord, je parle de vous à tout le monde, et j'ai déjà arrangé un concert par souscription : dix piastres par tête !... et on s'arrachera les billets, je m'en charge. Et puis n'oubliez pas qu'aujourd'hui, à midi, vous avez répétition du *Stabat*. J'irai, je veux vous entendre.

LE CARDINAL, à Gertrude.

La musique lui fera perdre la tête, c'est sûr.

GERTRUDE, à mi-voix.

Laissez-le faire. C'est par le seul Gianino que nous pourrons obtenir son consentement à cette alliance.

LE CARDINAL, à mi-voix.

Vous croyez ?... c'est tout ce que je désire. Ça, et le déjeuner...

GERTRUDE, montrant la table qu'on a apportée.

On vient de le servir...

(Un domestique place, à gauche, une petite table sur laquelle sont des bouteilles, dans des vases à rafraîchir.)

LE CARDINAL.

Qu'on ne s'occupe plus de rien. Mon neveu, mon neveu,

mettons-nous à table. Mon neveu, à ma droite, notre jeune virtuose, ici, près de moi.

GERTRUDE.

Monseigneur n'a pas sa chancelière?

LE CARDINAL.

C'est vrai.

GERTRUDE, derrière lui et lui plaçant un oreiller sur son fauteuil.

Et monseigneur est mieux, quand il est appuyé.

LE CARDINAL.

C'est bien, c'est bien. Cette bonne madame Gertrude pense à tout.

GERTRUDE.

Oh! mon Dieu! non, car j'oubliais que j'avais une grâce à vous demander.

LE CARDINAL.

Est-elle adroite! elle sait bien qu'il y a des moments où je ne peux rien refuser.

GERTRUDE.

C'est un pauvre diable qui demande au palais-cardinal la place d'organiste vacante, et qui, avant tout, prie monseigneur de vouloir bien l'entendre.

LE CARDINAL.

A la bonne heure, cela n'empêche pas de déjeuner. Et puis, en présence du signor et de mon neveu, il sera jugé par des connaisseurs... Fais-le entrer.

GERTRUDE.

Oui, Éminence... (Allant auprès du cardinal.) Je prie seulement monseigneur de manger lentement, cela lui vaut mieux.

(Elle sort.)

LE CARDINAL, à son neveu.

Qu'est-ce qu'il fait celui-là, les yeux et la fourchette en l'air?... est-ce que c'est là la place d'une fourchette?

LE PRINCE, regardant toujours Gianetta.

Je n'en reviens pas, Gianino, je ne vous avais vu qu'hier, et de loin, mais maintenant, plus je vous regarde, plus il me semble...

GIANETTA, à part.

Ah! mon Dieu!... Veillons sur moi, et que rien ne puisse lui faire soupçonner...

SCÈNE VIII.

Les mêmes; GUIMBARDINI, amené par GERTRUDE.

(Le cardinal est au milieu de la table, Gianetta à sa gauche, et tournant le dos à Guimbardini qui entre.)

GERTRUDE, à Guimbardini.

Approchez... Monseigneur est bien disposé... et cela durera tant qu'il sera à table.

GUIMBARDINI.

Alors, j'ai le temps.

GERTRUDE, bas à Gianetta.

Redoublez de prudence, je vais parler à Scaramella et je reviens... (S'approchant du cardinal et lui présentant Guimbardini.) Monseigneur, voilà...

(Elle fait signe à Guimbardini de s'approcher, et sort.)

LE CARDINAL, à Guimbardini.

Asseyez-vous, signor... là... (Lui montrant un fauteuil du côté opposé à la table.) Nous sommes à vous... tout à l'heure.

GUIMBARDINI, s'incline et va s'asseoir, pendant que les trois autres continuent à manger. — A part.

J'ai cru qu'il allait m'inviter. (Le regardant.) Sont-ils heureux, ces gens-là! se voir dans un bon fauteuil, près d'une bonne table... toutes les douceurs de la vie! il n'est pas difficile, comme cela, d'avoir du génie... (Montrant une bouteille qui est sur la petite table à gauche.) Je suis sûr qu'il y en a dans cette bouteille de *lacryma Christi*. J'y puiserais deux ou trois cavatines et autant de *requiem*... (Regardant l'autre table.) Et dans cet immense pâté... que de choses j'y trouverais! Mais le génie qui est à jeun est bientôt à sec. Dieu! comme ils mangent!... Je crois qu'ils m'ont oublié.

LE CARDINAL, tendant son verre.

A boire!

GUIMBARDINI, prenant vivement une bouteille qui est près de lui, va et verse à boire au cardinal.

Voici.

LE CARDINAL.

Quoi! vous-même, maëstro!... c'est trop de bonté. Quel est votre nom?

GUIMBARDINI.

Signor Guimbardini.

(Il va remettre la bouteille sur la table.)

GIANETTA, à part.

Mon mari! et devant le prince... devant le cardinal... Comment faire?

LE PRINCE, à Gianetta.

Qu'avez-vous donc?

GIANETTA.

Rien... (A part.) Attendons, et tâchons de ne pas nous trahir.

LE CARDINAL.

Guimbardini... j'ai quelque idée... attendez donc, n'est-ce pas vous qui m'avez présenté plusieurs pétitions?

GUIMBARDINI, s'inclinant.

Deux par jour, régulièrement, depuis une semaine, Éminence.

LE CARDINAL.

Belle écriture, une main remarquable.

GUIMBARDINI.

Le doigté est assez agréable.

LE CARDINAL.

Vous êtes, dites-vous, pianiste, organiste?

LE PRINCE.

Et vous avez du talent?

GUIMBARDINI.

Du talent, monseigneur, du talent!... j'en ai, j'ose le dire, plein mes poches... (Tirant plusieurs rouleaux de papiers.) car j'ai là des messes, des opéras, qui parlent... qui crient pour moi, et qui ne peuvent pas se faire entendre... le siècle es sourd.

LE PRINCE.

Et vous avez quelque antécédent, quelque recommandation?

GUIMBARDINI.

Élève de Pergolèse, et je puis dire que Cimarosa m'a dû ses plus beaux ouvrages.

LE PRINCE

Comment cela?

GUIMBARDINI.

J'étais son accordeur de piano.

LE CARDINAL.

Voilà des titres.

GUIMBARDINI.

J'arrivais chez ce grand maître, et je lui disais : « Eh bien! mon cher... » car nous nous traitions sans façon... la familiarité du talent... « Eh bien! mon cher, comment cela va-t-il? — Cela ne va pas... je n'ai pas de chant... pas d'inspiration. Voilà un air *del Matrimonio* que je ne peux pas achever... » Je regardais le clavecin... Je crois bien... trois cordes cassées... je retroussais mes manches (Faisant le geste d'accorder un clavecin.) la, la, la, la, — allez, maintenant; il s'y remettait, et trouvait son air... il en a dix comme cela, qu'il a composés à nous deux, mais j'en ai d'autres à moi tout seul... et si monseigneur voulait seulement en entendre un petit... un *piccolo*.

LE CARDINAL.

Volontiers.

GUIMBARDINI, tout ému.

Est-il possible! c'est la première fois... (Cherchant dans ses papiers.) On va donc enfin me connaître et écouter un de mes airs jusqu'au bout... moi qui n'ai jamais pu en achever un.

LE PRINCE, tirant sa montre.

Qu'il ne soit pas long, car à midi nous avons une répétition... Du reste, donnez-nous ce que vous avez de mieux.

GUIMBARDINI.

Tout ce que j'ai est ce qu'il y a de mieux... Mais j'aurais entre autres un morceau qui, malheureusement, est à deux voix, basse-taille et haute-contre; sans cela... je vous garantis que c'est un morceau délirant!... c'est à en perdre la tête. Rien que la ritournelle vous met dans un état...

LE PRINCE.

N'est-ce que cela?... Voici un artiste distingué, la plus belle voix d'Italie, notre premier soprano.

GUIMBARDINI.

Un soprano! c'est différent. Quel honneur pour moi et pour ma musique!... c'est un duo de mon opéra d'*Abufar*.

LE PRINCE, se levant.

Abufar!

GUIMBARDINI.

Abufar épris de sa sœur... c'est moi qui fais Abufar...

LE CARDINAL, mangeant.

Abufar... je connais...

GUIMBARDINI.

Et voici la partie du seigneur soprano.

LE PRINCE.

Donnez... donnez.

GUIMBARDINI, chantant la ritournelle.

La, la, la, la, la, la.

(Pendant la ritournelle, le cardinal et le prince vont s'asseoir sur le devant du théâtre, tandis que les domestiques enlèvent la table.)

Ah! quelle douce ivresse!
Quel trouble pour mon cœur!
Objet de ma tendresse,
C'est elle! c'est ma sœur!
(Levant les yeux sur Gianetta.)
Que vois-je! ô ciel! est-ce une erreur?

LE PRINCE.

Que dit-il donc?

GUIMBARDINI.

Moi, rien, si fait... c'est-à-dire... pardon...
Ses yeux... sa voix... ses traits... Oh! non!...
C'est ma sœur... c'est ma femme!...
Je ne saurais m'y retrouver!...
Encore un morceau, sur mon âme,
Que je ne saurais achever.

Ensemble.

LE CARDINAL et LE PRINCE.

Ah! c'est insupportable!
Cette musique est détestable...
Vraiment, vraiment,
Cet homme n'est qu'un ignorant.

GIANETTA, à part.

Ah! quel effroi m'accable!
Quelle colère épouvantable!
Vraiment, vraiment,
Rien n'est égal à mon tourment.

GUIMBARDINI, à part.

Ah! c'est épouvantable!

Ce doute n'est pas supportable!
Vraiment, vraiment,
Rien n'est égal à mon tourment.

Pardon, monseigneur, ça me prend à la gorge... je ne puis continuer à cause de mes moyens, qui sont absents.

LE PRINCE.

Nous n'avons pas envie d'attendre qu'ils reviennent, car il faut nous rendre à la répétition, voici l'heure.

GIANETTA, troublée et regardant Guimbardini.

Oui; mais je voudrais auparavant... (A part.) Impossible de lui expliquer...

LE PRINCE.

Allons, allons, ma voiture est en bas... il faut de l'exactitude... le maëstro se fâcherait.

GUIMBARDINI, étourdi.

Le maëstro... la répétition... est-ce que, sans le savoir, j'aurais épousé un soprano?... c'est impossible... il y a là-dessous quelque machination diabolique... (Haut et s'approchant du cardinal.) Je demande à monseigneur un instant d'audience particulière... (A mi-voix.) pour lui révéler un mystère... un ténébreux mystère.

GIANETTA, à part.

O ciel!... tout est perdu!

LE CARDINAL, à Guimbardini.

Je suis à vous.

LE PRINCE.

C'est bien, nous vous laissons... Venez, mon cher Gianino... j'ai besoin d'entendre de bonne musique, pour me dédommager de monsieur.

GUIMBARDINI, à part.

Merci!

GIANETTA, qui a fait inutilement des signes à Guimbardini; à part.

Il ne me comprend pas. Courons vite à cette répétition, et revenons tout lui avouer.

(Elle sort avec le prince, en faisant toujours des signes à Guimbardini.)

SCÈNE IX.

LE CARDINAL, GUIMBARDINI.

GUIMBARDINI, à part.

Il me fait des signes... décidément c'est bien elle. Arrivera ce qu'il pourra! je ne puis pas digérer un pareil affront. Mari d'un soprano! c'est deshonorant! je vais déclarer que c'est ma femme.

LE CARDINAL.

Eh bien! signor, que me voulez-vous?

GUIMBARDINI, avec mystère.

Pardon, Éminence... Nous sommes seuls?

LE CARDINAL.

Vous le voyez.

GUIMBARDINI, regardant la porte.

Personne ne peut nous entendre...

LE CARDINAL.

Eh! bon Dieu! que de précautions!

GUIMBARDINI.

C'est qu'effectivement on ne peut en trop prendre pour une chose aussi délicate. (Baissant la voix.) Vous connaissez parfaitement ce jeune soprano?

LE CARDINAL.

C'est-à-dire je le connais... je sais qu'il s'est fait entendre hier avec un grand succès, et qu'il doit avoir du talent, car on lui offre un traitement de dix mille écus.

GUIMBARDINI.

Hein !... dix mille écus !... comme soprano !...

LE CARDINAL.

Comme soprano... Je crois qu'il doit signer aujourd'hui.

GUIMBARDINI, à part.

Santa Maria !... quelle fortune pour le ménage !... nous n'aurons jamais été si riches... quelle bêtise j'allais faire !

LE CARDINAL.

Eh bien ! qu'aviez-vous à me dire ?

GUIMBARDINI.

Moi, monseigneur ?... rien...

LE CARDINAL.

Comment ?

GUIMBARDINI.

Rien absolument... si ce n'est qu'on vous a dit l'exacte vérité sur ce jeune virtuose... personne plus que lui ne mérite la protection et les bienfaits de Votre Éminence... c'est un grand et magnifique soprano.

LE CARDINAL.

Vrai ?

GUIMBARDINI.

C'est-à-dire que c'est le premier soprano de l'Italie... je dirai même le plus extraordinaire.

LE CARDINAL.

Vous l'avez donc entendu ?

GUIMBARDINI.

Plus de cent fois. A Velletri, on ne parlait que d'elle.

LE CARDINAL.

D'elle !

GUIMBARDINI, se reprenant.

De sa voix... oui, monseigneur... et je puis vous certifier...

LE CARDINAL.

C'est bien. Mais ce n'est pas cela que vous vouliez m'apprendre.

GUIMBARDINI, embarrassé.

Ah! je m'en vais vous dire... et ça vous expliquera son trouble et le mien, car vous avez dû vous apercevoir qu'en nous reconnaissant, nous avons eu un moment de... Voilà ce que c'est, monseigneur... il devait jouer dans un opéra de moi, *il Matrimonio interrotto*, le Mariage interrompu,.. un ouvrage sur lequel je comptais... et il s'en est allé... Il est parti le jour de la première représentation.

LE CARDINAL.

C'était désagréable pour vous.

GUIMBARDINI.

Très-désagréable. Alors il croit peut-être que je lui en veux : il se trompe, mon Dieu!... entre artistes, il faut se passer tant de choses...

LE CARDINAL, impatienté.

Tout cela est fort bien; mais ça ne m'apprend pas ce que vous me vouliez.

GUIMBARDINI.

Ce que je voulais à monseigneur... si fait... c'est tout simple, c'est que Votre Éminence daigne nous raccommoder, qu'elle daigne lui dire que tout ce qu'il a fait est bien fait, que ça me convient, que ça m'arrange; que je ne suis pas fâché... au contraire, je suis content que ce jeune homme ait un traitement de dix mille écus, et que tout ce que je demande, c'est que désormais nous vivions en bonne intelligence.

LE CARDINAL, souriant.

Et qu'il reprenne son opéra.

GUIMBARDINI.

Le mariage interrompu!... Mais je compte bien qu'il y aura une reprise, surtout si monseigneur... daigne m'attacher à sa maison.

LE CARDINAL.

Oh! cela, c'est différent! d'après l'échantillon que vous nous avez donné... Vous n'avez pas pu seulement achever ce morceau...

GUIMBARDINI.

Cela tient à la fatalité qui ne me permet jamais de rien achever... mais je m'en rapporte au soprano lui-même.

LE CARDINAL, avec bonhomie.

Nous verrons, nous verrons; si effectivement il répond de vous, et que cela convienne à mon neveu et à madame Gertrude...

GUIMBARDINI, à part.

Vivat! me voilà en pied.

LE PRINCE, en dehors.

Eh non! non, ce sera très-bien.

GUIMBARDINI.

Chut! c'est le prince, cet aimable protecteur des arts.

SCÈNE X.

Les mêmes; LE PRINCE.

LE PRINCE, à la cantonade.

Eh non! vous dis-je, ce sera très-bien ainsi.

LE CARDINAL.

A qui en as-tu donc, mon neveu?

LE PRINCE.

A madame Gertrude, qui se fait des monstres de tout. Je ne sais comment elle s'est arrangée; mais l'appartement que vous destiniez à Gianino n'est pas même prêt, et si le hasard ne m'avait fait quitter la répétition, on parlait déjà de renvoyer le pauvre garçon à sa mauvaise petite auberge.

LE CARDINAL.

Mais dame! si on ne peut pas le loger...

GUIMBARDINI, d'un air dégagé.

Ça doit être facile dans un palais aussi vaste.

LE PRINCE.

C'est déjà fait, j'ai donné ordre à mon valet de chambre de le mettre à côté de moi, dans mon appartement.

GUIMBARDINI, à part.

Hein!... qu'est-ce que c'est?... dans son appartement?

LE CARDINAL.

Mais ça te gênera.

LE PRINCE.

C'est ce que madame Gertrude prétendait, car elle trouve des difficultés à tout. Enfin, j'ai été obligé de lui dire que je le voulais.

GUIMBARDINI, à part.

Oui, mais je ne le veux pas, moi! Ma femme près d'un jeune homme aussi vif, aussi impétueux... Cet aimable protecteur des arts n'aurait qu'à avoir quelque soupçon.

LE PRINCE.

C'est charmant! nous ferons de la musique dès le matin, et il sera tout porté pour me donner ma leçon de chant.

GUIMBARDINI, à part.

Par exemple!

LE CARDINAL, impatienté.

Eh! bon Dieu! quelle rage de musique! et surtout quel engouement, quel enthousiasme pour ce cher Gianino!... (A Guimbardini.) Imaginez-vous qu'il ne peut pas en être séparé un instant.

GUIMBARDINI, inquiet.

Vraiment...

LE PRINCE.

Vous êtes étonné?... Vous le seriez bien plus encore si vous saviez que ce n'est pas pour lui que je l'aime.

GUIMBARDINI.

Pour son talent?

LE PRINCE.

Du tout... Vous allez me trouver romanesque, bizarre, ridicule... mais apprenez que mon amitié pour Gianino vient d'une ressemblance si extraordinaire...

LE CARDINAL et GUIMBARDINI.

Une ressemblance!...

LE PRINCE.

Oui, ce sont les mêmes traits, la même physionomie que celle d'une petite femme charmante que je rencontrai seule, un soir, dans la forêt, près de ma villa.

LE CARDINAL.

Seule!

LE PRINCE.

Une nouvelle mariée, qui venait de perdre son mari.

GUIMBARDINI, à part.

Ah! mon Dieu!

LE CARDINAL.

Une veuve?

LE PRINCE.

A peu près.

GUIMBARDINI, à part.

C'était ma femme!

LE PRINCE.

Elle pleurait, elle était sans guide, sans appui, et avec cela, si jolie...

AIR du vaudeville de *Partie et Revanche*.

Fleur ravissante, enchanteresse,
Il me semble que je la vois;
Malheur au voyageur qui laisse
Une rose au milieu des bois.

Ah ! c'est une imprudence extrême !
Et la sauvant d'un funeste destin,
Aujourd'hui cueillons-la nous-même,
D'autres la cueilleraient demain.

GUIMBARDINI, à part.

C'est comme à Velletri... Encore un serpent... (Au prince.) Quoi ! vous auriez osé ?...

LE PRINCE.

Lui offrir un asile ! Je la conduisis chez moi... elle y resta trois jours.

GUIMBARDINI, à part.

Trois jours !... je suis perdu.

LE PRINCE.

Je n'ai pas besoin de vous dire que je la respectai comme ma sœur.

GUIMBARDINI, involontairement.

Ça n'est pas vrai.

LE PRINCE.

Hein ?

GUIMBARDINI, d'un air agréable et contraint.

Je dis, monseigneur, que vous faites le modeste, parce qu'il est impossible qu'un prince aussi aimable...

LE PRINCE.

Non, vrai... je te le dirais. Entre nous, seulement le troisième jour...

GUIMBARDINI, de même.

Voyez-vous !

LE PRINCE.

Emporté par une passion... je ne dis pas...

GUIMBARDINI, à part.

Ouf !

LE CARDINAL, avec pudeur.

Mon neveu, je vous prie de gazer.

LE PRINCE.

Oh! ne craignez rien, mon oncle ; elle s'était échappée; et malgré toutes mes recherches, je n'ai pu la revoir.

GUIMBARDINI, à part.

Je respire!... (Levant les yeux au ciel.) Digne émule de Lucrèce, va, dernier reste des vertus antiques et de la pudeur romaine!...

LE PRINCE.

Mais, jugez de mon bonheur, de mon émotion, en retrouvant dans les traits de Gianino ceux de mon inconnue.

LE CARDINAL.

Vraiment!

LE PRINCE.

Oh mais! c'est à un point... sa voix surtout, sa voix me la rappelle... Aussi je le ferai chanter toute la journée.

LE CARDINAL.

Et c'est pour un pareil roman que tu refuses des avantages réels?

GUIMBARDINI, au prince.

Oh! oui, vous avez bien tort de refuser des avantages...

LE CARDINAL.

Une femme qu'il ne reverra jamais.

LE PRINCE, vivement.

Si, mon oncle! je la retrouverai, mon cœur me le dit, et rien ne pourra plus m'en séparer.

LE CARDINAL, étourdi.

A-t-on jamais vu!...

GUIMBARDINI, s'excitant.

Permettez! il peut y avoir des empêchements.

LE CARDINAL.

C'est vrai, il peut y avoir des empêchements.

LE PRINCE.

Aucun.

GUIMBARDINI.

Vous avez parlé d'un mari.

LE PRINCE.

Oh! il est mort.

GUIMBARDINI.

Peut-être que non.

LE PRINCE.

Alors, c'est tout comme... car, si je le rencontre, je le tue. Elle sera veuve, et je l'épouse.

GUIMBARDINI, à part.

Je ne peux pas rester dans cette maison.

LE CARDINAL.

L'épouser! et tu crois que je souffrirais...

LE PRINCE.

Oui, mon oncle; je vous déclare que je n'en veux pas d'autre. Et tenez, en entrant, je viens de voir, dans le premier salon, le notaire du cardinal Cagliari qui vous attendait, un contrat à la main.

LE CARDINAL, à part.

Ah! mon Dieu! c'est vrai, pour arrêter les articles... (Haut.) Est-ce que tu lui aurais dit?...

LE PRINCE.

Rien, car cela ne me regarde pas, c'est votre affaire. Mais je vous préviens que je n'ai pas changé d'avis.

AIR du Valet de chambre.

LE CARDINAL.

Allons, allons, point de colère,
Et calme ces transports bouillants ;
Je vais parler à ce notaire,
 (A part.)
Et tâcher de gagner du temps.

LE PRINCE.

Et moi de ce pas je surveille

Le logement de notre ami :
Je veux qu'il s'y trouve à merveille,
Et qu'il ne sorte pas d'ici.

GUIMBARDINI.

Comment prévenir la tempête ?
Des deux côtés s'offre un affront ;
Et je ne puis sauver ma tête,
Hélas ! qu'aux dépens de mon front.

Ensemble.

LE CARDINAL, à part.

Je crois que j'en perdrai la tête,
Comment finira tout ceci ?

LE PRINCE.

D'honneur, je me fais une fête
D'être toujours auprès de lui.

GUIMBARDINI.

Je crois que j'en perdrai la tête.
Comment finira tout ceci ?

(Le cardinal sort d'un côté et le prince de l'autre.)

SCÈNE XI.

GUIMBARDINI, seul.

Et moi je ne sais plus ce que j'ai à faire. Mes idées se brouillent ! ma tête est en feu. J'étais à cent lieues de me douter... D'après ce que j'ai entendu, je crois que je puis être tranquille pour le passé. (S'essuyant le front.) Mais l'avenir est gros de catastrophes. Pauvre femme ! Aussi, je me disais : ce n'est pas naturel qu'un prince aime la musique à ce point-là... Et l'on croit que je resterai les bras croisés !... Un élève de Pergolèse... Du tout ; je tiens à la fortune ; mais l'honneur avant tout, si ça se peut. Je crierai, je ferai du bruit. Je ne suis pas musicien pour rien.

AIR : Un homme pour faire un tableau. (*Les Hasards de la guerre.*)

La jalousie, en sa fureur,
Forme un *crescendo* dans mon âme;
Et si notre prince amateur
Se mêle d'enlever ma femme...
D'autres s'en mêleront, hélas!
Et l'hymen, à ce qu'il me semble,
Est un duo qui ne doit pas
Finir par un morceau d'ensemble.

(Avec colère.) Aussi nous verrons... (Se radoucissant.) C'est-à-dire, nous verrons... allons doucement, et mettons des sourdines. Le neveu a une tête romaine, un vrai César. Il vaut mieux avertir le cardinal. C'est cela... un acte de courage... un billet anonyme... (Il va à la table à gauche, et écrit très-vite, sans s'asseoir.) « Prenez garde, monseigneur, le soprano est une « femme, on vous le prouvera. » (Pliant le papier.) Comme cela, je le défie de la garder ici, et le prince ne la voyant plus... Mais comment faire parvenir...

GERTRUDE, en dehors.

Le bréviaire de monseigneur?... Son bréviaire?... il doit être au salon.

GUIMBARDINI.

Son bréviaire! O idée lumineuse!... (Il glisse le papier dans le bréviaire, qui est sur la table.) Il le lit quelquefois!

SCÈNE XII.

GUIMBARDINI, GERTRUDE, un Valet.

GERTRUDE, au valet.

Je vous dis que je l'ai vu. Eh! tenez, sur cette table. (Elle prend le bréviaire et le donne au valet.) Portez-le vite.

(Le valet sort avec le bréviaire.)

GUIMBARDINI, à part.

Le voilà parti... ce n'est pas maladroit... (Haut.) Eh mais! madame Gertrude, comme vous paraissez agitée!

GERTRUDE.

Ah! ce n'est pas sans raison, monsieur l'organiste. Ce pauvre Gianino...

GUIMBARDINI.

Que lui est-il arrivé? Est-ce qu'on aurait découvert la vérité?

GERTRUDE.

Comment! vous savez donc?...

GUIMBARDINI.

Il m'a tout avoué, c'est une femme.

GERTRUDE, effrayée.

Silence!... Bonté divine!... que monseigneur, que personne au monde ne puisse soupçonner un pareil secret!

GUIMBARDINI, intrigué.

Pourquoi donc?

GERTRUDE.

Au fait : puisque vous avez sa confiance... Imaginez-vous, je quitte le signor Scaramella, le majordome de monseigneur, que je voulais consulter là-dessus, parce que je le consulte sur tout : « Sur votre tête, m'a-t-il dit, dame Gertrude, ne vous mêlez pas de ça! pareille affaire est arrivée, il y a quelques années : une cantatrice avait paru devant le saint-père et les cardinaux sous des habits d'homme; on le sut. Elle et son mari, qui avait été son complice, furent jetés dans le château Saint-Ange, (Baissant la voix.) et on n'est pas sûr qu'ils en soient jamais sortis. »

GUIMBARDINI, tremblant.

Au... au château Saint-Ange... et le... le... mari aussi?

GERTRUDE.

Oh! lui... il était plus coupable d'avoir encouragé...

GUIMBARDINI, à part.

Miséricorde! me voilà bien!... Et moi qui ai attesté au cardinal que c'était... Heureusement qu'on ne sait pas que je suis le mari, et que rien ne peut me découvrir.

SCÈNE XIII.

Les mêmes ; GIANETTA.

GIANETTA, avec empressement.

Ah! mon ami, je vous revois! Vous avez dû comprendre ma position; je ne pouvais, devant le cardinal et son neveu, vous expliquer...

GUIMBARDINI, lui faisant signe de se taire.

Hum? brrrrr...

GIANETTA.

Mais enfin, je suis libre... et puisque le hasard vous rend à ma tendresse...

GERTRUDE, étonnée.

Comment?

GIANETTA.

Eh! sans doute... c'est lui... c'est mon mari.

GUIMBARDINI, à part.

Voilà le coup d'archet parti! diables de femmes!

GERTRUDE.

Votre mari?

GUIMBARDINI, d'un air froid.

Qu'est-ce que c'est? Permettez, mon cher monsieur, c'est-à-dire signora, vous me prenez pour un autre, je ne vous connais pas.

GIANETTA.

Comment?

GUIMBARDINI, bas à sa femme.

Ne dites rien, vous saurez pourquoi, chère amie.

GERTRUDE.

Vous ne le connaissez pas, et vous venez de m'assurer...

GUIMBARDINI, embarrassé.

Oui, que l'on m'avait confié, c'est vrai; mais personnellement, je n'y suis pour rien.

GIANETTA, émue.

Comment! monsieur, vous n'êtes pas mon mari?

GUIMBARDINI.

Je ne l'ai jamais été, je puis le jurer... (Bas à Gianetta et passant à sa droite.) Calme-toi, je suis forcé devant le monde... Femme adorée, je t'aime plus que jamais!

AIR du vaudeville des Scythes et les Amazones.

(A part.)
C'est fait de moi! quel embarras j'éprouve!
Beauté fatale, et source de mes pleurs...
Que je la perde ou que je la retrouve,
L'hymen pour moi n'offre que des malheurs!
J'ai débuté d'abord par des voleurs...
Je la revois... encor nouvel orage!
De la prison me voilà menacé...
Comment doit donc finir ce mariage? (*Bis.*)
Moi qui n'ai pas encore commencé;
  Je n'ai pas, je n'ai pas commencé. (*Bis.*)

Aussi, il n'y a qu'un moyen de sortir de là... Je m'en vas...

(Il fait quelques pas vers la porte.)

GIANETTA, les larmes aux yeux.

Quelle indignité! m'abandonner une seconde fois quand j'ai tant besoin de conseils... quand le prince... encore tout à l'heure...

GUIMBARDINI, qui s'éloignait, revient promptement, et se place entre Gianetta et Gertrude.

Hein! le prince!... Qu'est-ce qu'il y a?

GIANETTA, avec dépit.

C'est inutile, puisque vous n'êtes pas mon mari!

GUIMBARDINI.

Si fait... je veux savoir...

GERTRUDE.

Vous voulez?... Mais alors, vous avez donc des droits?

GUIMBARDINI.

Aucun, c'est-à-dire que dans son intérêt... (Bas à Gianetta.) Chère amie, de la mesure, de la mesure, je t'en supplie. (Haut.) Parce que moi d'abord... c'est tout simple... une jeune femme... l'humanité... la sensibilité... le château Saint-Ange... (A part.) Je ne sais plus ce que je dis.

GERTRUDE.

C'est monseigneur.

SCÈNE XIV.

GIANETTA, LE CARDINAL, GERTRUDE, GUIMBARDINI.

LE CARDINAL.

Par le Vatican! il faut qu'il y ait des gens bien pervers et bien audacieux!

GERTRUDE.

Qu'est-ce donc, monseigneur?

LE CARDINAL.

Une infamie dont je suis révolté... un billet anonyme.

GUIMBARDINI, à part.

Imbécile! c'est le mien... heureusement qu'on ne peut deviner...

LE CARDINAL, lisant.

« Prenez garde, monseigneur, le soprano est une femme, « on vous le prouvera. »

GERTRUDE.

O ciel!

GIANETTA, à part.

Je suis perdue...

LE CARDINAL.

Soyez tranquille, je n'en crois pas un mot. J'ai des yeux, Dieu merci; et il faut que l'on compte étrangement sur ma crédulité. Mais je saurai quel motif a eu l'insolent...

GERTRUDE.

Vous savez qui c'est?

LE CARDINAL, jetant un regard sur Guimbardini.

Oui, je le connais...

GUIMBARDINI, à part.

Oimè !

LE CARDINAL.

Et voyez l'ingratitude!... c'est un homme qu'à votre considération seule, je venais d'accueillir, de placer... Par bonheur, j'avais reçu de lui plusieurs pétitions. J'en avais encore une sur moi, et en comparant l'écriture...

GUIMBARDINI, à part.

Oh! maladroit!

LE CARDINAL, le montrant.

En un mot, c'est monsieur.

GERTRUDE et GIANETTA.

Lui?

GIANETTA.

Quoi! c'est lui qui m'accuse?

GERTRUDE.

L'organiste!... Il est donc ici pour brouiller tout le monde...

LE CARDINAL, passant auprès de Guimbardini.

Répondez, malheureux!

GUIMBARDINI.

Monseigneur...

LE CARDINAL.

Répondez... Comment avez-vous écrit ces deux lignes?

####### GUIMBARDINI, troublé.

Je ne sais, monseigneur... Machinalement... pour essayer une plume que je venais de tailler.

####### TOUS, se récriant.

Ah !

####### LE CARDINAL.

Il faut cependant qu'il y ait eu un motif.

####### GUIMBARDINI.

Aucun.

####### LE CARDINAL.

Alors, vous êtes un calomniateur.

####### GUIMBARDINI.

Du tout !

####### LE CARDINAL.

Alors, prouvez ce que vous avancez.

####### GUIMBARDINI, effrayé.

Comment !

####### LE CARDINAL.

Sinon, je vous fais appréhender au corps.

####### GERTRUDE et GIANETTA.

Monseigneur...

####### LE CARDINAL.

La dignité de ma maison l'exige... En prison, s'il ne parle pas !

####### GUIMBARDINI, à part.

Et au château Saint-Ange, si je parle !... Il est impossible de se trouver dans une plus fausse position !

SCÈNE XV.

LES MÊMES ; UN VALET, puis LE PRINCE.

####### LE VALET, tenant un papier.

Monseigneur, le notaire du cardinal Cagliari vous rapporte le contrat. Il dit qu'on a passé par tout ce que vous vouliez, et qu'il n'y manque plus que votre signature et celle du prince.

LE CARDINAL, prenant le contrat, qu'il froisse avec colère.

Voilà pour m'achever... Moi qui espérais que cela traînerait en longueur... et l'autre qui ne veut pas! Tout se réunit contre moi.

GERTRUDE.

Monseigneur en fera une maladie.

LE CARDINAL.

Ça m'est égal... je le déshériterai. Mais en attendant, je me vengerai sur quelqu'un. (Montrant Guimbardini.) Celui-là sera pendu. Qu'on avertisse le barigel.

GIANETTA, passant auprès du cardinal.

Arrêtez, monseigneur... Vous ne savez pas tout encore.

LE CARDINAL.

Quelque nouveau méfait dont il s'est rendu coupable?

GIANETTA.

Justement.

GUIMBARDINI, à part.

O vengeance d'une femme!

LE CARDINAL.

Parle vite.

GIANETTA.

Je le voudrais aussi... mais je ne puis vous en faire l'aveu que si vous m'accordez une grâce.

LE CARDINAL, avec colère.

La sienne, peut-être?

GIANETTA.

Du tout... celle d'un autre.

LE CARDINAL.

Celle de personne! Je suis trop en colère... on n'obtiendra rien de moi.

GIANETTA.

Pas même si je décidais votre neveu à vous obéir, à signer ce contrat?

LE CARDINAL.

Ce contrat! ah! si tu y parvenais, Gianino... tout ce que tu voudras... tout ce que tu exigeras, je te l'accorde d'avance.

GIANETTA.

Donnez-moi ce papier.

LE CARDINAL, lui donnant le contrat.

Comment t'y prendras-tu?

GIANETTA.

Cela me regarde.

GUIMBARDINI, à part.

Ah! mon Dieu! j'ai bien peur que cela ne me regarde aussi!

GIANETTA.

AIR : Enfin, c'est à mon tour. (*Le Philtre*.

Reposez-vous sur moi,
Car j'entends le prince qui s'avance;
Il va céder... oui, je le crois,
Mais qu'on le laisse seul avec moi.

GUIMBARDINI, à part.

Seuls! ah! je me meurs d'effroi.

GERTRUDE, bas à Gianetta.

Se peut-il?

GIANETTA, bas.

Comptez sur ma prudence.

LE CARDINAL.

Laissons-les... venez, suivez-moi.

GUIMBARDINI, tout troublé.

Mais un moment... ah! quel supplice!
Pauvre Orphée! où te pendre, hélas?

Comment sauver ton Eurydice?
(A Gianetta.)
Ma chère, ne plaisantons pas.

LE CARDINAL, à son neveu qui paraît, et lui montrant Gianetta.
Ingrat, puisque ton cœur hésite,
Je te laisse, reste avec lui,
Suis ses conseils, suis-les bien vite,
Ou ne reparais plus ici.

Ensemble.

LE PRINCE, étonné.
Mais quel trouble en leurs yeux!
Qu'ont-ils donc, et quel est ce mystère?
Puisqu'il le faut, seuls dans ces lieux,
J'y consens, demeurons tous les deux.
(Regardant son oncle.)
Mais je lis dans ses yeux.
C'est en vain qu'en ce jour il espère
De mon cœur apaiser les feux.

GIANETTA, à part.
Cachons à tous les yeux
Mon projet, et ce que j'en espère,
Oui, d'un époux très-soupçonneux
Je saurai punir les torts affreux.
Cachons à tous les yeux
Mon projet, et ce que j'en espère,
(Regardant le prince avec un soupir.)
Que lui, du moins, il soit heureux!

GUIMBARDINI, hors de lui.
Laissez-moi donc... fatal mystère!
Vous espérez que sous mes yeux...
Morbleu! j'étouffe de colère
Et ne veux plus quitter ces lieux.

LE CARDINAL, à part.
Je n'entends rien à ce mystère;
Mais un espoir brille à mes yeux...
Ne disons rien, laissons-le faire,
Et sur-le-champ quittons ces lieux.

GERTRUDE, à part.

Je n'entends rien à ce mystère;
Mais un espoir brille à mes yeux...
Ne disons rien, laissons-la faire,
Et sur-le-champ quittons ces lieux.

(Le cardinal et Gertrude sortent, et entraînent Guimbardini, qui résiste.)

SCÈNE XVI.

LE PRINCE, GIANETTA.

LE PRINCE, après un moment de silence.

Eh! bon Dieu! qu'est-ce que cela signifie, et de quoi dois-tu donc me parler?

GIANETTA, timidement.

Ne le devinez-vous pas, monseigneur? Ce mariage auquel vous aviez consenti hier, et que vous refusez aujourd'hui...

LE PRINCE.

C'est vrai, hier, cela m'était égal... mais, je te l'ai dit ce matin, depuis que ta vue a rappelé en moi des souvenirs...

GIANETTA.

Une femme que vous avez à peine vue, que vous ne reverrez jamais...

LE PRINCE.

Et c'est ce qui me désole. Sans cela, je ne dis pas. Mais, en attendant, j'aime à retrouver ces pensées, ces illusions qui m'occupaient près d'elle. J'aime surtout à me rappeler ce jour où, pressant sur mes lèvres sa main qu'elle m'avait abandonnée...

GIANETTA, vivement.

Que vous aviez prise, monseigneur.

LE PRINCE, étonné.

O ciel! qui vous a dit?... Je n'ai pourtant confié à personne...

GIANETTA, embarrassée.

Eh mais! qui voulez-vous qui m'en ait instruit, si ce n'est elle-même?

LE PRINCE.

Elle!... vous l'avez donc vue?... vous la connaissez donc?

GIANETTA, hésitant.

Puisqu'il n'est plus possible de vous cacher la vérité, puisqu'il faut avouer... eh bien! monseigneur, cette ressemblance qui vous a tant frappé, ne vous a-t-elle pas appris?...

LE PRINCE, vivement.

Quoi donc?

GIANETTA.

Que c'était ma sœur.

LE PRINCE.

Ta sœur!... il serait vrai!... oui, oui, j'aurais dû le deviner, et je m'étonne maintenant d'avoir attribué au hasard... (Avec joie.) Ta sœur!... ah! Gianino! que je suis heureux de pouvoir enfin parler d'elle. Dis-moi quel est son sort? quand la verrai-je? qu'est-elle devenue?... sait-elle que, depuis notre séparation, je n'ai pas cessé de penser à elle, que je ne puis l'oublier?

GIANETTA.

Il le faut cependant.

LE PRINCE.

L'oublier!... moi?...

GIANETTA.

C'est elle qui vous en supplie, pour son repos, pour sa tranquillité. Quel espoir pouvez-vous encore conserver?... songez qu'elle est mariée à un homme qu'elle aime, qu'elle chérit.

LE PRINCE.

Oh! pour cela, c'est ce qui te trompe, elle ne l'aime pas; je l'ai vu aisément dans le peu d'instants que j'ai passés près d'elle.

GIANETTA, vivement.

Si, monsieur; son mari mérite son estime, son affection.

LE PRINCE, d'un ton de reproche.

Ah! Gianino! c'est mal; tu es plus pour ton beau-frère que pour moi.

GIANETTA, involontairement.

Oh! non, je vous jure.

LE PRINCE, à demi-voix.

Eh bien! alors, dis-moi où elle est.

GIANETTA.

Je ne le puis, elle me l'a défendu.

LE PRINCE, très-pressant.

Je t'en conjure, je te le demande à genoux... si tu as quelque affection pour moi... Je ne veux rien qui puisse l'affliger, lui déplaire; mais quand elle saura combien je l'aime, combien j'ai souffert loin d'elle, il est impossible qu'elle me refuse quelque pitié.

GIANETTA.

Monseigneur...

LE PRINCE.

S'il faut renoncer à elle, si elle me l'ordonne, eh bien! j'y souscrirai; mais au moins, que je l'entende, que je la voie...

GIANETTA.

Eh quoi! pour la revoir un seul instant?...

LE PRINCE.

Je donnerais ma fortune, ma vie...

GIANETTA.

Nous n'en demandons pas tant. Consentez à ce que votre oncle souhaite, signez ce contrat, et je vous promets que vous la reverrez.

LE PRINCE.

Je la reverrai? tu me le promets!

GIANETTA.

Je vous le jure.

LE PRINCE.

Et bientôt?

GIANETTA.

Dès demain.

LE PRINCE, vivement.

Donnez-moi ce contrat.
(Il le prend et court vivement à la table.)

GIANETTA.

Il serait vrai?

LE PRINCE.

AIR : Un matelot à bord, loin du rivage. (Mme DUCHAMBGE.)

Oui, ce mot seul m'a donné du courage,
Et tu le vois, je signe aveuglément;
En d'autres nœuds pour jamais je m'engage,
Mais songe bien à tenir ton serment!
Que je la voie, et pour moi tout s'oublie!
Que je la voie!... et dis bien à ta sœur,
Que mon espoir, ma liberté, ma vie,
J'ai tout donné pour un jour de bonheur.

GIANETTA, essuyant une larme.

Elle le saura, monseigneur.

LE PRINCE, la voyant essuyer une larme.

Eh mais! comme tu es ému!... qu'as-tu donc?

GIANETTA, se remettant.

Rien, je pensais à ma sœur; oui, vous méritez son amitié, la mienne; elle doit être touchée d'un amour si noble, si généreux, et vous en serez récompensé. (Lui tendant la main.) Vous la verrez dès aujourd'hui.

LE PRINCE, transporté.

Aujourd'hui!... (Lui sautant au cou et l'embrassant.) Ah! mon ami, mon cher ami!

GIANETTA, se débattant.

Eh bien! monseigneur...

GUIMBARDINI, au fond.

Oh! quelle dissonance?

LE PRINCE, enchanté.

Je n'ai plus rien à désirer.

(Gianetta sort.)

SCÈNE XVII.

GUIMBARDINI, LE PRINCE.

GUIMBARDINI, au fond, à part.

« Je n'ai plus rien à désirer »... je crois que c'est assez clair.

LE PRINCE, voulant suivre Gianetta.

Mais pourquoi t'échapper?

GUIMBARDINI, s'élançant pour l'arrêter.

Ah! c'en est trop! arrêtez, mon prince.

LE PRINCE, voulant s'en débarrasser.

De quoi se mêle-t-il, celui-là? Veux-tu bien me laisser!

GUIMBARDINI, hors de lui.

Du tout, je m'attache à vos pas, dût-on m'emprisonner, me torturer... dût-on ne jamais représenter un opéra de moi, je ne souffrirai pas que vous suiviez ma femme.

LE PRINCE.

Ta femme!

GUIMBARDINI.

Ou le soprano, comme vous voudrez.

LE PRINCE.

Que dis-tu?... quoi! Gianino...

GUIMBARDINI.

Est une femme.

LE PRINCE, frappé.

Une femme!...

GUIMBARDINI.

C'est ça, faites donc l'étonné! comme si vous ne le saviez pas?

LE PRINCE.

Non, je te jure. Comment! malheureux, tu ne pouvais pas me le dire plus tôt!

GUIMBARDINI.

Est-ce que je le savais? est-ce que j'en suis sûr encore? est-ce que je sais moi-même qui je suis? musicien et mari sans pouvoir être ni l'un ni l'autre, ayant à la fois deux états sans en exercer aucun, épris de la gloire, amant de ma femme, et en hymen comme en musique, forcé de garder l'anonyme.

LE PRINCE.

Maladroit que tu es! pourquoi d'abord ne pas te faire connaître à moi, à moi seul?

GUIMBARDINI.

A vous, qui menaciez de tuer le mari de Gianetta, s'il se présentait à vos yeux?

LE PRINCE.

Quelle folie! et à quoi bon? maintenant surtout que je suis lié, enchaîné à jamais... Apprends que Gianetta, par ruse, par adresse, ou plutôt par vertu vient de me marier à une autre.

GUIMBARDINI, avec joie.

Marié! vous, mon prince! vous êtes des nôtres!... que je sois le premier à vous féliciter... à féliciter un confrère... un illustre confrère!...

LE PRINCE.

Il ne manquait plus que cela. Il va me faire des compliments.

SCÈNE XVIII.

Les mêmes; LE CARDINAL.

LE CARDINAL, avec joie.

Mon neveu! mon cher neveu, que je t'embrasse! je ne me sens pas de joie, je viens de recevoir le contrat, signé de toi. Le cardinal Cagliari était justement dans mon cabinet, il l'a emporté... tout est fini; et ce soir je vous donnerai moi-même la bénédiction nuptiale.

LE PRINCE.

Et Gianino?

LE CARDINAL, attendri.

Ah! le pauvre enfant! quel bon naturel! Il était si touché de mon bonheur, qu'il en avait les larmes aux yeux... ma foi! je n'y ai pas tenu, je lui ai sauté au cou.

GUIMBARDINI, à part.

Comment! lui aussi?

LE CARDINAL.

Je lui devais bien ça.

GUIMBARDINI, à part.

Je vous dis que quand l'étoile s'en mêle...

LE PRINCE.

Mais, où est-il? qu'est-il devenu?

LE CARDINAL.

Il m'a laissé pour s'acquitter envers toi, pour tenir, m'a-t-il dit, une promesse qu'il t'a faite. Je croyais le trouver ici.

SCÈNE XIX.

Les mêmes; GIANETTA en femme, précédée de GERTRUDE.

LE CARDINAL.

Que vois-je? une femme!

20.

LE PRINCE, vivement.

C'est elle, c'est mon inconnue.

GIANETTA, montrant Guimbardini.

Ou plutôt la femme de monsieur.

GUIMBARDINI, regardant le cardinal.

C'est-à-dire... c'est selon... je ne suis plus complice.

GIANETTA, souriant.

Ne craignez rien, il n'y a plus de danger, car nous partons à l'instant pour Naples.

LE PRINCE.

Pour Naples?

GIANETTA.

Où j'ai un engagement encore plus beau que celui que l'on m'offrait ici.

GUIMBARDINI, à part.

Encore plus beau! (Haut.) Femme adorée, je te retrouve enfin, ce n'est pas sans peine et sans peur!...

LE CARDINAL, un peu confus.

C'était une femme!... et moi, qui dans ma joie... (Les yeux au ciel.) Ce que c'est que de nous.

GIANETTA, s'approchant timidement du cardinal.

Monseigneur, j'ai causé bien du trouble dans cette maison; mais si j'ai été assez heureuse pour seconder vos desseins, pour toute grâce, je vous demande votre protection. Si mon secret était découvert, daignez étouffer les poursuites.

LE CARDINAL.

J'y suis trop intéressé moi-même. Vous entendez, Gertrude, le plus grand silence!

GERTRUDE.

Est-ce que je parle jamais, monseigneur?

GIANETTA, émue, et regardant le prince à la dérobée.

Du reste, je n'oublierai jamais le temps que j'ai passé chez monseigneur, et l'amitié qu'on m'y a témoignée.

GUIMBARDINI.

Certainement nous n'oublierons jamais ses bontés, moi particulièrement.

LE PRINCE, regardant Gianetta.

Comment donc, un homme de talent! car il paraît décidément qu'il en a beaucoup, et qu'on ne lui rend pas justice... Oubliez ce que je vous ai dit, mon cher ami, je n'y pense plus.

GUIMBARDINI.

A la bonne heure!

LE PRINCE.

Ne voyez en moi qu'un patron, un protecteur; on aura soin de vous, on vous poussera, on vous fera faire des opéras, on les fera représenter.

GUIMBARDINI, avec joie.

Je serai donc joué!... Au moins, il sait réparer ses torts.

LE PRINCE.

Quant à moi, cher oncle, vous m'avez promis que, dès que je vous aurais obéi, je pourrais entreprendre mes voyages.

LE CARDINAL.

C'est juste, mon ami; te voilà marié, tu es parfaitement libre.

LE PRINCE.

C'est bien, je pars demain; et je commence par Naples.

GERTRUDE.

Par Naples!

LE PRINCE.

Je veux assister aux débuts de Gianetta, aux triomphes de son mari.

GUIMBARDINI.

Quelle bonté!

LE PRINCE.

Les arts consolent de tout, et font tout oublier... Je ne suis plus qu'artiste.

GUIMBARDINI, montrant sa femme.

Nous aussi... nous serons deux.

LE PRINCE, lui tendant la main.

Nous serons trois.

GUIMBARDINI, la lui serrant.

Quel bonheur!

AIR : Accourez tous, venez m'entendre. (Le Philtre.)

GUIMBARDINI.

Vous viendrez tous, ma réussite
De vous seuls, messieurs, dépendra;
Accourez tous, je vous invite
A ma noce, à mon opéra.
Vous m'entendrez; mon orchestre en vaut mille;
Flûtes, bassons, clairons, tambours, serpents,
J'ai de tout;
(Au public.)
Il est inutile
(Faisant le geste de siffler.)
D'apporter d'autres instruments.
Accourez tous; ma réussite
De vous seuls, messieurs, dépendra;

Accourez tous; je vous invite
A ma noce, à mon opéra!

TOUS.

Ah! quel honneur! il nous invite
A sa noce, à son opéra!

TABLE

	Pages
Le Budget d'un jeune ménage.	1
Le Quaker et la Danseuse	63
La Favorite	125
Le Comte de Saint-Ronan, ou L'École et le Chateau.	189
Le Suisse de l'Hotel, anecdote de 1816.	253
Le Soprano.	297

Paris. — Soc. d'imp. P. DUPONT, 41, rue J.-J.-Rousseau.(Cl.) .877.7.82.

www.ingramcontent.com/pod-product-compliance
Lightning Source LLC
Chambersburg PA
CBHW070853170426
43202CB00012B/2058